刘祖云 著

HONG KONG AND MACAO SOCIETY

A READER WITH DEVELOPMENTAL PERSPECTIVE

港澳社会

发展视角的解读

社会科学文献出版社
SOCIAL SCIENCES ACADEMIC PRESS (CHINA)

目　录

下篇
发展视角的澳门社会解读

前　言

2017 年是香港回归 20 周年和澳门回归 18 周年，在这样一个时刻，梳理并出版我对港澳社会的解读，也算是一种庆祝和纪念。

中山大学的港澳研究，不仅早已有之，而且有其传统和特色。中山大学的港澳社会研究，则起步较晚，2005 年可能是其重要时间节点。

2005 年，中山大学"985 工程""港澳研究哲学社会科学创新基地"正式挂牌。该基地不仅有港澳经济研究、港澳政治研究与港澳法律研究，还有港澳社会研究。该基地总经费为 1000 多万元，其中港澳社会研究经费有 200 多万元。

也正是 2005 年，我从武汉大学到中山大学工作，第一项工作任务就是主持"985 工程"二期重点项目"港澳社会研究"。继社会发展研究、社会分层研究之后，港澳社会研究成为我的社会学研究的主要内容之一。

港澳社会研究，是一项富有创新性的研究。在原有的港澳研究中，港澳社会研究相对薄弱，因此，港澳社会研究不仅会丰富和完善港澳研究，而且会延伸或拓展社会学研究。

港澳社会研究，也是一项富有挑战性的研究。对于我们这些内地学者而言，港澳社会是一种异域社会，是与我们生于斯长于斯的社会存在些许不同的社会，这无疑会给强调实证的社会学研究带来许多困难。

我对港澳社会的解读之所以从发展视角展开，是因为我的专业研究方向是发展社会学，加之香港和澳门不仅在发展时间上先于内地，而且在发展程度上高于内地。不过，因香港社会与澳门社会存在显著差异，我对香港社会与澳门社会的解读，虽然同是发展视角，但具体探讨各有侧重。

相对内地而言，香港不仅是经济现代化水平明显高于内地的发达地区，而且是社会现代化程度明显高于内地的现代社会。基于这一事实，"发展视角的香港社会解读"主要从香港与内地文明互鉴的角度展开，于是有了香港如何服务居民、香港如何善待弱势、香港如何保障居民住房、香港市民如何表达诉求以及香港发展如何面对机遇五个方面的探讨。

在"发展视角的香港社会解读"的13篇论文中，除第一篇是本人应邀于1998~1999学年度在香港浸会大学做访问教授时的研究成果外，其余都是本人2005年以来主持并承担国家"985工程"项目研究、国家"211工程"项目研究、教育部文科基地重大项目研究及国家高端智库重点项目研究的阶段性成果。

与香港不同，澳门不仅是一个传统因素与现代因素和谐并存且共同起作用的微型社会，而且是一个博彩业"一业独大"并起决定或支配作用的社会。基于这一事实，"发展视角的澳门社会解读"主要从经济因素支配或影响非经济因素的角度进行。宏观探讨、个案研究以及状态测评，在一定意义上，都是在解读澳门经济对其政治、社会、教育及文化的影响。

"发展视角的澳门社会解读"的6篇论文，主要是教育部文科基地重大项目和澳门理工学院资助项目的阶段性成果。除此之外，我与澳门的缘分还体现在两个方面：一方面是成果评奖，迄今为止，澳门人文社会科学优秀成果评奖已进行了四次，我有幸参与三次，其中两次应邀以评委身份参与评奖，一次是我的成果参与评奖并获奖；另一方面是合作办学，我们中山大学与澳门理工学院合作共建了一个博彩教学研究中心，我所参与的主要教学活动是合作招收并共同培养博士后。

其实，我对港澳社会的认识和了解还是初步的，有些方面是浅尝辄止，有些方面可能是隔靴抓痒。梳理并出版这部"解读"，更为重要的意义在于抛砖引玉，期望借此引来更多学者特别是青年学者解读港澳社会，也期望借此引来对港澳社会更加深入和更为透彻的解读。

上　篇

· · · · · ·

发展视角的香港社会解读

香港如何服务居民

香港与武汉：城市
社区服务比较[*]

摘　要：通过对香港与武汉进行实地调查，论文认为，香港的社区服务载体是社会分层型社区结构，武汉则是自然产业型社区结构；香港的社区服务组织体系的自治程度较高，武汉则行政性较强；香港的社区服务队伍是专业化的队伍，武汉则是社会化的队伍；香港的社区服务经费是政府资助为主、社会筹募为辅，武汉则是社区经济养社区服务、有偿服务补无偿服务；香港的社区服务内容注重精神层面的中介服务，武汉则注重物质层面的直接服务。论文认为，内地城市社区服务应该走专业化和福利型的道路。

关键词：香港；武汉；城市社区服务

应亚洲基督教高等教育联会和香港浸会大学的邀请，笔者于 1998 至 1999 学年度有幸到香港浸会大学社会工作系做访客教授。访问期间，笔者以香港深水埗区为调查点初步考察了香港城市社区服务的现状，并在此基础上对香港与武汉的城市社区服务进行了比较。本文将对该比较研究的初步成果做一扼要介绍，并以此就教于学术界。

＊　本文曾在《华中师范大学学报》（人文社会科学版）2000 年第 1 期发表。

一 社区服务载体比较

社区服务是在一定社区范围内开展的社会服务，因此，一定的社区结构就是一定的社区服务的载体，而比较分析其社区结构是比较其社区服务的必要前提。那么，香港与武汉的城市社区结构究竟如何呢？这是一个异常复杂的问题，对此，笔者仅从横向区域结构的角度进行比较和分析。

从横向区域结构看，香港与武汉的城市社区结构既有相似之处，又有不同之点。所谓相似之处，是指香港与武汉的区域结构都是"三分天下"，即香港因历史和自然的原因而将城市社区分为香港、九龙和新界三大部分，三大部分之下细分为 18 个区；武汉因长江和汉水而将城市社区切割为武昌、汉口和汉阳三大块，三块之下又细分为 13 个区。其具体情况见图 1。

香港

（18 个区，总人口约 620 多万，总面积为 1074 平方公里）

香港	九龙	新界	
（4 个城区）	（5 个城区）	（9 个城郊型的区）	
中西区	九龙城	离岛区	葵青区
东区	观唐区	北区	西贡区
南区	深水埗	沙田区	大埔区
湾仔区	油尖旺区	荃湾区	屯门区
	黄大仙区	元朗区	

武汉

（13 个区，总人口约 720 多万，总面积为 8467 平方公里）

武昌（4 个区）	汉口（6 个区）	汉阳（3 个区）
武昌区	江岸区	汉阳区
青山区	江汉区	蔡甸区
洪山区	硚口区	汉南区（郊区）
江夏区	东西湖区（郊区）	
	新洲区（郊区）	
	黄陂区（郊区）	

图 1 香港与武汉横向区域结构比较

6

所谓不同之点，是指香港与武汉居民的聚居方式不同。比较而言，香港居民的聚居方式大多是经济收入水平相同或相近的市民相邻而居，如同处九龙地带的尖沙咀地区和深水埗地区居民的收入或消费水平有明显的差距，即前者为高消费社区，后者为低消费社区；而武汉居民的聚居方式大多是同一行业或同一单位的市民相邻而居，如政府官员聚居在政府大院而形成了所谓"行政型社区"，高校职员聚居在大学校园而形成了所谓"文化型社区"，企业职工聚居在企业周围而形成了所谓"企业型社区"，等等。武昌区的水果湖街、洪山区的珞南街和整个青山区分别是典型的行政型、文化型和企业型社区。

由此可见，香港与武汉的社区结构就其基本特征而言存在明显区别，即前者主要表现为社会分层型，后者主要表现为自然产业型。由此表明，香港的经济社会发展水平明显高于武汉，因为发达地区或现代社会的社区结构一般是社会分层型，而落后地区或传统社会的社区结构一般是自然产业型。当然，1978 年中国内地实行改革开放以来，特别是随着市场经济的推行及住宅的商品化，包括武汉在内的内地城市的社区结构类型正在发生转变，即城市社区结构正在从自然产业型向社会分层型转变，其具体表现是出现了相对独立而又高低有别的高级住宅区和中低级住宅区。这些新生的社会分层型社区虽然目前在内地城市中所占比重不大，但它反映了社区结构演变和发展的趋势。

一般来说，社区结构的类型不同，其社区服务或社会服务的内容和方式也会有所不同。

二 社区服务组织比较

由图 1 可知，香港共有 18 个区，而中心城区只有 9 个，即香港的 4 个区和九龙的 5 个区。武汉共有 13 个区，中心城区也是 9 个，即武昌有 4 个，汉口有 3 个，汉阳有 2 个。如果以区为单位比较香港与武汉的城市社区服务组织系统，我们发现，香港与武汉虽然都存在一个三级架构，但结构方式和结构性质完全不同。具体情形见图 2、图 3。

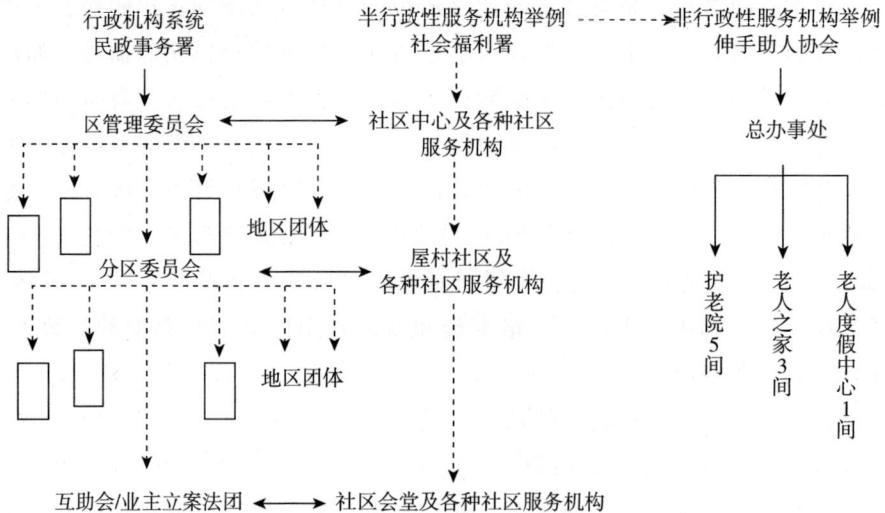

图 2　香港社区服务组织体系

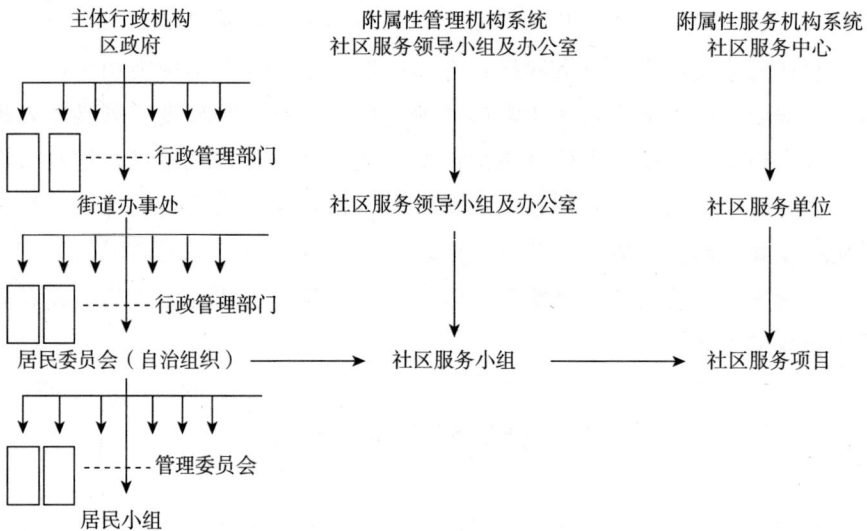

图 3　武汉社区服务组织体系

上述两图符号说明：- - -▶表示指导；——▶表示领导；◀—▶表示联络；·····表示等等。

由图 2、图 3 可知，香港与武汉的社区服务组织体系有如下区别。

第一，香港的社区服务组织体系是一个多元化的管理系统。所谓多元化，是指既有官办的行政性社区服务组织，又有官民合办即政府资助、民间主办的半行政性社区服务组织，同时还有完全民办的非行政性社区服务

8

组织。这些组织都是相对独立的。这在一定程度上表明，香港社会组织的结构分化程度和功能专化程度较高。

与此相比，武汉的社区服务组织体系则是一个一元化的以行政为中心的管理系统。无论是从图3所示的纵向联系看，还是从横向联系看，区政府无疑是整个社区服务组织体系的中心，其他组织与政府的关系均是领导与被领导的关系。这表明武汉乃至内地城市社区组织的结构分化和功能专化程度相对于农村来说较高，而相对于香港来说则较低。尽管内地正在经历或进行从"政府与社会合一"到"政府与社会分离"的改革，但政府仍然在包揽一切，这种改革因政治体制改革严重滞后而迟迟没有进入实质性阶段。

第二，香港的社区服务组织体系是一个自治程度较高的管理体系。这里姑且不说其非行政性组织及半行政性组织的自治程度，仅以图2所示的行政性组织而论，它也有一定程度的自治性。其一，互助会就是一个由政府主导和策划，居民选举产生的，以自治为主、行政为辅的居民组织；其二，分区委员会是地区民政事务处邀请一些对社区事务感兴趣的人参加的兼具自治和行政双重功能的社区服务组织；其三，地区管理委员会也有一定程度的自治色彩，这是一个由各区民政事务处牵头，其他政府机构代表参加的地区事务协调机构。例如，深水埗地区委员会由深水埗民政事务专员担任主席，成员包括教育署、香港警务处、房屋署、地政总署、规划署、社会福利署、运输署、市政总署等政府部门或机构的代表。如果需要，其他政府部门或机构也会应邀派代表参加。

与此相比，武汉的社区服务组织体系则是一个自治程度较低而行政化程度较高的管理系统。从纵向联系看，区政府是结构严密的行政管理机关，其机构设置与市政府、省政府乃至国务院的机构设置基本上对应，作为区政府派出机构的街道办事处虽然机构设置简化了一些，更贴近城市基层社会生活，但它仍是一个功能齐全、结构完整的行政管理组织；处于城市社会最基层的居民委员会虽然是一个居民自治组织，但它同时也肩负较多的行政任务。武汉市的居委会干部曾形象地将居民委员会与政府部门的关系比喻为"上面千条线（众多政府部门）、下面一根针（居民委员会）"。从横向联系看，一方面，区、街及居民委员会三个层级的社区服务领导机构均由同级行政组织或居民委员会的负责人兼任，也就是说，社区服务领导机构是附着在行政组织之上的没有独立实体的虚设机构。另一方面，区、街及居民委员会所设社区服务中心等服务组织虽然有其实体，但其服务的内容、方式、人员、经费等均被纳入行政化的管理体系。因此，这些不同层级的服务机构实质上是行政附属组织。

三　社区服务队伍比较

与社区服务组织存在的区别一样，香港与武汉的社区服务队伍也存在相应的区别。

在香港，社区服务不仅有相对独立的组织系统，而且有一支专业化的社区服务队伍。这里的专业化有两层含义。一是职业的专业化或专业的职业化。在香港，从事社区服务或社会服务是一项专门的职业。换句话说，在香港的职业分类中，将专门从事社区服务或社会服务的职业称为"社会工作"。因此，从事社会工作职业的社会成员与从事经济工作、行政工作、教育工作等其他方面工作的社会成员一样，要符合其职业岗位的要求，才能就业上岗，一旦就业上岗，又都有其相应的职业收入。二是知识的专业化或专业的知识化。由于社会工作是一项专门的职业，因此从事该项工作的专业工作人员必须经过系统的专业训练，获得专业文凭，领取专业工作证书，才能就业上岗。其专业训练又分为两类。一类是综合性的专业训练，即到高校社会工作专业系统学习并掌握社会工作方面的知识、方法和技能。在香港，社会工作专业毕业的大学生一般从事社会服务或社区服务工作。另一类是单科性的专业训练，即经过与社会工作有关的专业知识的系统学习和训练。由于社会工作是以人为对象，因此，凡是与人生存和发展直接有关的学科和专业，如生理学、心理学、医学、法学、教育学、犯罪学等都是与社会工作有关的学科和专业。这些学科和专业毕业的学生也可成为从事某一专项社会服务工作（如老年人保健及护理、心理咨询、青少年教育等专项工作）的社会工作者。

在武汉，由于社区服务还没有成为一项专门的职业，因而还没有一支职业化的社区服务队伍。在改革开放之前，由于社会学、社会工作等学科和专业被取消，中国内地市民根本不知道什么是社区，何为社会服务。这些概念或提法的出现是在1979年之后，即社会学、社会工作等学科恢复和重建之后，而有意识地开展这方面的工作则是在 1987 年国家民政部正式提出开展城市社区服务之后。1987 年以来，尽管内地城市社区服务工作取得了较大的发展，但其整体水平及专业化或职业化程度还很低。这里仅以社区服务队伍为例。根据我们对武汉的调查，目前的社区服务人员分为三部分：一是专职性的服务人员，主要由退休的老年人、下岗的中年人和待业的青年人构成；二是兼职性的服务人员，主要是居民委员会的干部；三是义务性的服务人员，主要是那些只做工作而不取报酬的志愿者。第一支队伍虽然是专职的，但他们一般抱有临时观念，因为社区服务工作既不是正式职业，又没有稳定的收入。因此，社区服务工作实际上是老年人最终退出工作领域，中年人和青年人找到或再次找到理想职业之前的过渡性工作。第二支队伍虽然较稳定，但他们的主要或本职工作不是社区服务。第三支队伍因建立在人们的兴趣和自愿的基础上，变化就更大了。由此可见，从严格意义上讲，武汉乃至整个内地还没有一支专业化或职业化的社区服务队伍。这里有一点需要指出的是，在介绍内地社区服务的相关文献中，将街道及居民委员会经办的一些经营性摊点的经营人员都统计为社区服务人员的做法是将商业性服务与福利性服务混为一谈了，这种做法不利于社区服务工作的开展，甚至可能将社区服务引入歧途。

四　社区服务经费比较

这里所说的社区服务经费主要是指被用于社会服务或社区服务的经费。在这方面，香港与武汉也有较大的区别。

在香港，社会服务的经费来源主要有两个渠道。一是政府提供的资助。据初步了解，政府提供的资助是香港社会服务经费的主要来源，而提供资助的主要政府部门是社会福利署。根据香港社会福利署 1996 至 1997 年度报告书，1996 至 1997 年度，社会福利署为从事社会服务的非政府机构或组织提供经常性资助 39.91 亿港元，与此同时，还提供了 6.07 亿港元的非经常性资助。这些还不包括政府机构直接用于社会服务的经费，也不包括其他政府部门用于社会服务的经费。二是民间筹募的基金。在香港，通过筹募而建立的社会服务基金至少可分为如下三种类型：①公益基金，即主要通过社会捐助而设立的基金；②私人基金，即个人出资设立的基金；③外国基金，即国外有关团体或人士出资设立的基金。实际上，香港的社会服务机构特别是一些民间的社会服务机构往往采取多种渠道和方法筹募经费。如香港伸手助人协会于1997至1998年度采取近10种方法筹募经费。1997至1998年度，该协会服务机构的总支出是74068176港元，而该年度筹集到的经费（总收入）有69023198港元。

在武汉，社区服务的经费来源也是多渠道的。其主要经费来源渠道有：①街道办事处和居民委员会所属企业的经济收入；②社区内设置的有偿服务项目的收入；③有奖募捐；④政府（主要是民政部门）的资助；⑤团体或个人的捐助。前两项经费为内筹经费，因为它是社区管理机构依靠自己的力量筹集的经费。后三项经费为外筹经费，是社区服务管理机构向政府或社会争取或募集的经费。由于外筹经费既没有固定的来源，又没有固定的数目，因此社区服务以自筹经费为主，外筹经费为辅。这一点刚好与香港相反。以地处市中心、社区经济发展水平较高的武汉市江汉区民族街为例，1987年以来，该社区用于社区服务的经费每年大约30万元至50万元，其中自筹经费大约占83%，外筹经费大约占17%。由此可见，社区服务的兴旺与否取决于社区经济的兴旺与否。这种以社区经济养社区服务，以有偿服务补无偿服务的经费筹集模式的优点是使社区服务具有了自我生存和自我发展的能力。其弱点或不足是可能使社区组织重点发展社区经济，而忽视社区服务；重点开展有偿服务，而忽视无偿服务，并在其过程中模糊有偿服务与无偿服务的界限，从而使社区服务愈来愈失去其福利性，愈来愈具有经营性或商业性，结果可能是发展社区服务成了发展社区经济的代名词。

总之，香港的社会服务经费来源是以政府资助为主，社会筹募为辅，并有其较为稳定的来源渠道和资助额度；而武汉的社区服务经费来源是以社区组织的自筹经费为主，外筹经费为辅，其经费来源和经费额度均不稳定。这些区别在一定程度上反映了香港与武汉两地经济发展的整体水平和管理体制的区别。

五　社区服务内容比较

与社会服务经费一样，这里所说的社区服务内容主要是指社会服务

（香港）或社区服务（武汉）的内容。在这方面，香港与武汉既有相同之处，也有不同之点。

在香港，被列为社会服务内容或范畴的共有七个方面。①社会保障。此项服务是帮助社会上需要经济或物质援助的人渡过难关，满足其基本及特别需要。具体内容包括五大方面。②家庭及儿童福利服务。此项服务是协助家庭建立相互关怀的家庭关系，预防及处理个人及家庭问题，提供家庭需要的而家庭自身又无法满足的服务。具体内容包括 23 项。③青少年服务。此项服务旨在帮助青少年成为对社会负责及有贡献的一员。具体内容共分六个方面。④康复服务。此项服务旨在帮助残疾人融入社会，并在其自身条件下尽展其能，为社会做贡献。具体内容共有 12 项。⑤老人服务。此项服务旨在使 60 岁及以上的老人享有一个受尊重、有保障的晚年。具体内容涉及四个方面。⑥社区发展。此项服务旨在促进社群关系，在社区内建立团结精神，并鼓励个人参与解决社区问题，务求改善社区生活质量。具体内容包括三个方面。⑦违法者服务。此项服务旨在帮助违法者重归正途，协助他们改过自新，成为奉公守法的公民，并重新融入社会。具体内容涉及五个方面。

在武汉，被列为社区服务内容的也有七个方面。①老年人服务。此项服务旨在根据老年人的特殊需求开展老年人服务，目标模式是使其老有所养、老有所医、老有所乐、老有所伴及老有所为。②残疾人服务。此项服务主要针对残疾人在生活、婚姻、就业、受教育等方面存在的特殊困难而提供有关服务，以帮助残疾人和正常人一样享有其权利、行使其义务。③优抚对象服务。优抚对象主要指现役、伤残及退伍军人，烈士遗属，现役军人家属，及军队离退休干部。此项服务主要是指社区发动和依靠社会力量为优抚对象排忧解难，尽可能满足他们的各种合理需求。④幼儿青少年服务。此项服务是指为幼儿青少年的身心健康和成长发展提供各种帮助。⑤便民利民服务。此项服务是为了方便居民生活而提供各种有偿和无偿服务，这种服务满足社区成员的生活需求。⑥家政教育和家务劳动服务。此项服务一方面通过举办各种形式的家政知识学习或辅导班，提高家庭成员的素质，协调家庭成员的关系，促进家庭文明建设；另一方面通过举办家务劳动服务站为居民的家庭生活提供支援性的补充服务，以帮助解决其临时困难或特殊困难。⑦民俗改革服务。此项服务主要是为居民的婚事丧事改革提供系列服务，以帮助居民克服和改革在婚事和丧事中仍然存在的愚昧落后的习俗，倡导文明、健康、科学的生活方式。

由此可见，香港与武汉的社会或社区服务在其基本内容上或项目的设立方面有许多相同或相似之处、如都设有老年人服务、残疾人服务、青少年服务、家庭生活服务等。但也有其不同之点，即服务的重点有所不同。一是武汉的服务注重物质生活层面，所谓的便民利民就是如此；而香港的服务在提供物质生活方面的资助和帮助的同时，注重精神生活层面的服务，注重人格和价值的培养，注重人的权益的争取和潜能的发挥。二是武汉的社区服务注重提供直接服务；而香港在提供直接服务的同时，注重中介服务，注重告诉居民怎样去满足自己的需求。这些不同之处在一定程度上反映了经济社会发展程度的不同和社区服务水平的差别。

六　小结与讨论

通过上述五个方面的比较，我们可以将香港与武汉在社区服务方面的主要区别归纳如下（表1）。

表1　香港与武汉城市社区服务比较

城市名称 比较项目	香港	武汉
社区服务载体	社会分层型社区结构	自然产业型社区结构
社区服务组织	多元化的自治程度较高的组织体系，社会服务组织具有相对独立性	一元化的行政性较强的组织体系，社区服务组织依附于政府行政组织
社区服务队伍	专业化，即职业专业化和知识专业化的服务队伍	社会化，即由来自社会不同层面的无业人员和来自社会不同单位的在业人员共同组成的专兼职结合的队伍
社区服务经费	政府资助为主，社会筹募为辅，有稳定的经济来源	社区经济养社区服务，有偿服务补无偿服务，经济来源不稳定
社区服务内容	注重精神层面的中介服务	注重物质层面的直接服务

香港与武汉在社区服务方面的上述差别带给我们许多启示，特别是给武汉乃至整个内地城市的社区服务提出了许多值得研讨的问题，其中最大的问题是内地城市社区服务的发展方向和道路问题。在这方面，又有两个

问题最值得讨论。

第一，社区服务究竟是走专业化的道路，还是走"社会化"的道路。所谓专业化，是指社区服务有专业化的组织、专业化的队伍及专门的资金来源等。香港以及世界其他发达国家或地区的社会服务都是走这条道路。所谓社会化，是指社区服务的管理、经费及设施等都通过社会化的办法来解决，即社区服务管理由社区内单位共同承担，社区服务经费在社会上筹募，社区服务设施依赖于社区内单位的提供或资助等。这是内地城市社区服务目前所采取的做法。应该说，社区服务的专业化是城市社区服务发展的方向，因为它不仅符合社会组织的结构分化和功能专化这一社会发展的客观规律，而且与当前中国正在进行的经济体制转轨和社会结构转型是相适应的，是与市场经济的经济管理体制和"小政府、大社会"的社会结构模式相适应的。至于所谓"社会化"的做法，虽然它在一定程度上拓展了社区服务的范围或空间，但只是在经济发展水平低下和政府财力有限的情况下发展或推进社区服务的一种权宜之计。长远来看，专业化是方向，是社区服务生存和发展的基础；而社会化是手段，是促进社区服务更加兴旺的措施。

第二，社区服务究竟是走福利型的道路，还是走经营型的道路。从香港与武汉的比较中，我们发现，社区服务经费以政府资助为主，还是以社区组织自行筹集为主，是关系到其社区服务走何种道路的前提或关键。也就是说，要坚持社区服务走福利型的道路，就必须在社区服务的经费来源问题上坚持以政府资助为主。因为社区服务是一种福利事业，而社会福利政策的本质是社会资源的再分配。而政府又是社会资源的最大所有者，因此政府理所当然是社会福利的主要投资者。香港是这样，内地更应如此。因此，在社区服务的经费资助问题上，政府的资助应该是主要的，政府不能扮演配角，否则，社区服务有可能失去其福利性而走上经营型的道路。

论香港"福利新政"及其延续[*]

摘　要：作为香港福利政策基本特征的"儒家伦理""生产主义"和"政府低支出"均面临挑战是香港特区政府推行"福利新政"的原因；主张亲民和沟通的福利精神、强调共享与包容的福利原则、提高政府福利开支水平的福利举措是香港"福利新政"的主要内容；贫困率维持在 7 年来的低位，贫困人口连续三年低于 100 万是香港"福利新政"取得的初步成效；论文最后提出了延续"福利新政"的建议：一是应该继续坚持对福利政策进行改革和调整；二是应该继续坚持奉行"福利新政"所体现的福利精神和福利原则；三是应该在继续坚持加大福利投入的同时努力提高福利实施的针对性和有效性。

关键词：香港；福利新政；延续

2012 年 7 月 1 日，梁振英宣誓就职香港特别行政区第四任行政长官。为了建立一个"更繁荣、更公义、更进步"的香港，梁振英政府提出"稳中求变、适度有为"的治港方略，不仅其经济平均增长速率远高于此前历届特区政府，而且其福利政策的改革与调整即"福利新政"获得显著成效。为此，本文将依次探讨香港"福利新政"的缘起、内容、绩效及延续建议这四个问题。

　　＊　此文发表在《当代港澳研究》2017 年第 3 期。

一 “福利新政” 的缘起

1942 年《贝弗里奇报告》出版后，世界各国（地区）政府开始着手建立拥有自身特色的社会福利制度。与大部分东亚国家（地区）类似，香港福利政策呈现 “儒家伦理” “生产主义” 和 “政府低支出” 三大特点：“儒家伦理” 强调家庭福利，让家庭承担社会福利的责任与义务；[①②] “生产主义” 是指将福利政策同时作为工具反过来刺激经济的增长，Holliday 称之为 “刺激型生产主义”[③]；“政府低支出” 强调在多元的福利供给体系中，相对于家庭、市场与非政府组织，政府的福利支出相对较少。[④⑤] 然而，进入新世纪以来，香港传统的社会福利政策面临三个方面的挑战。

首先，传统的 “儒家伦理” 面临民主化等现代思潮的挑战。儒家伦理和香港福利政策之间的关系可以追溯到回归之前的殖民统治时期，港英政府在其长期的殖民统治过程中发现，儒家伦理强调的一些文化价值观念与其在香港需要建立的殖民权威十分契合，利于其实现施政目的和效率，[⑥⑦] 于是提倡儒家的有关伦理规范，不仅保证了殖民统治的基本稳定，而且使其福利政策具有了儒家伦理特征。

1997 年香港回归以后，在《基本法》的框架下，香港特区政府利用强势政府的格局，[⑧] 继续将儒家伦理思想塑造为社会政策颁布施行的意识形态

① Jones C., *The Pacific Challenge：Confucian Welfare States New Perspectives on the Welfare State in Europe*. London：Routledge, 1993, pp. 198 – 217.

② 雷杰：《市场、威权和儒家主义的结合——简述香港福利体制的特征》，《当代港澳研究》2012 年第 4 期。

③ Holiday I., “Productive Welfare Capitalism：Social Policy in East Asian，” *Political Studies*, Vol. 48, No. 4, 2000, pp. 706 – 723.

④ Goodman R and Peng I., *The Eastern Welfare States：Peripatetic Learning and Nation – Building*, London：Sage, 1996, pp. 192 – 216.

⑤ 李易骏、古允文：《另一个福利世界？东亚发展型福利体制初探》，《台湾社会学刊》2003 年第 31 卷。

⑥ 刘曼容：《利用与吻合：港英政府借助香港华人文化传统提高施政效率》，《学术研究》2005 年第 12 期。

⑦ 任一雄：《关于东亚威权政体的争议与思考》，《当代世界与社会主义》2007 年第 1 期。

⑧ 林蔚文、陈薇：《香港的政治价值观与民主发展》，载于郭定平主编：《文化与民主》，上海人民出版社，2010，第 155～165 页。

工具。①② 但《中英联合声明》发布以来，港英政府推行政治体制改革并鼓励民主运动，③ 香港社会逐渐从一个传统社会走向公民社会，④ 包含福利权利在内的社会权利观已逐渐被普通香港市民接纳与认同。⑤ 与此同时，与香港拥有相似制度特征的其他一些东亚国家或地区已悄然调整自己的执政思路及社会福利政策。⑥ 也就是说，面对民主化思潮的涌起，传统的儒家伦理已很难再包容市民的福利诉求而成为香港福利政策的思想理念。

其次，紧紧依赖经济增长的"生产主义"面临经济下行的挑战。在香港经济增长过程中，"涓滴增长"长期以来都被认为是财富分配的最佳模式。在这种模式下，社会不同阶层或群体通过市场机制产生的纵向涓滴效应和横向扩散效应分享经济增长的成果。由于这种财富分配模式是以经济增长为前提，在经济难以避免的放缓和衰退的背景下，以"生产主义"为原则的福利政策必然会受到现实经济环境的挑战。亚洲金融危机、SARS 疫情和全球金融危机等事件的先后爆发让香港经济明显不如从前。图 1 反映了近些年来香港本地生产总值与居民收入中位数随年份的变化趋势。⑦ 我们可以发现，在 1997 年经济风暴后的很长一段时间内，二者的增速明显放缓、停滞甚至出现衰退。加之在 20 世纪 90 年代之后，香港产业经济在"去工业化"和"再商品化"的双重推动下，传统制造业的衰退导致低技术与低学历的人群被进一步边缘化，就业保障、在职贫穷、老人护理、儿童贫困等一系列社会问题逐渐凸显，⑧ 社会矛盾和不满情绪日积月累。⑨

① Walker A and Wong C－k, *East Asian Welfare Regimes in Transition：From Confucianism to Global-isation.* Bristol：The Policy Press，2005，pp. 213－224.

② 雷杰：《市场、威权和儒家主义的结合——简述香港福利体制的特征》，《当代港澳研究》2012 年第 4 期。

③ 刘曼容：《试论港英政府政治制度演变的性质和特点》，《广东社会科学》2001 年第 1 期。

④ 刘兆佳：《回归后的香港政治》，商务印书馆（香港）有限责任公司，2013，第 151 页。

⑤ 张妙清、郑宏泰、尹宝珊：《香港核心价值的变迁——基于民意调查的分析》，《港澳研究》2015 年第 1 期。

⑥ 林卡：《东亚生产主义社会政策模式的产生和衰落》，《江苏社会科学》2008 年第 4 期。

⑦ 数据根据《香港统计年刊 2003～2016 年》整理。

⑧ 莫家豪、岳经纶、黄狄华：《变迁中的社会政策——理论、实证与比较反思》，社会科学文献出版社，2013，第 197～218 页。

⑨ 郑宇硕：《这份工做好了吗？——评价曾荫权政府的表现（节选）》，《当代港澳研究》2012 年第 1 期。

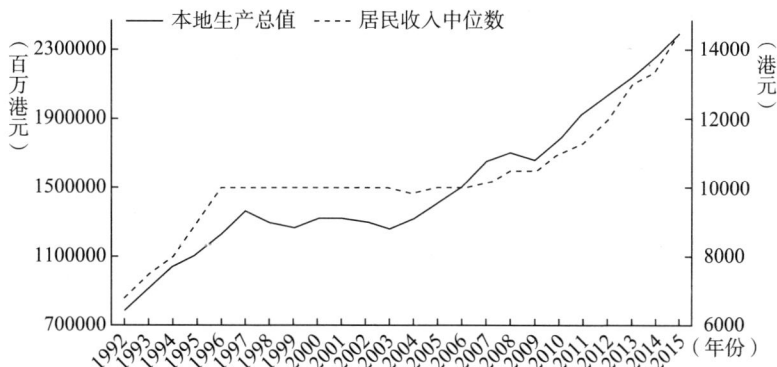

图1 香港本地生产总值与居民收入中位数随年份的变化趋势

最后，"政府低支出"面临社会结构失衡以及由此导致的福利需求增加的挑战。仅以人口结构为例，在 20 世纪 80 年代之前，香港 15～64 岁的劳动力人口比重迅速上升，为香港经济提供了用之不竭的劳动大军。① 但随着香港的生育率与死亡率的降低，香港 65 岁及以上的老年人口比例由 1981 年的 6.6% 上升至 2015 年的 15.3%，老年抚养比率②已从 1981 年的 97 上升至 2015 年的 208（见图 2）。另据推算，到 2064 年，香港老年人口比例将达到 36%，老年抚养比达至 567。③ 老年人口比率的上升，一方面意味着诸如老龄福利保障、医疗看护等一系列社会福利需求的上升，另一方面也反映了适龄劳动人口社会负担的增加。另外，近些年来弱势群体的人口数量相比过往出现大幅度增长的趋势，他们对社会福利的需求与期望也逐渐增多。④⑤ 因此，面对人口老龄化和弱势群体人数增加等结构失衡的趋势，"政府低支出"的福利政策恐怕难以为继。

总之，作为香港福利政策基本特征的"儒家伦理""生产主义"和"政府低支出"均面临挑战，福利政策的改革或调整势在必行。

---

① 陈栋康：《香港人口结构的特点》，《广州对外贸易学院学报》1985 年第 2 期。
② 老年抚养比率是 65 岁及以上人口数目相对每千名 15 至 64 岁人口的比率。
③ 香港统计处：《香港人口推算 2015～2064》，香港统计处网站，http://www.censtatd.gov.hk/media_workers_corner/pc_rm/hkpp2015_2064/index_tc.jsp，2016 年 12 月 28 日。
④ 刘祖云、胡蓉：《香港的失业群体及其社区支持》，《广东社会科学》2010 年第 1 期。
⑤ 莫家豪：《金融危机后的东亚"生产主义"福利体制——基于我国香港和澳门地区的个案研究》，《浙江大学学报》（人文社会科学版）2011 年第 2 期。

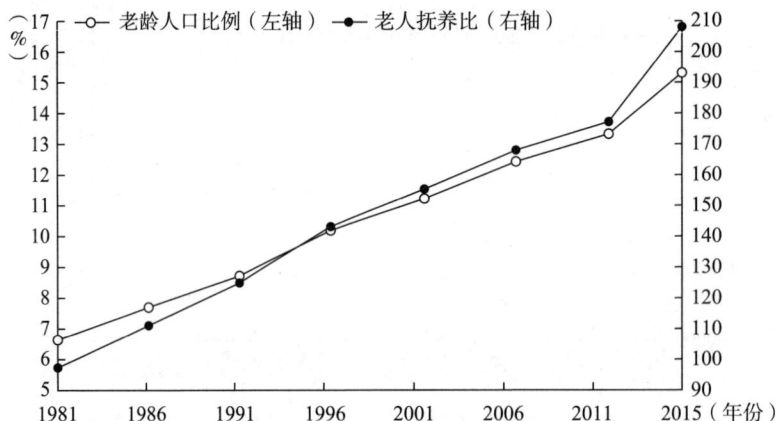

图 2　香港 65 岁及以上老年人口比例及抚养比变化趋势①

二　"福利新政" 的内容

鉴于上述原因，以梁振英为特首的香港特区政府在精神、原则和举措三个层面对香港福利政策进行了改革或调整。我们称调整后的香港福利政策为香港"福利新政"。

（一）调整后的福利精神：主张亲民和沟通

在福利政策制定及执行方面，梁振英政府强调维护市民的民生权利，倾听各阶层声音，特别是保护弱势群体的发声权利。与往届特区政府不同，梁振英在施政报告中明确提出了政府在福利改革中的责任，并呼吁广大市民共同参与。例如，在香港市民所关注的"退休保障"议题上，政府利用重设的扶贫委员会，进行了多场相关的公众参与活动。在多层面的社会讨论中，政府通过积极寻求市民意见，实现了市民与政府的共同讨论，并达成了诸多共识。在立法院的讨论中，特区政府官员积极向议员代表与市民宣传新政举措，即使面对一些反对派议员的干扰，也以"民生第一"为原则努力推动议题的最终落实，以保证新政不会因政治因素而受到影响。此

---

① 数据根据香港特区政府统计处《香港人口趋势 1981～2011》与《香港统计年刊 2016》整理。

外，梁振英还要求官员要直接到基层接触民众，和香港市民谈政策、聊家常，面对面听取市民对特区政府的施政意见与建议，从而兑现了自己"在阳光下接受700万港人监督"的诺言。①

（二）调整后的福利原则：强调共享与包容

在福利政策内容及实施方面，梁振英政府强调共享与包容。共享与包容，是大势所趋和现实选择，② 能减少贫困和增进平等，③④⑤⑥ 还能培植并壮大稳定社会的中产阶层。⑦

为了实现并扩大共享，梁振英政府在住房、教育、医疗等重要民生问题上再做文章。

在住房问题上，一是制定长远房屋策略，建立长远房屋督导机制；二是将香港未来10年的住宅总供应量上调至47万套，其中公营房屋占比六成；三是出台"港人港地"政策协助中产家庭置业安居；四是复建居屋，增建公屋，全面勘察劏房、笼屋以及板件房，改善中低阶层香港市民的居住条件与环境，并拟推出优惠政策支持与鼓励非营利团体为青年人提供宿舍。

在教育问题上，一是注重为不同阶层家庭提供公平的学习机会；二是注重对弱势群体的教育资助或支持。譬如，推进实施15年免费教育，推行免费幼儿教育，增加名额优先支援全职与弱势家庭，为少数族裔儿童提供中文学习支援，等等。

在医疗问题上，一是通过逐年提高对公营医院拨款额度而在公营医院

---

① 佚名：《梁振英与市民面对面聊"民生"》，凤凰网，http://finance.ifeng.com/a/20130823/10505323_0.shtml，2017年1月17日。

② 刘祖云：《"一带一路"：包容性发展的拓展和深化》，《南方日报》2016年1月9日F02版。

③ Ali I. and H. H. Son. , "Measuring inclusive growth," *Asian Development Review*, Vol. 24, No. 1, 2007, pp. 11 – 31.

④ Klasen S. , "Measuring and Monitoring Inclusive Growth: Multiple Definitions, Open Questions, and Some Constructive Proposals," *ADB Sustainable Development Working Paper Series* No. 12, 2010.

⑤ Rauniyar G. and Kanbur R. , "Inclusive Development: Two Papers on Conceptualization, Application, and the ADB Perspective," *Independent Evaluation Department*, *ADB.* , Working Paper, No. 72, 2010.

⑥ 杜志雄、肖卫东、詹琳：《包容性发展的理论脉络、要义与政策内涵》，《中国农村经济》2010年第11期。

⑦ Birdsall, N. , "Reflections on the Macro Foundations of the Middle Class in the Developing World," Working Paper, No. 130, Centre for Global Development, Washington, D. C. , 2007.

中实现为一般市民提供优质且可负担的服务，保障香港市民不会因病致贫或失救；二是以税务优惠方式鼓励市民购买医疗保险，提高长者医疗券金额，推广公民健康教育等。

为了实现更加包容，梁振英政府在扶持贫困和帮助弱势方面再想办法。

在扶持贫困方面，一是重设扶贫委员会以全面检视贫困的现状及成因，首次制定以香港居民收入入息中位数的50%为标准的香港贫困线，进而向今后更加科学地衡量并扶持贫困迈出了重要一步；二是在财政支持的前提下将往届政府的多项一次性扶持改为经常性扶持，譬如将作为临时性措施的7个关爱基金纳入经常性开支；三是关注在职贫穷问题，增设了以往政策难以顾及但实施后至少惠及20万人的低收入在职家庭津贴；四是在贫困人口较为集中的地区实施"长者咭"（debit card），建立免费或平价食堂等。

在帮助弱势方面，一是通过成立"社会企业发展基金"贷款协助创立社会企业、建立社区互助网络等方式帮助失业群体就业；二是通过在现行高龄津贴的基础上每月提供约双倍（2200港元）的特惠津贴、新设"长者生活津贴"、新设帮助回内地养老的"广东计划"、及时回应长者住房和护理需求等措施帮助老年群体；三是通过加强落实无障碍楼宇及通道等设施的设计及建造、设立残障人士就业和交通优惠、容许单肢伤残人士申领伤残津贴、加强精神病康复者的跟进服务等措施帮助残障群体；四是通过订立"家庭友善"政策、为就业妇女兼顾家庭与事业发展提供支援、为双职工家庭提供全日制托儿所和幼儿园服务、为长期居家照顾的家庭妇女提供社区和网络支持、加强对家庭暴力受害妇女的社会援助、加强妇女健康服务等措施帮助女性群体；五是通过制定青年发展政策纲领，整合有关青少年政策，加强与青年沟通，增加青年参政议政渠道，为青少年提供更多元化的教育、培训和就业机会等措施帮助青少年群体。

（三）调整后的福利举措：提高政府福利开支水平

梁振英政府的公共财政明显向社会福利倾斜，社会福利开支成为除教育之外的政府公共财政开支中的最大开支。① 由表1可知，2012年至2017

---

① 根据香港《2016~2017年的财政预算报告》，在所有相关项目预算中，教育预算位列第一为746.95亿港元，其次为社会福利预算为661.66亿港元，卫生预算排第三为572.88亿港元。

年,即梁振英政府执政的 5 年时间内,无论是福利经常开支还是公共经常开支,无论是福利开支总额还是公共开支总额,总体上都呈直线上升趋势。即便是福利经常开支在公共经常开支中的占比、福利开支总额在公共开支总额中的占比,也在总体上保持上升趋势。

表 1　香港特区政府社会福利与公共开支的比较与变化①

单位:百万港元

	2011～2012 年	2012～2013 年	2013～2014 年	2014～2015 年	2015～2016 年	2016～2017 年
福利经常开支	40333	42813 (6.15%)	51635 (28.02%)	54285 (34.59%)	58350 (44.67%)	66166 (64.40%)
公共经常开支	257152	277174 (7.79%)	300575 (16.89%)	321937 (25.19%)	343226 (33.47%)	365688 (42.21%)
福利经常开支占公共经常开支的比例	15.68%	14.45%	17.18%	16.86%	17.00%	18.09%
福利开支总额	43346	45894 (5.88%)	55352 (27.70%)	58091 (34.02%)	65001 (49.96%)	72428 (67.10%)
公共开支总额	385641	400179 (3.77%)	457346 (18.59%)	424106 (9.97%)	462151 (19.84%)	525381 (36.24%)
福利开支总额占公共开支总额的比例	11.24%	11.47%	12.10%	13.70%	14.06%	13.79%

三　"福利新政"的绩效

面对经济下行的压力,梁振英政府的福利投入不仅没有减少,反而逐年增加。由表 2 可知,在综合援助、公共福利金、伤残津贴三个传统福利项目上,尽管受援个案总数在不同年份有增有减,但总体投入是在逐年加大。不仅如此,梁振英政府还分别在 2013 年 4 月和 10 月新设了"长者生活津贴"和"广东计划",以资助年龄在 65 岁及以上有经济需求的香港长者和选择移居广东的香港长者,此两方面的投入总体上也在逐年增加。

---

① 数据根据香港特别行政区 2013～2014 年度、2014～2015 年度、2015～2016 年度和 2016～2017 年度的财政预算案整理。其中,2011～2015 年度数据为财政实际开支,2015～2016 年度为修订财政预算,2016～2017 年度为财政预算。括号内为累积增长率。

表 2 　香港特区政府综合社会保障援助与公共福利金个案数与发放款项①

	2005～2006年	2010～2011年	2011～2012年	2012～2013年	2013～2014年	2014～2015年	2015～2016年
综合援助（综援）							
个案数目（户）	297434	282732	275383	267623	259422	251099	242903
发放款项（百万港元）	17766.2	18493.3	19547.5	19772.7	19495.7	20669.2	22313.4
公共福利金							
个案数目（人）	574135	642979	663237	693389	748797	778941	808909
发放款项（百万港元）	5339.3	9062.4	9743.5	10579.5	18882.9	18585.3	21673.3
伤残津贴							
个案数目（人）	113111	134909	141751	147114	123803	129125	135699
发放款项（百万港元）	1633.1	2613.4	2849.6	3118.4	2812.0	3005.0	3548.0
高龄津贴							
个案数目（人）	461024	508070	521486	546275	191634	215078	224463
发放款项（百万港元）	3706.2	6449.0	6893.9	7461.1	2859.5	3012.7	3755.5
长者生活津贴							
个案数目（人）					416166	417593	432862
发放款项（百万港元）					13127.1	12292.2	14087.3
广东计划							
个案数目（人）					17194	17145	15885
发放款项（百万港元）					84.3	275.4	282.5

"福利新政"既适度满足了香港日益增长的福利需求，也适时回应了调控香港日益固化的贫富差距的需求，同时已获得初步成效。2015年香港贫困人口为97.1万人，贫困率为14.3%，维持在7年来的低位，贫困人口连续3年低于100万。②

对于梁振英政府的"福利新政"，尽管有"福利过度论"和"福利不足论"的不同评价，甚至有受"泛政治化"影响的负面评价，但总体评价是正面和肯定的。有舆论认为，梁振英政府的"福利新政"既客观务实，又

---

① 数据根据《香港统计年刊2016》整理。

② "林郑月娥出席扶贫委员会高峰会的讲话"，香港扶贫委员会网站，http://sc.isd.gov.hk/TuniS/www.info.gov.hk/gia/general/201610/15/P2016101500629.htm，2017年1月18日。

"适度有为",不仅兼顾了香港各个阶层的利益,而且帮助香港普通市民特别是香港弱势群体缓解了生活压力,同时也起到了刺激消费、稳定经济和保障就业的作用。港人因此将梁振英政府的福利举措比作"派糖",这个糖不仅是"经济糖",而且是理性、和谐、共享、包容的"人心糖"。[1] 也有舆论认为,梁振英政府的"福利新政""在改善民生方面是有心、有力和有所作为的"[2]。

四 延续 "福利新政" 的建议

2016 年 12 月 9 日,梁振英宣布不再竞选连任,这意味着梁振英政府的执政即将结束,那么梁振英政府的"福利新政"是否随之结束呢?我们认为,"福利新政"不应就此结束,而应得到延续。为此,我们有如下建议。

首先,应该继续坚持对福利政策进行改革和调整。由于香港社会出现贫富分化加剧和贫富差距固化的现象,继续对其福利政策进行改革和调整,既是大势所趋,也是现实选择。为此,一是要抓住国家提出的"一带一路"倡议给香港发展带来的机遇,通过"一带一路"解决香港自身经济发展中的深层次矛盾和问题,拓展香港与内地的深度合作,扩大香港与世界不同国家和地区的经济联系,对于香港经济获得新的发展,进而改善和提高香港市民的福祉具有重要意义;二是要排除"以政治撕裂社会"的政治干扰,动员全体市民了解、认同并参与福利政策的改革与调整。

其次,应该继续坚持奉行"福利新政"所体现的福利精神和福利原则。一方面,继续坚持"福利新政"所体现的亲民和沟通的精神,即继续通过接近社会底层或扩大市民参与等方式倾听市民心声、回应市民诉求,并将这些做法经常化和制度化;另一方面,继续坚持"福利新政"所体现的共享和包容的原则。在一个贫富悬殊且强弱分明的香港社会,共享,主要体现为对贫困群体的扶持;包容,主要体现为对弱势群体的帮助。因此,坚持共享与包容,不仅能够调控贫富差距和缓解强弱分化,而且对于香港的经济发展、政治稳定及社会和谐均具有重要意义。

---

① 屠海鸣:《港府"派糖"现承担全城拍手称福音》,《沪港经济》2015 年第 4 期。
② 大公报社评:《梁振英民生施政该得高分》,《大公报》2016 年 5 月 30 日 A3 版。

最后，应该在继续坚持加大福利投入的同时努力提高福利实施的针对性和有效性。2016年10月23日至26日，我们访问了香港房屋协会，并在香港房屋协会的安排和主持下现场考察并研讨了香港福利住房即居屋和公屋实施过程中存在的问题。此次调研发现，香港住房福利在其实施过程中，因没有做到因时而异或因时而变，而逐渐失去其针对性和有效性。譬如，家庭经济状况由穷变富了，但该家庭仍然居住在公屋。又如，家庭人口由多变少了，但该家庭仍然居住在面积较大的公屋。有限的福利资源没有用到该用的地方，反而用到不该用的地方；没有用于实现公平，反而用于制造新的不公。诸如此类的现象，在住房福利之外的其他福利实施过程中是否同样存在？这是香港特区政府在未来福利实施过程中需重点关注并切实解决的问题。

香港如何善待弱势

香港的贫困及救助：从理论到现实的探讨[*]

摘　要：对于贫困问题，香港可设立基本与非基本两个贫困线并分别采取不同的救助方式，从而在保障底线公平的基础上进行柔性调节；应当把绝对指标和相对指标结合起来，分别反映香港绝对贫困和相对贫困的不同状况。香港的贫困问题属于丰裕社会中的结构性贫困，与落后国家或地区的发展性贫困有根本区别。对于贫困救助，香港一直坚持"低税制、低福利、高发展"的路线，结合其经济、政治和文化实际建立了相当完善、颇具特色的社会救助模式。香港模式融合了西方补救型福利和东方儒家文化的特质，在救助目标、救助对象、救助主体、救助标准和救助内容等方面具有鲜明特色。香港模式对内地的社会救助改革具有重要借鉴意义。

关键词：香港；贫困；救助

系统并完整地探讨香港社会的贫困及其救助，对于我们更加系统并完整地认识香港社会，更好地总结香港在贫困救助方面的经验，并以此促进或推动香港及内地的贫困救助工作，均具有重要意义。

---

* 本文曾在《中南民族大学学报》（人文社会科学版）2009 年第 4 期发表。

一 香港的贫困问题

香港是一个经济高度发达的社会，经济水平在亚洲乃至世界名列前茅，为"亚洲四小龙"之一。但是，香港也是一个贫富悬殊的社会。2001 年，香港的基尼系数为 0.525，2006 年达到 0.533。在世界 24 个经济最发达地区中，香港的贫富差距最大，最高收入的 20% 家庭占有全港总收入的 50%，而最低收入的 20% 家庭仅占全港总收入的 4.3%，可谓"富有一群属最富，贫穷一族属最穷"①。近十余年来，受全球化和经济转型等因素影响，香港的贫困问题不断恶化，因而成为备受社会各界关注的问题。然而，由于概念界定和测量方法不同，香港各界在贫困问题的一些方面有不同看法或见解，以下从三个方面对有关问题进行分析并提出笔者的基本观点。

（一）香港贫困标准分析

贫困并无公认的测量标准，不同国家或地区由于经济社会发展水平不同，其贫困标准也大相径庭。一般而言，界定贫困的通行方法是根据某一标准制定一条贫困线，把生活在贫困线以下的人视为贫困人口。目前，世界上有许多国家和地区制定了贫困线，但是，香港没有官方统一制定的贫困线，只有类似于最低生活保障线的"综合社会保障援助计划"（以下简称"综援"），这给贫困问题的测量带来了一定的难度。那么，香港要不要制定贫困线？如果制定贫困线又该采取什么标准？围绕这两个问题，香港各界形成了截然不同的两种观点。

首先，香港要不要制定贫困线？第一种观点认为，政府不仅应当根据客观标准制定贫困线，更应依据贫困线每年公布贫困人数，并将有关数据作为制定经济政策的重要参考。香港学者莫泰基认为，订立贫困线有利于政府向公民发布贫困状况，避免政府隐瞒事实，亦可用于制定反贫困目标，成为反贫困政策的重要依据。② 香港乐施会和香港社会保障学会等机构也一致认为，"任何扶贫机构和扶贫政策的基础是贫穷线的制定，这样才可以量

---

① 曹云华：《香港的社会保障制度》，《社会学研究》1996 年第 6 期。
② 莫泰基：《急需制订贫穷线》，《灭贫季刊》1997 年第 1 期。

度贫穷问题的结构和严重性"①。第二种观点则认为，香港经济发达，市民享受广泛的社会服务，贫困不应僵化地以一条贫困线来界定，而应根据香港实际情况制定出一套多元化的指标。在后者看来，综援标准作为香港最低生活保障线，足以应付基本生活所需，所以，综援标准在事实上成为香港的贫困线。基于此，政府不宜另立贫困线而人为增加贫困人口和财政开支，那样有可能助长福利依赖并导致政府财政不堪重负，犹如打开潘多拉的盒子而"后患无穷"②。其次，如果制定贫困线又该采取什么标准？第一种观点认为，贫困是一个相对的概念，如果仅从绝对标准测量贫困人口，会严重低估香港的贫困状况，因此体现相对贫困观点的国际贫困线方法才是"香港贫穷线的尚佳制定方法"③。所谓国际贫困线，就是将贫困线界定为社会平均收入或中位收入的 50% 以下。香港社会服务联会主张这种方法，他们自 1998 年开始根据国际贫困线标准编制社会发展指数，并定期评估香港的贫困状况。与此相反，第二种观点则认为，贫困者仅指那些无法维持基本生活的人，综援以救助这些人为目标，所以它的标准可作为香港的贫困线。香港政府倾向这种观点，他们认为，像国际贫困线那样单纯以中位收入的某一个百分比去划定贫困线，会夸大香港的贫困状况，并可能带来严重的后果。因为，若根据中位数收入的 50% 计算，2005 年香港贫困人口逾 125 万，许多人担心，要使百万人脱贫，香港的社会福利开支必然飙升，政府财政必然不堪重负。更为严重的是，"香港政治生态将因此产生不可抗拒的福利主义效应，政客为捞取逾百万'贫穷线'之下选民的选票，必然大派免费午餐，煽动民粹主义，部分市民也会产生依赖心理，甚至滋生好逸恶劳的刁民。这将严重侵蚀本港自强不息、坚韧拼搏的优良传统，导致投资环境恶化，失业大军骤增，储备迅速用光，结果是整个香港'越扶越贫'"④。

如果从绝对贫困的角度去理解贫困，那么香港可以综援标准作为贫困线，这是因为如下三点。第一，香港虽然不是福利社会，但政府一直重视

① 关注综援检讨联盟、乐施会、香港社会保障学会：《关于扶贫委员会的建议：确立扶贫目标、制定成效指标、动员民间参与》，立法会 CB（2）632/04-05（02）号文件。
② 参见香港《文汇报》社评，2005 年 1 月 15 日。
③ 莫泰基：《香港灭贫政策探索》，三联书店有限公司，1999，第 60 页。
④ 参见香港《文汇报》社评，2005 年 1 月 15 日。

社会保障，为广大困难群体提供了教育、医疗、住房等广泛的社会服务。综援虽然存在一些不足，但配合其他服务，它大体能满足贫困群体的基本生活需要。第二，香港虽然贫富悬殊，但由于整体经济发展水平和人均收入高，即使是贫困人口，其生活水平也比发展中国家的贫民高，更不至于衣不遮体、食不果腹。第三，"低税制、低福利、高发展"是香港经济发展的基本特色，要保持香港作为世界自由港、贸易中心、金融中心的地位，就必须实行低税制、低成本的方针，因而不宜把贫困标准定得太高，人为增加政府开支、抬高福利水平。

如果从相对贫困的角度去理解贫困，那么香港可考虑另设一条贫困线，这是因为如下两点。一是香港的贫困问题属于经济持续高速发展过程中的结构性贫困，与一些发展中国家或地区因经济落后或社会动乱而出现的发展性贫困有根本不同，它虽然兼有绝对贫困，但以相对贫困为主，单纯把它理解为绝对贫困过于狭隘，且难以认清问题本质。二是香港贫富差距悬殊，相对贫困问题非常突出，2006年基尼系数已达0.533，这个数字不仅超过绝大多数发达国家或地区，甚至也为许多发展中国家或地区不及。目前在香港，包括失业者、低收入者、少数族裔和新移民等在内的相当一部分人虽然不一定生活在综援标准线以下，但他们在经济、政治和社会等层面处于明显弱势地位，因此，若单纯看到绝对贫困，会低估相对贫困问题，忽视广大低收入阶层的弱势地位。

综上所述，笔者认为，在要不要制定贫困线和以何种标准制定贫困线的问题上，不应该也不必要做出非此即彼的选择，而应结合香港实际综合两种观点及其做法，即以综援标准作为反映最困难群体贫困状况的"基本贫困线"，并将综援作为贫困人口的"最低保障"，从而保证底线公平，减少绝对贫困；与此同时，也可以根据相对标准另设一条"非基本贫困线"或"相对贫困线"，对处于这一贫困线以下而又没有享受综援救助的群体，可以通过政府、企业和社会多方提供的其他福利或服务来改善他们的生活状况，从而在保障底线公平的基础上进行柔性调节，减少相对贫困。

（二）香港贫困状况分析

香港的贫困状况究竟怎样？贫困人口有多少？贫困问题有多严重？对于这些问题，由于测量标准不同，不同研究者的测算结果差异很大，得出的结论也不尽相同。

一种观点力主用国际贫困线、收入十等分组、基尼系数等相对指标去反映香港的贫困状况，国际贫困线可以计算贫困人口，收入十等分组和基尼系数则可以反映贫富差距，这三个指标的共同点是以相对收入为计算基准。

国际贫困线是指把收入低于社会中位收入 50% 的人界定为贫困者，这一方法以相对收入为基准，计算的实际是相对贫困人口。这种方法在香港为许多机构采用，如香港立法会和社会服务联会等。香港社会服务联会采取这个标准，将收入少于或等于当年全港相同人数住户收入中位数 50% 的住户定义为贫困户，计算出贫困户占总住户的比例即贫困率（见表1）。由表1可见，近10年来，香港的贫困率基本呈增加态势，从1996年的15.0%增加到2005年的18.3%，无论是儿童、青少年、妇女还是老人，其贫困率都不同程度地增加了，其中，老人的贫困率最高，高达31.8%。根据这个标准，1995年香港的贫困率14.81%，贫困人口约89万，2005年贫困人口达到125万，占总人口的比重逾18%。

表1　香港的贫困率

单位：%

不同组别	1996	1998	2000	2002	2004	2005Q1
整体人口	15.0	18.1	18.3	18.0	17.3	18.3
0~14岁儿童	22.8	26.2	25.9	25.5	24.1	26.1
15~19岁青少年	16.7	21.6	24.7	25.0	24.3	26.8
妇女	15.4	18.3	18.4	18.1	17.2	缺省
老人	26.9	34.2	34.3	32.6	29.4	31.8

注：Q1表示截至2005年第一季度。

资料来源：《香港的贫穷问题》（内部资料），香港社会服务联会，2005。

收入十等分组和基尼系数清晰地反映了香港社会贫富差距的变化情况。表2显示，近十几年来，香港居民的收入差距越来越大，其中最高收入组别的月收入中位数在1997~2001年的5年间上升了12.7%，而最低和第二低收入组别的月收入中位数在同期却分别下跌了2.1%和10.0%。表3更直观地反映了贫富差距扩大的趋势：1976年以来，香港的基尼系数持续上升，

1971 年为 0.430，1981 年升至 0.451，2001 年达到 0.525，2006 年达到 0.533。凡此种种说明，在香港经济快速增长的同时，贫富差距却不断扩大，财富日益向高收入阶层聚集，广大低收入阶层的民众却陷入相对贫困化。

表 2　香港十等分组别的住户每月收入中位数

单位：港元，%

十等分组别	1991	1996	2001	1991～1996	1997～2001
第一（最低）	3084	3042	2977	− 1.4	− 2.1
第二	6631	7499	6750	13.1	− 10.0
第三	9252	10140	10000	9.6	− 1.4
第四	11102	12675	13000	14.2	2.6
第五	13775	16123	16500	17.0	2.3
第六	16499	19773	20500	19.8	3.7
第七	20046	23829	25705	18.9	7.9
第八	25633	30175	32560	17.7	7.9
第九	34641	40560	44650	17.1	10.1
第十（最高）	61680	70980	80000	+ 15.1	+ 12.7

资料来源：《香港的贫穷问题》（内部资料），香港社会服务联会，2005。

表 3　香港的基尼系数

	1971	1976	1981	1986	1991	1996	2001	2006
基尼系数	0.430	0.426	0.451	0.453	0.476	0.518	0.525	0.533

资料来源：立法会秘书处，《基尼系数》，2004 年 12 月 6 日；香港特区政府统计处，《香港的住户收入分布》，载《2006 年香港中期人口统计》，2007 年 6 月 18 日。

　　总之，若依据相对指标测算，香港的贫困问题无疑到了非常严重的地步，不仅贫困人数居高不下，而且贫富差距一再扩大，呈"贫者愈贫，富者愈富"之势。对此，有人警告，如果继续放任自流，不及时解决，便有失控的危险，最终形成一个贫富对立的"双层社会"①。近年来，香港流行一种"社会两极化"的观点，它认为，香港的社会结构正朝"中间收窄，

---

① 黄洪：《香港劳工的边缘化与劳工政策》，陈锦华、王志铮《香港社会政策评论》，中文大学出版社，2004，第 1～13 页。

上下两极扩大"的两极化方向转变，即中产阶层人数减少、上层阶级和底层阶级人数增加，社会结构由"橄榄型"向"漏斗型"转变。①

由于计算方法和标准不同，得出的结论自然有差异，绝对指标反映的是绝对贫困情况，相对指标反映的是相对贫困情况。香港是一个经济发达、物质繁荣的社会，其经济水平和富裕程度在亚洲名列前茅。2006 年，香港人均本地生产总值达 214710 港元，家庭中位月收入达 17250 港元。整体来看，香港的贫困问题以相对贫困为主，兼有绝对贫困，无法维持基本生存的穷人毕竟属于少数，但收入分配不公、贫富悬殊是普遍现象。因此，若单纯以相对指标计算，香港的贫困问题几近失控之势，但若考虑绝对指标，问题还不至于那样严重。笔者认为，两种计算方法和标准各有优势，应当避免把它们割裂开来：绝对指标可以测算绝对贫困人口，反映最贫困群体的生活状况，为制订"基本贫困线"提供依据；相对指标可以测算相对贫困人口，反映相对贫困群体的生活状况，为制订"相对贫困线"提供依据。只有把两种方法结合起来，才能更加全面、客观地反映香港的贫困状况。

（三）香港贫困原因分析

导致贫困的原因是复杂的，既有贫困者个人的客观原因和主观原因，也有社会层面的经济、政治和文化等方面的原因；既有历史积累的难题，也有时代的新问题；既有国内因素，也有全球化带来的国际因素。笔者认为，香港贫困问题的成因极其复杂，涉及许多深层次的因素，不宜片面化地加以解释，受篇幅所限，这里着重谈两点。

一方面，香港贫困问题的恶化有深刻的经济社会背景，在一定程度上是不可避免的。

首要的是经济转型，从 20 世纪 80 年代到目前短短的二三十年间，香港连续经历了两次经济转型。一次肇始于 20 世纪 80 年代，其间香港逐渐由以制造业为主转向以服务业为主，传统制造业大量外移，金融、贸易、物流、旅游等服务业成为主导产业。一次发端于 20 世纪 90 年代末，尤其是 1997

---

① 赵永佳、吕大乐：《检验全球化城市的社会两极化论：1990 年代后的香港》，刘兆佳等《社会发展的趋势与挑战：香港与台湾的经验》，香港中文大学香港亚太研究所，2006，第 3 ~ 34 页。

年亚洲金融危机之后，香港的制造业和服务业向高知识、高科技、高附加值方向发展，香港面临从"后工业社会"向"知识社会"的转变，目前这个阶段尚未结束。伴随两次经济转型，香港的经济结构发生了巨大改变，制造业地位下降，高科技产业和新型服务业逐渐兴起，一些低学历、低技术的劳工和妇女、新移民等陷入结构性失业，失业、低收入等新贫困问题（new poverty）日益突出。

除经济转型外，人口老龄化、家庭核心化、单亲家庭增多等社会变迁因素也是导致香港贫困问题恶化的重要原因。早在 20 世纪 80 年代，香港就步入了老龄化社会，进入 90 年代后，香港的老龄化速度进一步加快，在亚洲仅次于日本。2003 年，香港 60 岁及以上和 65 岁及以上的老人占总人口的比例分别为 15.1%、11.7%。2006 年，香港 65 岁及以上的老人占总人口的比例达到 12.2%。伴随快速的人口老龄化，香港贫困老人的数量一直居高不下。1996 年以来，老年个案每年都要占到综援个案总数的 50% 以上，[①]1991 年老年综援个案 4.5 万，1997 年增至 10 万，2004 年达到 14 万，占综援个案总数的 50.7%，占老年总人口的 13.9%。[②] 此外，由于离婚率上升和家庭结构变迁，单亲贫困人士持续增加。2001 年香港共有 58460 个单亲人士，2004 年这个数字升至 74200。1996~2004 年，香港单亲综援个案年均增幅达 19.0%，单亲个案占综援个案总数的比重从 7.7% 上升到 13.4%。综上所述，由于经济转型和社会变迁的影响，香港贫困问题恶化具有客观必然性。

另一方面，香港的贫困问题又是由不平等的社会结构和不合理的社会制度或政策造成的，包含着深刻的结构性不平等，因此，在一定程度上又是人为的。

在香港，富人富可敌国，亿万富翁比比皆是，但穷人则穷困潦倒，靠政府救助为生。导致这种状况的原因很多，但深层次的原因是结构和制度层面的不合理。香港一直缺乏最低工资制度，对广大劳工尤其是边缘劳工的利益保护不够，这在一定程度上助长了在职低收入贫困。目前比较严重

---

① 参见《香港统计月刊》，2005 年 7 月，FD4。

② 香港社会保障学会：《消灭老人贫穷，成立老人退休金制度》，2005 年 6 月 13 日，立法会 CB（2）1828/04 – 05（08）号文件。

的老人贫困问题也跟制度的不完善有很大关系。在殖民统治时期，香港一直缺乏一个完善的个人退休保障制度，全社会只有政府公务员等少数人可以享受退休保障，其他人则要依靠个人和家庭养老，致使许多人退休后不得不依赖"综援"为生，这无疑加剧了老人贫困问题。香港回归祖国后，特区政府在 2000 年实行了"强积金"制度作为新的个人退休保障，但是，这项制度要真正担负起退休保障的使命至少要等到 30 年以后。此外，许多人陷入贫困是由就业和薪酬制度不公平造成的。目前，年龄和性别歧视在香港的劳动力市场比较普遍，中老年劳工、妇女、新移民等群体明显处于不利地位。总之，香港的贫困问题属于"丰裕社会"在经济持续高速发展过程中产生的结构性贫困、局部性贫困，它与一些发展中国家或地区因经济落后或社会动乱而出现的发展性贫困、普遍性贫困有根本不同。一直以来，香港奉行"不干预主义"，坚持"低税制、低福利、高发展"的发展道路，鼓励自由竞争，主张"自由胜于平等，效率优先公平"，这既培育了香港今日的繁荣和富庶，使之成为全球最自由的经济体，国际金融、贸易和航运中心，但这无疑也为贫富悬殊和贫困问题埋下了祸根。

二 香港的社会救助

以上探讨了香港贫困问题，那么香港对贫困的救助又是如何呢？下面将探讨香港社会救助的基本构成、鲜明特色及其对内地的启示。

（一）香港社会救助的基本构成

目前，香港的社会救助主要由综援、公共福利金计划、三个意外赔偿计划以及有关社会服务等构成，它们承担不同的救助功能，具有各自特定的救助目标、救助对象、救助资格和救助形式（见表4）。

表 4 香港社会救助的基本构成

救助计划	综援	公共福利金计划	三个意外赔偿计划	有关社会服务
救助目标	为收入低于一定水平或处在贫困线以下的公民提供现金救助	为高龄、残疾等特殊群体提供现金救助	为暴力执法、交通意外伤亡者和自然灾害灾民提供紧急救助	为有需求的公民提供物质或服务方面的专项服务

续表

救助计划	综援	公共福利金计划	三个意外赔偿计划	有关社会服务
救助对象	收入低于一定水平的所有公民	事先定义的特殊群体：老人、残疾人士	事先定义的特殊群体：意外事故受害者、灾民	收入低于一定水平、有特殊需要的家庭
救助资格	入息审查	类型划分，部分需要入息审查	类型划分，无须入息审查	入息审查＋需求划分
救助形式	现金为主	现金为主	现金为主	实物和服务

综援是香港社会救助的核心，它旨在为经济上有困难、无法维持正常生活的人士提供基本生活保障，属于"最后的安全网"。它无须供款，其救助资金主要来源于税收和政府拨款，其救助对象不分性别、年龄、是否残障或患病，涵盖收入低于一定水平的各类贫困群体，如年老、永久伤残、健康欠佳、单亲、低收入、失业等。综援金额包括三个部分：标准金额、补助金和特别津贴。标准金额主要用于满足基本生活所需，不同类别的受助人均可享受。补助金主要面向高龄、伤残人士和单亲家庭，它分为长期个案补助金、单亲补助金和社区生活补助金。特别津贴主要用于应付个人和家庭的特别需要。除此之外，"综援"还包括两个特别计划。第一个是"自力更生支援计划"，旨在协助有劳动能力的受助人积极寻找工作，重返劳动力市场，它包括积极就业援助计划、社区工作和豁免计算入息。第二个是"综援长者广东及福建省养老计划"，目的是为符合申请资格，并且选择到广东或福建省养老的老年综援受助人提供现金援助。符合资格的申请人，每月发放一次标准金额，每年发放一次长期个案补助金，不过，不能享受特别津贴和其他援助金。

公共福利金计划主要是为严重残疾人士和老人提供津贴，每月以现金津贴的形式支付，以应付他们的基本和特殊需要。公共福利金计划包括以下四类津贴。①普通高龄津贴：发给收入和资产没有超出规定限额的 65～69 岁老人。②高额高龄津贴：这个不受收入和资产限制，无须收入审查，统一发给全港 70 岁及以上的老人。③普通伤残津贴：发给丧失全部劳动能力的残疾人士，无须收入审查，但需要经医生证明为严重残疾。④高额伤残津贴：发给严重残疾人士，让他们在日常生活中有人不断照顾，无须收入审查。

三个意外赔偿计划包含如下。①暴力及执法伤亡赔偿计划，为暴力罪行或执法行动中的受害人或死者遗属提供现金援助，无须经济审查。②交通意外伤亡援助计划，为交通意外的伤者或亡者遗属提供现金援助，无须经济审查。③紧急救济，主要是天灾人祸时给灾民的紧急救济，具有灾害救济的性质，如供应热饭和其他生活必需品，会根据情况发放救济金。

有关社会服务主要包括公屋、公共医疗和公共教育等方面的专项服务，它主要面向收入或财产低于一定水平的有需要的人士。公屋政策是香港政府给广大低收入阶层和贫困群体提供的一项重要社会福利。香港学者周永新认为："公屋政策是香港政府最重要的社会政策。从财政支出的角度看，政府对公屋支出虽及不上教育，但以影响的人数而言，公屋却凌驾于其他社会服务之上。"① 公共医疗是政府通过医药局辖下的公立医院为广大低收入和贫困群体提供价格低廉的医疗服务。与私立医院相比，公立医院的收费相对低廉，许多项目属于象征性收费。除了公屋和公共医疗之外，政府不仅给予贫困家庭各种必要的教育补贴，如学杂费、课本费等，还通过教育统筹局在学生辅导、学生资助、课外活动、学生培训和再培训等方面提供支持，协助需要支援的贫困学生和青年。尽管这些社会服务并不一定专门针对贫困群体，而是涵盖更广义的低收入阶层，但是，收入低于一定水平且有需要的贫困家庭皆可获得相应的社会服务。

（二）香港社会救助的鲜明特色

香港公共援助制度建立伊始，汲取了英国公共援助制度和英国贫困法的经验，集中救助"那些容易受到伤害的人——老人、残疾人士和穷人"等所谓的"最不能自助者"，这一基本原则延续至今。② 从这点看，香港的社会救助体现了西方补救型福利（又称作剩余型福利）的特点，这表现为保障水平较低、保障范围较窄，强调个人、市场和第三部门的作用，政府扮演最后帮助者的角色，福利主要面向"市场竞争的失败者"和"最不能自助者"，以保障其基本需要为目的。③ 此外，受中国传统文化的影响，香

---

① 周永新：《社会保障和福利争议》，香港天地图书有限公司，1994，第 22 页。
② *Hong Kong Government Help for Those Least Able to Help Themselves. A Program of Social Security Development*，Hong Kong：Government Printer，1977，p. 2.
③ C. 威廉姆、H. 怀特科等：《当今世界的社会福利》，解俊杰译，法律出版社，2003，第 30 页。

港的社会救助又表现出东方儒家文化的特色，如重视社会关怀，鼓励好善乐施，强调个人独立、社会互助、不依赖政府以及家庭责任，① 对此，有学者称其为"儒家福利型体制"②。香港社会救助模式的鲜明特色主要表现在以下五个方面。

（1）救助目标：协助受助人"从受助到自强"。作为一个全面安全网，综援不仅在经济上实现了"最低保障"，还透过"自力更生支援计划"和有关教育、培训和就业服务为受助人"造血"，协助他们改善人力资本和社会资本，从受助到自强。通过"积极就业援助计划"，社会福利署与劳工处、雇员再培训局开展合作，互相配合，帮助受助人制订符合个人实际情况的就业计划，并提供广泛的就业辅导、职位空缺信息和职业培训。社区工作旨在帮助受助人融入社区生活，扩大社交圈子，加强自信，并重新培养工作习惯，为日后重新就业做好准备。豁免计算入息旨在鼓励受助人积极工作，避免养成依赖社会救助的习惯。据统计，从 1999 年推出"自力更生支援计划"到 2005 年初，政府成功协助 45162 名失业人士重新就业。③ 一项关于参与"自力更生援助计划"的失业综援个案的跟踪研究表明，找到工作的计划参与者的比例是计划没有实施以前的综援申请人比例的 5 倍，参与者不仅有更高的再就业动机，而且显示了对活动安排较高的满意度和服务社区的社会责任。④

（2）救助对象：实施目标定位和分类救助。传统社会救助多采取"一刀切"的方式，对不同类型的受助人执行同样的资格审查条件，实行同等的救助标准和水平，这明显忽视了不同贫困人口的特点和需要。香港的社会救助注意到了这个问题，其目标定位⑤和分类救助特色非常明显。它特别

---

① 周永新：《社会福利的观念和制度》，中华书局，1998，第 3～7 页。

② Jones C. , *The Pacific Challenge*: *Confucian Welfare States*, in C. Jones（Ed. ）, *New Perspectives on the Welfare State in Europe.* London：Routledge，1993，pp. 204 - 213.

③ 《政府扶贫政策及措施资料便览》，2005 年 2 月 18 日，香港扶贫委员会资料文件，第 2/2005 号。

④ Health and Welfare Bureau, Hong Kong. "Final Evaluation Report on Support for Self - Reliance Scheme," Social Welfare Advisory Committee Paper, July 25, 2001, No. 17/01.

⑤ 目标定位一般指确定受益对象，即"将稀缺资源有效地分配给那些最需要的人（通常是那些被认为是最贫困的人）的过程"。参见尼尔·吉尔伯特《社会福利的目标定位——全球发展趋势与展望》，中国劳动社会保障出版社，2004，第 155 页。

强调以人为本，结合受助人的特点和需要提供"福利友好型"服务，在救助内容、救助标准和救助水平等方面既体现统一特点又保有合理差异，避免"一刀切"的做法。综援、公共福利金计划、三个意外赔偿计划以及有关社会服务等不同救助计划分别针对不同的目标群体，根据他们的特点和需要提供针对性救助，具有各自特定的救助目标、救助资格和救助形式。以综援为例，它强调个性化救助，既保障基本需要，也保障特殊需要，其中，标准金额主要用于满足基本需要，补助金和特别津贴主要用于满足特别需要。不仅如此，高龄人士、伤残人士、单亲家庭、健全成人等不同综援个案接受救助的资产限制不一样，享受的救助标准、水平也不一样。一般而言，单身人士比非单身人士的救助金额高，老人、儿童和残障人士比健全成年人的救助金额高，以体现"特别照顾最不能自助者"的原则。

（3）救助主体：发挥个人自助、社会互助和政府救助的协同作用。受中国传统文化的影响，香港社会普遍存在个人自助、家庭互助和社会互济的精神，反映到社会救助方面就是强调自助与他助的统一，发挥个人自助、社会互助和政府救助的协同作用。香港的社会救助历来强调区分"值得帮助的贫困者"和"不值得帮助的贫困者"，认为那些"值得帮助的贫困者"最需救助。对于那些无劳动能力和无生活来源的老弱病残者，发挥社会互助和政府救助的作用，保障其基本生活所需。但是，对于那些有劳动能力、有可能恢复"自助"的人（如失业、低收入者等），则不仅限于提供一点救济金，而是在保障其基本生活的基础上，尽可能协助他们恢复"自助"。综援准则明确指出，综援的目标不仅是要为经济上无法自给的人士提供安全网，还要扮演未来跳板的角色，为他们提供自力更生的机会。对于失业综援申请人，必须到劳工处登记寻找工作，或者参加政府安排的有关就业服务，没有恰当理由而不遵守有关规定的人将会被取消领取综援的资格。政府一再强调，社会救助不是要削弱受助人的独立精神，而是要通过社会互助和政府救助，协助他们开发潜能，最终实现个人自助。

（4）救助标准：随着经济发展水平的提高而逐渐提高救助水平。不同于西方福利国家，香港走的是一条"低税制、低福利、高发展"的路线，政府希望在经济发展和社会福利之间保持平衡。为防止过高的福利水平影响经济发展和香港竞争力，香港政府一直严格控制公共开支水平，使其与经济发展水平保持一致。这体现为指导公共开支水平的两个重要原则。一是 1976 年规定的公共开支的规模不能超过本地生产总值的 20%。二是 1987 年规定的公共开支的增速不超过本地生产总值的增速。① 虽然这两个原则并非每年都得到严格执行，却是香港公共开支方面的重要指引。② 在社会救助方面，政府每年根据经济发展形势和通货膨胀指数、物价指数的变化情况，相应地调整救助金额，希望救助标准恰到好处，既能保证受助人维持可接受的生活水平，又不至于降低其工作动机、助长福利依赖。

（5）救助内容：构建多元化的支持结构。香港的社会福利理念是"社会有责任协助其成员克服个人和社会的问题，以及因应独特的社会和文化状况，尽其所能履行人生的责任。社会亦有责任帮助不幸的成员，使他们维持可接受的生活水平"③。在这种理念的指导下，香港的社会救助致力于构建多元化的支持结构，不仅保障受助人的基本生活，而且通过配套服务改善受助人的生活质素，帮助他们维持一定的生活水平。除了综援和公共福利金计划外，政府还提供了廉价的公屋、象征式收费的公共医疗和各种各样的教育补贴。因此，广大贫困群体不仅可获得基本经济保障，亦可享受包括公屋、教育补贴和医疗等在内的广泛的社会服务，有需要的人士还可在工作、就业和培训等方面获得必要的支持。总之，政府构建多元化的支持结构，满足多方面的生活需求，在基本生活、教育、医疗和住房等方面为广大贫困群体提供了一张"多重安全网"。

（三）香港社会救助的几点启示

综上所述，香港的社会救助具有鲜明特色，为公民提供了一张"多重安全网"，为经济发展和社会稳定创造了良好的环境。香港模式对于内地的社会救助改革具有重要借鉴意义，受篇幅所限，这里简要谈三点。

（1）进一步深化社会救助改革，建立与市场经济相适应的社会救助体制。作为一张全面的"社会安全网"，香港的社会救助为香港的经济发展和社会稳定创造了一个良好的制度环境。长期以来，香港在贫富悬殊扩大、

---

① 保罗·惠廷、侯雅文等：《了解香港》，《香港的社会政策》，中国社会科学出版社，2001，第 8~9 页。

② Tang S. H. , "A Critical Review of the 1995 – 1996 Budget" in S. Y. L. Cheung and S. M. H. Sze, *The Other Hong Kong Report 1995*, Hong Kong: Chinese University Press, 1995, pp. 172 – 173.

③ 香港社会福利署：《香港社会福利发展五年计划 1998 年检讨》，1998。

贫困问题恶化的情况下能保持经济持续发展和社会长期稳定，其中一个重要原因就是建立了完善的社会救助体制。[①] 目前，内地处于急剧的经济转轨和社会转型期，贫富差距扩大，贫困问题恶化。在这种背景下，建立完善的社会救助体制，对于缩小贫富差距，缓解贫困问题，促进社会公正具有重要意义。虽然内地已初步建立以低保制度为基础，以教育、医疗和住房等专项救助为补充的社会救助体制，但是，它还存在诸多不足，如法律不健全、制度不完善、救助范围窄、救助标准低以及城乡不平衡等。一个突出问题是，内地至今未建立全民低保制度，低保仅限于城镇和部分发达地区的农村，且保障标准偏低、难以满足贫困人口的实际需求。相当一部分贫困人口在基本生活、医疗、住房和子女教育等方面没有得到足够保障。此外，相比低保制度，教育、医疗和住房等专项救助的制度化程度还很低，政策操作随意性很大，极大地受制于地方经济水平、政府财政及扶贫力度等因素。凡此种种说明，内地的社会救助尚难适应市场经济发展的要求，因此，深化社会救助改革，建立与市场经济体制相适应的社会救助体制势在必行。

（2）立足本地区实际，根据经济水平逐渐提高社会救助水平。按照香港的经济水平，政府完全有能力建立一个高标准、广覆盖的社会福利体系，但是，香港政府坚持重点发展社会救助，维持一个低水平、低覆盖的保障体制。这是因为，"低税制、低福利、高发展"是香港发展的基本特色，要保持香港作为世界自由港、贸易中心、金融中心的地位，必须实行低税制、低成本的方针，维持较低水平的公共开支和福利水平。这说明，建立和完善社会救助体制，须从本地区的经济、政治和社会实际出发，不可盲目照搬西方模式。我国尚属发展中国家，人口众多，经济发展水平还不高，地区之间、城乡之间发展很不平衡。必须从这些基本国情出发，量入为出、量力而行，根据经济发展水平逐渐提高社会救助水平。既不可人为限制、压低标准，从而影响社会公平的实现；也不可一味追求高水平，盲目仿效西方发达国家。考虑到这些因素，目前比较现实的选择是建立广覆盖、低水平、以基本生活保障为主的城乡一体化的社会救助体制。逐步扩大最低

---

① 冯可立：《香港的社会保障政策：模式的选取》，李健正、赵维生等《新社会政策》，香港中文大学出版社，2004，第149页。

生活保障制度的覆盖范围，建立全民低保制度，真正实现"应保尽保"。在此基础上，根据经济发展水平逐渐提高最低生活保障标准，发展教育、医疗和住房等方面的专项救助，增加一些配套性、发展性的服务项目，逐步建成与市场经济相适应、具有中国特色的新型社会救助体制。

（3）转向发展型社会救助模式，更加强调穷人的资产和能力建设。与香港相比，内地的社会救助还基本处于单纯强调收入援助的消极救助阶段，这表现在强调最低生活保障、救助标准偏低、救助项目单一、缺乏发展性的社会服务、政策理念和实际操作相对落后等。美国学者迈克尔·谢若登指出，这种社会救助模式的一大缺点是效率比较低、缺乏可持续性，它既难以有效满足贫困者的基本需要、实现生存权，更谈不上帮助他们摆脱贫困、实现发展权，反而有可能使他们陷入"低收入—低消费—低收入—低消费"的恶性循环，形成一个代际传递的持续性贫困群体。① 造成这种状况有客观原因，如内地经济水平还不高、贫困人口众多、政府财力有限等，但是，可以预见，随着经济社会发展水平的进一步提高，改变单纯强调收入援助的传统救助模式，转向一种新的发展型救助模式乃是必然之路。发展型社会救助的一个最大特点是更加强调穷人的资产和能力建设，认为社会福利应当被投资到促进人力资本、社会资本、就业、劳动技能等服务项目上，提高穷人参与经济、融入社会的能力。② 这种模式的一大优势是不仅强调社会救助的"输血"功能，亦强调它的"造血"功能，致力于在最低保障的基础上通过配套的发展性服务项目，如提供就业支援、提高就业能力、创造就业机会、支持创业、强化社会网络等，从根本上提高贫困人口参与经济、融入社会的能力。发展型救助不是要弱化收入援助或最低保障，而是在此基础上更加强调穷人的资产和能力建设，从而从根本上"激活"（activating）他们。

---

① 迈克尔·谢若登：《资产与穷人——一项新的美国福利政策》，高鉴国译，商务印书馆，2005，第214~216页。

② 安东尼·哈尔、詹姆斯·梅志里：《发展型社会政策》，罗敏等译，社会科学文献出版社，2006。

香港的失业群体及其社区支持[*]

　　摘　要： 本文首先简要分析了香港失业问题的凸显及成因、香港失业群体的规模及构成；然后从三个方面详细介绍并重点分析了香港失业群体社区支持的内容：为失业者提供就业服务、为失业者创造社区工作机会、为失业家庭提供社区援助；最后分析了香港失业群体社区支持的特点：提倡伙伴协作、重视社会资本、预防重于补救。

　　关键词： 香港；失业群体；社区支持

　　失业是指具有就业能力以及就业意愿的劳动人口因某种原因而无法获得就业机会的状况。失业不仅是一个重要的经济问题，同时也是一个十分敏感的社会问题。由于失业群体是社会弱势群体的重要构成部分，而且失业群体的规模及其生活和心理状况对整个社会的稳定、和谐及发展产生重要影响，因此，失业问题也越来越受到学界和社会的关注。本文的研究，一方面试图勾画香港失业群体的构成现状，另一方面，通过具体分析社区在支持和援助失业群体方面所采用的手段和发挥的作用，来探讨失业群体的社会支持模式及其社会功能。

---

　　* 本文曾在《广东社会科学》2010 年第 1 期发表。

一 香港失业群体概况

1. 香港失业问题的凸显及成因

从 20 世纪 90 年代中期至今，香港失业问题日益凸显，1997～1999 年，仅 3 年，失业率就攀升了约 3 倍，2003 年更达到 7.9% 的最高峰。仿佛一夜之间，香港从经济强盛中猛然觉醒，开始上下齐心、全力以赴与失业危机抗争。在多方努力下，香港的失业率逐步回落并趋于稳定，可以说，香港失业问题在这 10 年中经历了从轻微到严重，从被忽视到被关注的发展过程。

香港失业问题凸显的原因大致可以分为如下三个方面。①从产业结构看，香港经济从制造业向服务业转移，造成大量制造业工人的失业，尤其是人口比例较大的非技术工人。一方面，日渐转移的制造业已经没有足够的低技能职位空缺来吸纳这些非技术工人，另一方面，受到文化水平的限制，这些低技术工人也难以转移到那些对文化水平要求相对较高的服务行业。②从经济周期看，1997 年爆发的亚洲金融风暴使香港进入二战以来最严重的经济衰退时期，经济波动引发企业破产，就业机构大为减少。虽然金融风暴过后，香港经济逐步回升，失业危机一度有所缓解，但是由此引发的经济波动令香港本来就不容乐观的就业市场雪上加霜。③从劳动力结构看，在人口数量方面，香港劳动人口的增长速度明显快于就业人口的增长，这一方面是因为人口的自然增长，另外也受到劳动力迁移的影响；在人口教育水平方面，虽然在这 20 年中，香港人口的教育水平显著提高，但是中等教育程度的人口仍然是香港社会的主体，作为一个发达地区，这种教育水平显然偏低，这也在一定程度上限制了香港失业人口的行业转移。

2. 香港失业群体的规模及构成

2003 年是香港失业的一个高峰，超过 27.7 万人处于失业状态。2004 年开始，失业人口规模开始逐步缩小，2006 年 12 月到 2007 年 2 月，香港失业人口约为 14.7 万人，比上年同期下降了 15% 左右。此后，因受国际金融风暴影响，香港失业人口又开始增多。根据近期的统计数据，从 2008 年 10 月到 2009 年 2 月，香港失业人口增加了 21.7%，达到了 17.19 万人，占香港劳动人口总数的 4.7%。从性别构成看，香港失业人口一直以男性为主，近 10 年来，男性在失业人口中的比例均超过了 60%，而女性还不到 40%。到

2009 年 1 月，香港有 9.82 万男性、5.86 万女性失业。从年龄构成看，香港失业人口的年龄结构相对稳定，但是近 10 年中也有一定变化。总的来说，青年失业人口的比例逐渐降低，而中年失业人口比重逐步提高。在 2004 ~ 2005 年的失业人口中，40 岁以上的失业人口从 1995 年的 31% 增加到了 50% 左右。从受教育水平看，香港失业群体以中学教育程度为主。根据 2005、2006 年的统计数据，失业人口中有将近　半（47%）的受教育年限不超过 9 年，仅为中三或以下教育程度。从失业群体在失业前的行业分布看，所占比例最大的是批发、零售、进出口贸易、饮食及酒店业，其次是建造业。但是从各个行业的失业率看，失业率最高的行业是建造业，其次是制造业。从失业群体在失业前的职业分布来看，失业人口在失业前主要从事两种类型的职业：一是非技术工人，一般占到失业人口的 1/4 左右；二是服务工作及商店销售人员，近两年来都占到了失业人口的 22%。[①]

从以上分析可以看到，香港失业群体呈现以男性为主、年龄偏大、受教育年限偏少、技能偏低等特点。在实际生活中，他们也面临经济、心理、家庭等多方面的困难和压力。当然，并不是所有的失业者都属于弱势群体，失业的原因也并非都是失业者在就业能力上的弱势。但是，本文所说的失业弱势群体主要是指那些在劳动力市场上缺乏竞争能力，一旦失业后，难以再次就业的群体。具体来说，主要是指那些年龄偏大、教育水平低且缺乏一技之长的劳动者。有调查显示，香港有 95.3% 的失业者认为需要帮助。[②] 可以说，香港失业群体中相当一部分是需要受到社会关注的弱势群体。在快速转型的香港社会，他们很难仅靠自己的力量来摆脱现有处境，只有在政府、社会等多方支持下，他们才能够适应社会转型并承受转型风险。

二　香港失业群体的社区支持

1. 香港失业群体社区支持概况

社会支持（social support）这一概念于 20 世纪 70 年代被提出，最早出

---

① 见香港特区政府统计处网站：http://www.censtatd.gov.hk/gb/?param = b5unis&url = http://www.censtatd.gov.hk/home/index.tc.jsp。

② 香港社会服务联会：《失业对家庭生活影响之调查报告（1998 年）》。

现于精神病学文献。在本文中，笔者将社会支持定义为社会各界针对弱势群体所提供的各项救助行为或服务。社区是指以一定地域为基础的社会生活共同体，社会性、生活性和地域性是其本质特征。社区支持主要是指社区为弱势群体提供的援助性服务，作为社会支持的主体之一，社区主要通过提供社区服务来发挥支持作用。香港政府对于社区服务历来就非常重视，政府所制定的社区发展目的是"促进社会关系、发展自力更生、社会责任及社区凝聚力，鼓励个人参与解决社区问题，改善社区生活素质"。为了实现这一目标，政府所采取的策略包括：成立及扶助居民组织、提供社区中心供居民使用、鼓励居民参与社区活动、游说市民支持政府的政策及运动、在各区提供康乐及娱乐活动，等等。① 除了政府的大力支持和参与外，很多民间组织也积极参与社区服务，成为社区服务的组织者。香港的社区服务组织体系如图 1 所示。②

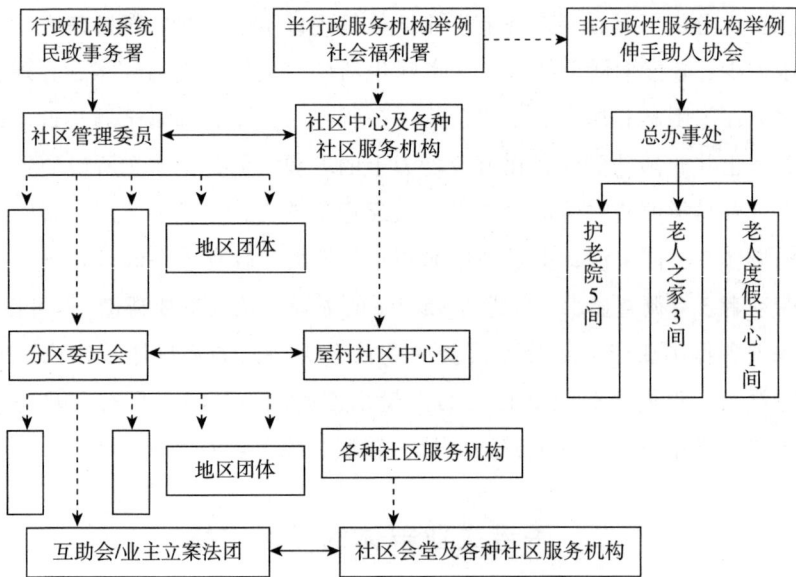

图 1　香港社区服务组织体系

注：----▶ 表示指导，——▶ 表示领导，◀——▶ 表示联络，----- 表示等等。

---

① Social Welfare Department. *The Five Year Plan for Social Welfare Development in Hong Kong – Review 1998.* Hong Kong：S. W. D. pp. 110 – 116.

② 刘祖云，《香港与武汉：城市社区服务比较》，《华中师范大学学报》（人文社会科学版）2001 年第 1 期。

从社区服务组织看，社区服务的组织提供者既有官办的行政性服务组织，又有官民合办的半行政性服务组织，同时还有完全民办的非行政性服务组织；而且，社区服务组织体系自治性高、独立性强。从社区服务队伍看，香港的社区服务有一支专业化的社区服务队伍，社区服务工作者具有职业专业化和知识专业化特征。从社区服务经费看，香港的社区服务以政府资助为主、社会筹集为辅，有稳定的经济来源。

2. 失业群体社区支持的内容

社区中的失业人士，尤其是那些就业能力较低、再次就业比较困难的长期失业群体，他们不仅会面临生活上的困境，而且会因为自卑、消极等负面情绪的影响无法融入社区，从而影响社区的发展与整合。社区对失业人士的支持主要通过以下三种方式发挥作用。

（1）为失业者提供就业服务

帮助失业者摆脱生活困境的根本解决办法就是帮助他们实现就业，从而自强自立。为了更好地帮助不同地区的失业者，协助他们重返工作岗位，地区就业服务就成为社区服务的重要内容之一。由政府所提供的地区就业服务主要由劳工处下设的就业中心来提供，目前全港共有 12 个就业中心，遍布港岛、九龙、新界，这 12 家就业中心通过提供免费就业服务，协助求职人士找寻工作。为了满足失业群体的需求，地区就业中心提供了具有针对性的服务措施。

首先，通过简单易用的服务设备为失业群体提供比较全面的就业信息。在服务设施上，地区就业中心全面电脑化的服务设施非常完备，且简便易用：在就业中心，求职者既可直接查阅张贴出来的职位空缺卡，也可以使用触幕式的空缺搜寻终端机查看最新的职位空缺资料，还可通过中心内的电脑登录各求职网站查询相关信息；对于那些对电脑设备不太熟悉的较低文化水平的求职者，除了提供详细的操作指导外，他们也可以从中心的服务人员那里获得及时的帮助，总之，求职者可以通过各种不同渠道方便地获得就业信息。此外，就业中心还提供了打印设备、电话、传真机及上网电脑等配套设施，以方便求职者及时与雇主联系并申请工作。在服务内容上，地区就业中心的就业信息广泛且全面：劳工处拥有庞大的资料库储存职位空缺资料，同时与企业保持着紧密联系，与雇主形成了良好的互动网络，便于及时搜集和处理职位空缺信息。地区就业中心能够提供不同类别的空缺职位，涉及的行业也非常广泛，从而满足不同学历及职业背景的求职人士。

其次，通过专业周到的服务人员为失业群体提供有效的就业辅导。每个地区就业中心所配备的工作人员因中心的大小而异，有 12 至 20 人不等。其中就业中心经理负责整体行政及督导中心的工作人员，副经理负责与雇主联络及提供就业选配服务，项目干事负责推行各项特别的就业服务，就业主任负责提供就业转介服务。对于求职者来说，就业主任是为他们提供具体就业服务的工作人员。对于失业弱势群体来说，就业主任一方面可以协助他们使用就业中心的各种服务设施获取并提交相关求职资料，另一方面，就业主任也可以通过就业选配服务为他们提供更深入和具体的辅导和协助。就业选配计划一般为期 3 个月，可以自主申请参加，也可以由就业主任邀请参加，目的都是帮助那些在找寻工作过程中遇到困难以及需要更深入就业服务的求职者。参加该计划后，就业主任会在考虑求职者的学历、工作技能、工作经验以及对工作的要求后，为他们提供职业辅导和选配合适的空缺职位。在参与计划期间，就业主任会跟进他们所协助的求职者个案并关注其就业需要，从而及时地提供一对一的辅导和协助。对于那些在就业上存在各种困难的失业群体，这种深入和个人化的就业服务对失业者的再就业很有帮助。

最后，通过规模不等的招聘会为失业群体提供与雇主的直接互动。为了主动接触有工作需要的人士，劳工处也会通过全港性以及地区性的招聘会为求职者提供工作机会，地区就业中心也会在各商场和公共屋村举办就业展览会，并在可行的情况下接受现场登记。招聘会为求职者和雇主提供了直接的面对面互动机会，对于那些受教育水平低、就业能力差的失业群体，地区就业中心也会有针对性地邀请一些公司或机构，从而满足不同层次的需要。在所提供的职位空缺中不乏如侍应生、销售员、押运员等对求职者专业能力和文化水平要求较低的职位。

（2）为失业者创造社区工作机会

对于失业者来说，如果长期处于不工作状态，很容易减低工作欲望、降低工作能力并挫伤自尊心，从而引发一些心理问题。如果失业者因为不同原因，一时间在劳动力市场上难以获得合适的工作职位，社区服务机构就会采取一些措施在社区内创造各种时间长短不一的就业机会，为失业者提供帮助。具体来说，创造社区工作机会的举措主要有两类。

首先，通过鼓励参与社区服务为失业群体提供工作机会。针对那些领取社会综合保障援助金（简称综援）的失业者，社会福利署有一个"自力更生援助计划"，凡领取了综援的健全失业人士以及低收入而没有全职工作的人士都被要求参与这一计划。"自力更生支援计划"中的一项重要内容就是"社区工作计划"，该计划规定，如获安排，有工作能力的综援受助人必须参加每星期不超过 3 天或 24 小时的社区工作，如环保、清洁等。这些社区工作并无报酬，工作效果也要受到社署人员的评估，这一计划的目的就是协助那些长期失业的人士培养工作习惯、加强自尊自信、改善受雇能力、为就业做好准备，鼓励他们在积极找寻工作的同时，对社会做出贡献。除此之外，一些社区服务组织也会定期或不定期地组织一些社区内的失业群体开展某些社区服务项目，通过参与这些服务项目，加强失业群体的社会责任感和工作参与度。例如 2003 年 6 月到 2003 年 9 月，在面对"非典"疫情和失业高峰的艰难时期，香港青少年服务处、丽城青少年综合服务中心在与社会福利署、民政署等多个机构的合作下，成立了"防炎卫生黑点举报及跟进工作队"，在荃湾区的卫生黑点以及独居长者的住户内开展了一系列社区服务计划。该计划共提供了兼职职位 21 个，鼓励失业人士以兼职形式重新投入劳动力市场，同时以半义务身份参与社区工作，一方面为社区提供了服务，另一方面减轻了失业对家庭的压力。在该计划的培训及工作过程中，不少参与者均表示自己的自信心、工作技能和与人相处的技巧得到了提高。在计划推行的 4 个月中，共有 49 位待业人士投入此工作，并通过社区服务工作建立了对社区的归属感。超过七成的参与者表示，工作机会能够增强失业人士的自尊及能力感，即使是短暂的工作也能够帮助他们重建对再就业的信心。[①]

其次，通过发展社会企业为失业群体创造就业条件。所谓社会企业，目前学术界并无统一定义，但是从基本特征来看，社会企业具有几个特点：第一，通过企业的方式达到社会目标；第二，从社会福利转变为工作福利；第三，强调自我依赖；第四，具有持续发展性，而这正是社会企业最重要

---

① 香港社会服务联会：《优质服务分享 2004——"社区为本的展外及网络工作"》，2004。

的一点。① 香港的社会企业起步较晚，但是近年来发展迅速，不仅惠及残障人士，越来越多的健全人士（包括青少年违法者、中年失业者等）也成为社会企业扶助的对象。香港财政司司长在 2006~2007 年度的《财政预算案》中预留了 1.5 亿元，计划在未来 5 年加强以地区为本的扶贫工作，其中很重要的一点就是为社会企业提供援助。为此，民政事务总署于 2006 年 6 月起开始推行"伙伴倡自强"的社区协作计划。该计划通过申请拨款的方式，鼓励和促进社会企业发展，目的就是推动可持续的地区扶贫工作，创造就业机会，协助社会上的弱势群体自力更生。在第一期社区协作计划中，共收到 82 份申请，所涉及的计划包括咖啡茶座、保健推拿、美容、售卖旧衣服/物品、导赏服务、家居维修和清洁服务，等等。经过咨询委员会（由官方和非官方成员组成）审核，首批核准的 15 份申请共获拨款 1300 万元，在深水埗、观塘、天水围、东涌等地方推行，可创造约 200 个职位，② 从而为弱势群体的就业创造了有利的条件。

（3）为失业家庭提供社区援助

在失业群体家庭内部，失业者常会因为情绪困扰带来各种健康问题，经济上的拮据也常常会引发各种家庭矛盾；在失业群体家庭和社区其他家庭之间，往往也会因为经济地位上的落差而产生种种隔膜和误解。在这种情况下，社区家庭援助就显得非常必要。在香港，针对失业者家庭的社区服务有很多，概括起来主要有以下三个方面。

首先，为失业家庭提供经济支援。通过社区家庭之间在经济上的互助，一方面可以为失业群体家庭提供经济上的支援，在一定程度上减轻他们的生活压力，另一方面也可以推动建立互助关怀的社区文化。在实践中，社区服务机构往往通过实物或有偿劳动等方式为失业家庭提供经济上的援助。例如 2004 年 8 月 1 日至 2005 年 7 月 31 日，香港圣公会福利协会组织了为期一年的"东涌有情——社区经济互助计划"。该计划一方面通过搜集社区人士捐赠的食物及二手物品，包括一些大型的家具或电器，转赠给社区内有经济困难的家庭以解决他们紧急的生活需要；另一方面通过组织失业人

---

① Dr K T Chan, Overview of social enterprises in Hong Kong，香港社会企业会议论文，2006 年 6 月。

② 香港扶贫委员会文件第 21/2006 号，《"伙伴倡自强"社区协作计划最新情况报告》，2006 年 11 月 20 日。

士、低收入者、单亲家长等弱势群体参与二手市场的组织工作来赚取收入贴补家用。该计划共为 51 户有需要的家庭捐助了二手物品包括家具及电器，有 131 位社区人士获得了紧急的食物支援，解决了生活所需。此外，那些参与二手市场组织工作的失业或低收入人士也获得了平均每人 1800 港元的收入，同时由于二手物品的价格往往仅为正价商品的 1/4，这一计划也能大大降低他们的生活成本。类似这样的社区互助计划其实很多，不仅能在一定程度上解决失业群体家庭的经济困难，而且增加了社区居民的互动和了解。

其次，为失业家庭提供家庭服务。面对长时间的失业和贫困生活，失业群体的家庭生活或多或少存在各种问题，尤其是那些生活在贫困家庭中的青少年们，很容易受到家庭环境的负面影响，从而出现跨代贫穷。家庭服务可以通过专业的社工介入，一方面协调家庭成员之间的关系，另一方面也为家庭成员的生活和发展提供相应的协助，尤其是针对贫困家庭中的青少年，在提高家长教育水平的同时，也对青少年的学习和生活提供各种指导和帮助，从而降低出现跨代贫穷的可能性。例如深水埗地区的综合家庭服务中心以及综合青少年服务中心于 2005 年 6 月至 12 月开展了为弱势群体特别设计的家长教育计划。该计划定期为来自低收入、新来港、单亲及少数族裔家庭的父母举办家长教育活动，以提升失业群体家长对儿童成长和发展需要的认识。此外，社会福利署及政府机构的服务单位在同一时期也推出了社区师友计划，通过社区组织为深水埗地区低收入家庭的儿童及青少年推行导师计划，以扩宽他们的社交圈子，向他们灌输正确的人生观和价值观，并为其提供情绪支持。在计划实行期间，共有 3703 名儿童及青少年受惠。虽然这些家庭服务面向的是所有弱势群体家庭，并非专门针对失业者家庭，但是不可否认的是，失业者家庭也在这些社区家庭服务中深受裨益。[①]

最后，鼓励失业家庭进行社区参与。鼓励失业群体进行社区参与一方面是社区整合的需要，同时也能够及时发现失业群体的需要，促进社区内资源的流动；另一方面也能提升个人的社会交往能力和解决问题的技能。社区服务机构往往通过家访、街展、健康检查、社区教育、互助小组等方式促进和鼓励失业群体进行社区参与。例如荃湾明爱社区中心于 2002 年 4

---

① 参见《深水埗地区层面扶贫工作的进度报告》，2006 年 3 月，香港扶贫委员会网站。

月至 2003 年 1 月在荃湾旧区居民中所实施的"关怀、互助齐心冲破逆境"社区睦邻推广计划。该计划的服务对象就是那些失业、低收入、单亲、新移民家庭以及少数族裔人士等，目的就是通过社区参与来促进社区成员之间的关怀互动，该计划的具体内容包括家访、成立街坊互助组、公屋街坊会，等等。这些具体服务项目大大促进了社区成员之间的了解和互动，促使一些平日很少参加社区公务和社区活动的居民投身其中，并从中获益。①

三 香港失业群体社区支持的特点

香港的社区服务有三个特点。首先，提倡伙伴协作。在香港"小政府、大社会"的管理模式下，社区服务是一个"官商民"共同承担的公共事业。政府机构主要负责政策的制定、提供法定及核心的福利服务；非政府机构则按政府的既定服务政策向市民提供非核心的社区服务；与此同时，越来越多的企业也开始参与社区服务，三者合作为社会提供了多方位、多层次的福利服务。在对失业群体的社区支持上，我们可以看到，很多旨在帮助失业群体的社区服务计划是在政府相关机构以及社会团体的共同合作下完成的，政府机构提供政策上的指导以及资金方面的支持，而社团组织是社区服务的主要提供者。

其次，重视社会资本。传统的社会福利偏重于通过收入的再分配帮助弱势群体，但是香港的社区服务则更为重视弱势群体的资产建设，这里的资产不仅包括有形的物质资产，而且包括社会网络等无形的精神资产。也就是说，在对失业群体的社区支持上，不仅通过积极的就业协助，帮助失业者提高就业技能，增加就业机会，获得工作收入；而且通过促进失业群体的社区参与来帮助他们更好地融入社区生活，通过在失业者与非失业者、失业者与失业者之间建立良好的互动和互助关系扩大失业群体的社会支持网络，提高他们的自我认同，从而大大降低他们因为失业而遭到社会排斥的可能性，并帮助他们以一种积极健康的心态来面对生活中的困难。

最后，预防重于补救。香港实行的是一种积极的就业政策，在这种政

---

① 曾锦霞：《荃湾明爱社区中心"关怀、互助齐心冲破逆境"社区睦邻推广计划》，香港社会服务联会网站，www.hkcss.org.hk/fs/er/Caritas4.pdf。

策主导下，就业服务主要是一项预防性的策略，以及通过早介入的方式防止失业者变为长期失业者，防止他们因陷入长期失业而成为福利援助的受助人；与此相比，保障性的社会福利政策只是一种最后的补救措施。这种"预防重于补救"的理念一方面可以减少福利资源的浪费、更加有效地利用社会资源，从而降低失业造成的社会风险，另一方面可以增强人们"自立自强"的观念，减少人们对社会福利保障的依赖。在经济转型的背景下，针对那些从制造业中脱离出来的低技术、低学历以及中年失业者（所谓的"双低一中"失业者），社区支持的重点是通过提供培训的方式积极提升其就业能力，促进其转行业、转专业，从而避免他们因为长期失业而沦为弱势群体。

老年社会福利的香港模式解析[*]

摘　要：香港的老年社会福利由老年社会救助、养老保险和老年福利
服务三大子系统构成，并具有福利主体的多元化、福利对象的补救性与普
救性兼顾、高福利支出与低福利系数并存、高福利服务质素及福利资源有
效整合等特征，同时也存在着福利经费来源可能单一化和非政府福利服务
机构可能"行政化"等问题。香港老年社会福利模式对内地具有重要的借
鉴意义。

关键词：老年社会福利；香港模式

一　引言

韦伦斯基和莱博豪斯①首次对社会福利模式进行划分以来，福利模式研
究日渐成为社会福利研究的热门领域，② 以至于丹麦学者彼特·阿布拉哈姆
森将社会福利模式类型研究的繁荣景象比喻为"福利造型业"③。在"社会
福利造型业"蓬勃发展的同时，国外学者分别以不同国家或地区为个案，

---

* 本文曾在《社会》2008 年第 1 期发表。

① Wilensky, Harold L. and Lebeaux, Charles N., *Industrial Society and Social Welfare*. Glence, IL:
Free Press, 1965.

② 林万亿：《福利国家：历史比较的分析》，台湾巨流图书公司，1994。

③ Abrahamson, Peter, "The Welfare Modeling Business," *Social Policy and Administration*, Vol. 33,
No. 41999.

对经典作家们提出的社会福利理想类型（ideal type）进行检验和修正。作为一个典型的"低税制、高收入"的自由经济特区，香港颇具特色的社会福利模式也引起国内外学者的关注。如，迪克松等编著的"比较社会福利系列丛书"之一——《亚洲的社会福利》对包括香港在内的10个亚洲国家（地区）的社会福利模式进行了比较，[①] 保罗·惠廷[②]所著《香港的社会政策》一书则对香港的社会政策与社会福利制度进行了较为全面的分析。

在引进和介绍国外社会福利理论的同时，香港与内地的学者也对香港老年社会福利做了大量探讨。学者们对香港老年社会福利的研究大致可以划分为两个阶段，即回归前的香港老年社会福利研究与回归以来的香港老年社会福利模式研究。第一个阶段的研究以介绍回归前香港的老年社会福利制度为主，主要研究内容涉及香港社会福利的模式类型[③]、项目构成[④]、主体构成[⑤]、观念模式[⑥]、筹资模式[⑦]、管理模式[⑧]及目标模式[⑨]，香港老年

① Dixon, John. and Hyung Shik Kim, "Social Welfare in Asia," Croom Helm Ltd, 1985.

② 保罗·惠廷：《香港的社会政策》，中国社会科学出版社，2001。

③ 吴传清：《香港社会保障制度浅释》，《港澳经济》1997 年第 11 期；李翔骏：《近年香港社会福利政策的发展：以彭定康的施政为案例》，香港中文大学香港亚太研究所，1997；王继：《试论香港社会保障模式选择的客观基础》，《复旦学报》（社会科学版）1999 年第 5 期；黄黎若莲：《"福利国"、"福利多元主义"和"福利市场化"》，《中国改革》2000 年第 10 期。

④ 胡晓义：《香港老年保障未雨绸缪》，《中国社会保障》1997 年第 7 期；项焱：《略论香港居民的权利和自由——兼谈香港的社会保障制度》，《法学评论》1997 年第 3 期；甘贝：《香港社会保障制度的特点及其启示》，《世界经济与政治论坛》1997 年第 1 期；钱兆永：《经济繁荣稳定的安全阀——香港社会保障制度考察记》，《学海》1997 年第 3 期；吴传清：《香港社会保障制度浅释》，《港澳经济》1997 年第 11 期。

⑤ 陈沁：《香港社会保障制度管窥》，《人口学刊》1995 年第 4 期；赵志英：《香港社会福利状况及对深圳的启示》，《特区理论与实践》1996 年第 5 期；Lee, Jik－Joen, "The Road to the Development of Social Welfare in Hong Kong: The Historical Key Issues," Hong Kong: Hong Kong Institute of Asia－Pacific Studies, The Chinese University of Hong Kong, 1996.

⑥ 周永新：《社会福利的观念与制度》，中华书局（香港）有限公司，1994。

⑦ 张广芳：《香港社会福利保障制度探微》，《人口研究》1997 年第 3 期；赵宝华：《香港的社会福利社会化及其启示》，《中国社会工作》1998 第 1 期。

⑧ 陈沁：《香港社会保障制度管窥》，《人口学刊》1995 年第 4 期；甘贝：《香港社会保障制度的特点及其启示》，《世界经济与政治论坛》1997 年第 1 期；赵宝华：《香港的社会福利社会化及其启示》，《中国社会工作》1998 年第 1 期。

⑨ 周永新：《社会保障和福利争议》，香港天地图书有限公司，1994。

社会救助的模式特征①，香港老年福利服务的模式特征②，等等。第二个阶段的研究以分析回归以来香港老年社会福利的发展及其启示为主，主要研究内容涉及当前香港社会福利模式的特征③，香港多元主义福利观的构成与变化④，香港养老保障体系的项目构成、对象构成、筹资模式、给付模式与养老基金管理模式⑤，香港老年社会救助体系的模式及构成特征⑥，香港老年福利服务的模式特征⑦，香港老年社会福利模式的价值基础与制度背景⑧，等等。

　　从搜集到的文献资料来看，现有关于香港老年社会福利模式的研究主要通过两种方式展开：一是将香港老年社会福利视为香港社会福利制度的一个子系统，因而不做专门论述，只是在对香港社会福利制度的整体性介

① 范明林：《香港老年社会保障与社会福利》，《国际观察》1994 年第 5 期；香港社会保障学会：《香港社会救助制度简介》，《中国社会工作》1996 年第 1 期。

② 黄黎若莲：《祖国大陆和香港社区照顾模式比较》，《社会工作研究》1995 年第 5 期；梁士雄：《香港政府在社区服务中的角色》，《中国社会工作》1997 年第 6 期；齐铱、徐永德、梁祖彬、黄锦宾、陈瑜、赖伟良、苏毅卿：《社会福利》，台北五南图书出版公司，2002。

③ 李征：《论香港社会保障模式的形成原因及启示》，《理论探讨》2006 年第 6 期；蓝庆新：《香港社会福利制度研究及启示》，《亚太经济》2006 年第 2 期。

④ 杨灿明：《香港的福利制度及其改革》，《财贸经济》1999 年第 10 期；王卓祺、周健林、王家英：《特区政策社会福利政策的评估：香港市民的观点》，香港中文大学香港亚太研究所，2001；任春雷、朱琳琳：《略论香港社会保障理念的选择及其启示》，《经济论坛》2004 年第 17 期。

⑤ 胡晓义：《香港老年保障未雨绸缪》，《中国社会保障》1997 年第 7 期；李奕、梁清富：《简介香港的强制性公积金计划》，《西北人口》2001 年第 2 期；舒琦：《香港强积金与我国内地企业年金的模式选择》，《证券市场导报》2003 年第 5 期；易宪容等：《香港强积金》，社会科学文献出版社，2004。

⑥ 莫泰基：《香港减贫政策探索：社会发展的构思》，香港三联书店有限公司，1999；桂世勋、黄黎若莲：《上海与香港社会政策比较研究》，华东师范大学出版社，2003；谭兵：《社会救助的理念与功效——关于香港综援制度与内地低保制度的思考》，《广东社会科学》2005 年第 3 期。

⑦ 孙炳耀、常宗虎：《香港社会福利及其启示》，《民政论坛》2000 年第 5 期；彭嘉琳：《香港的老年服务特色》，《中国民政》2001 年第 9 期；吴亦明：《香港的社会工作及其运行机制》，《社会学研究》2002 年第 1 期；黄威廉、颜文雄：《长者服务蜕变》，港基督教服务处，2005；丁华：《整合与综合化——香港养老服务体系改革的新趋势及其借鉴》，《西北人口》2007 年第 1 期。

⑧ 莫邦豪、王卓祺、王家英、林洁：《急剧变迁下香港市民对社会福利的评价》，载《中国社会工作研究》，社会科学文献出版社，2005；李征：《论香港社会保障模式的形成原因及启示》，《理论探讨》2006 年第 6 期。

绍中论及老年社会福利;① 二是对香港老年社会福利的子系统，尤其是强制性公积金和养老服务体系进行专门分析。②

总的来说，学者们已经从不同角度对香港老年社会福利模式进行了大量有益的探讨，但仍然存在着一些问题，这主要表现在三个方面。一是相关研究缺乏系统性，表现为学者们在整体性研究中往往对香港老年社会福利进行一般性介绍，缺乏深入分析；在具体性研究中则偏重于对老年社会福利某个子系统的探讨，缺乏对老年社会福利体系内不同子系统之间的制度衔接与作用机制的系统研究。二是研究方法类型比较单一，表现为对香港老年社会福利模式的研究主要是介绍性和描述性的一般性研究，具体性研究少、解释性研究少；文献研究与定性研究多，实证研究与定量研究少。三是相关研究有待进一步深入，表现为现有研究主要是对回归前后香港老年社会福利成功经验的介绍，除少数香港学者外，内地学者对香港老年社会福利模式变迁、香港老年社会福利发展中存在的问题及其发展趋势进行深入研究的不多。

基于此，本文尝试将香港老年社会福利视为一个独立的社会福利系统，以香港老年社会福利发展的演进逻辑为线索，根据香港政府统计处、香港社会福利署、香港财政司、香港强制性公积金计划管理局、《中国统计年鉴》和相关福利机构的统计数据以及相关文献，通过现存统计资料分析法、比较分析法，对香港老年福利模式的基本框架、基本特征、面临的问题及其对内地的启示进行比较全面的分析。

---

① 李翙骏：《近年香港社会福利政策的发展：以彭定康的施政为案例》，香港中文大学香港亚太研究所，1997；吴传清：《香港社会保障制度浅释》，《港澳经济》1997年第11期；王继：《试论香港社会保障模式选择的客观基础》，《复旦学报》（社会科学版）1999年第5期；黄黎若莲：《"福利国"、"福利多元主义"和"福利市场化"》，《中国改革》2000年第10期。

② 胡晓义：《香港老年保障未雨绸缪》，《中国社会保障》1997年第7期；李奕、梁清富：《简介香港的强制性公积金计划》，《西北人口》2001年第2期；舒琦：《香港强积金与我国内地企业年金的模式选择》，《证券市场导报》2003年第5期；易宪容等：《香港强积金》，社会科学文献出版社，2004；孙炳耀、常宗虎：《香港社会福利及其启示》，《民政论坛》2000年第5期；彭嘉琳：《香港的老年服务特色》，《中国民政》2001年第9期；丁华：《整合与综合化——香港养老服务体系改革的新趋势及其借鉴》，《西北人口》2007年第1期。

二 香港模式的基本框架

香港老年社会福利的制度化建设始于 1965 年，以香港第一份社会福利白皮书——《社会福利工作之目标与政策》的发表为标志。在 1965 年之后 40 多年中，香港政府先后颁布或实施了《社会保障的基干问题报告书》(1967)、"公共援助计划"(1970 年推出，1993 年改称为"综合社会保障援助计划")、《香港福利未来发展计划》白皮书 (1973)、《社会保障——为最不能自助者提供帮助》绿皮书 (1977)、《进入 80 年代的社会福利》白皮书 (1979)、《雇佣条例》(1968)、《职业退休计划条例》(1992)、"老年退休金咨询计划"(1994)、《强制公积金计划条例》(1995) 等一系列与老年社会福利有关的制度或计划，从而为香港现代老年社会福利事业的发展提供了制度保障。在制定一系列老年社会福利制度的同时，香港职业退休金计划、公务员退休计划、"安老服务"计划等一系列老年社会福利项目也得以实施。2000 年 12 月，强制性公积金计划的实施，标志着香港已经形成相对完善的老年社会福利体系，即形成了老年社会福利的"香港模式"。

这里所说的老年社会福利是广义上的老年社会福利。从理论层面上讲，它是指社会为满足老年人物质或精神生活需要而提供一切资源保障与服务支持；从操作层面上讲，它包括养老保险、老年社会救助和老年福利服务三大子系统。

香港养老保险制度由强制性公积金计划、职业退休计划、公务员退休计划、其他退休计划及个人储蓄养老保险计划组成。其中，占主导地位的是强制性公积金计划，该计划是于 1995 年通过并于 2000 年开始实施的一项由香港政府强制推行，要求香港在职者（除豁免人士外）及其雇主按其收入供款，以累积资金为雇员或自雇人士退休后的生活提供保障的养老保险计划。该计划的推行为满足香港就业人士年老后的基本生活需要提供了制度保障，可以被视为香港老年人的第一张"安全网"；作为补充，职业退休计划和个人储蓄养老保险也在香港养老保险体系中发挥着一定的作用。此外，公务员退休计划在香港公职人员的养老保障中起着主要作用。

老年社会救助是指政府或社会为了满足老年人的最低生活需要而提供

的一系列资源保障与服务支持，它是社会福利体系中的第二张"安全网"，具有"托底"的功能。当前，香港老年社会救助体系由现金与实物援助、医疗救助、住房救助、法律援助和心理救助5大类24个项目组成。其中，老年现金与实物援助主要由综合社会保障援助计划、公共福利金计划、暴力及执法伤亡赔偿计划、交通意外伤亡赔偿计划、紧急救济服务、慈善/信托基金救助等7个援助计划组成；老年医疗救助主要由长者健康服务计划、紧急医疗救助、公立医院及诊所免费计划和撒玛利亚基金医疗救助计划4个项目组成；老年住房救助由高龄人士住房计划、高龄单身人士优先配屋计划、"共享颐年"优先配屋计划、"家有长者"优先配屋计划、"新市乐天伦"优先配屋计划、长者租金津贴计划、体恤安置计划、紧急住宿服务、临时收容中心及临时避寒或夜间临时避暑中心10个救助项目组成；老年法律救助主要由防止虐待长者计划和法律援助计划两个项目组成；老年心理救助则主要由预防长者自杀计划组成。分析香港老年社会救助体系的构成，我们不难看出，香港老年社会救助体系是一个相对复杂而缜密的网络，这一网络不仅考虑到老年人的经济需要，还考虑到老年人的社会需要；不仅考虑到老年人的生理需要，还考虑到老年人的心理需要。

香港老年福利服务体系由长者社区支援服务、安老院舍服务和长者医疗与健康服务三大安老服务子系统构成。其中，长者社区支援服务是为居家老人提供的一系列社区支援服务。根据服务对象、服务内容及服务覆盖地域范围的不同，香港长者社区支援服务分为长者中心服务（按服务辐射范围的大小又分为长者地区中心、长者邻舍中心、长者活动中心和长者支援服务队）、长者社区照顾服务（按服务对象的不同又分为长者日间护理中心/单位、改善家居及社区照顾服务、综合家居照顾服务和家务助理服务）和其他支援服务（包括长者卡计划、老有所为活动计划、长者度假中心和护老者支援服务4项服务计划）。安老院舍服务是为由于个人、社会、健康或其他原因而未能在家中居住的老年人提供的住宿照顾服务及设施。依据长者护理需要程度的不同，香港安老院舍服务被分为长者宿舍服务、安老院服务、护理安老院服务和护养院服务四大子系统。此外，香港还为一些有特殊需要的长者提供长者疗养院服务和长者住宿暂托服务。长者医疗与健康服务包括基层医疗服务、长者健康服务、社区康复服务及长者住院服务等项目。综观上述三大安老服务子系统，从马斯洛的需求层次理论来看，这一系统既可满足香港老年的基本生存需要（如日常生活照顾服务），又可以满足其安全需要（如看护服务）；既可以满足其社会交往的需要（如长者活动中心服务），还可满足其社会尊重和自我实现（如老有所为计划）的需要；既提供了用以满足老年人生存需要的生存型福利服务，又提供了用以满足老年人发展需要的发展型福利服务，还提供了用以满足老年人休闲娱乐需要的享受型福利服务。上述相对复杂且完善的老年福利服务系统为香港老年人实现"老有所养""老有所属"和"老有所为"提供了强大的服务支持。

三　香港模式的基本特征

香港老年社会福利模式是在特定历史条件下形成的，因而有其自身特征。下面从不同角度或层面对其基本特征进行尝试性的探讨和概括。

（一）两种形式的"三方合作"机制

在香港，老年社会福利的责任主体既包括个人（家庭），又包括企业，也包括政府，还包括第三部门①（the third sector）。在这种多元化福利主体格局中，分别形成了两种形式的"三方伙伴主义"②（tripartism）机制：一是作为权力分享机制和责任分担机制的合作主义（corporatism），即在政府、劳工组织和雇主组织之间建立起来的"社会伙伴关系"；二是作为福利服务实施机制的合作主义，即政府－商界－第三部门之间的三方合作。③

上述两种"三方合作"机制的形成与香港经济社会政策的转型，即由

---

① 从概念上讲，一切既不属于政府公共部门，又不属于以营利为目的的正式组织，都被称为"第三部门"；熊跃根：《转型经济国家中的"第三部门"发展：对中国现实的解释》，《社会学研究》2001 年第 1 期。

② 关于"三方伙伴主义"或"合作主义"的含义，有两种代表观点：一种观点认为，"三方伙伴主义"是政府、劳工组织和雇主组织建立起的社会伙伴关系；米什拉：《资本主义社会的福利国家》，法律出版社，2003；另一种观点认为，政府部门、营利部门和第三部门分别构成"公共领域""经济领域"和"社会领域"的主体，上述三方相互协作，有助于更好地满足市民的福利需要；董保华等：《社会保障的法学观》，北京大学出版社，2005。

③ 在《香港社会福利署 2003 及 2004 年报》中，香港社会福利署明确提出要推动政府、商界和第三部门（社会福利界）三方合作，建立伙伴关系，以照顾低收入家庭、独居长者和其他弱势社群的需要。

"不干预"政策向"积极不干预"[1] 政策的转型密切相关。"不干预"政策向"积极不干预"政策的转型对香港老年社会福利主体多元化的形成有两个方面的意义。其一，由"不干预"政策向"积极不干预"政策的转型意味着，为了保证某些重要服务的质素，并使有需要的人都能受惠，[2] 政府会介入某些市场可能失灵的领域，从而由老年社会福利的消极责任主体转变为积极责任主体。作为积极责任主体，政府一方面在福利政策制定、福利经费资助等方面扮演着更为重要的角色，另一方面也通过法律或行政手段规定并强化了企业的福利责任。[3] 其二，香港"积极不干预"政策的核心仍然是"不干预"。[4] 既然政府既不愿意主动干预，又不能无视市民的福利需要，它必然会一方面倡导市民发扬敬老养老的传统美德和"老有所属"的福利理念，强调个人或家庭在老年社会福利领域中的"第一线"功能，从而强化个人或家庭在老年社会福利中的责任；另一方面倡导商界和第三部门广泛参与到老年社会福利事业中来，这种"顺水推舟"的做法客观上促进了香港老年社会福利领域第三部门的成长。于是，在香港老年福利体系中，分别形成了"政府－雇主－雇员"和"政府－商界－第三部门"两种不同形式的"三方合作"机制。

需要指出的是，在两种不同形式的"三方合作"机制中，不同主体在老年社会福利各个子系统中扮演的角色各不相同。在香港养老保险子系统尤其是强制性公积金计划中，雇主与雇员负有强制缴费的义务，是养老保险经费来源的两大主要渠道；政府则主要负责对计划实施的监管及建立补偿基金。在老年社会救助子系统中，政府是最主要的责任主体，它既是救助经费来源的最主要渠道，也是救助计划的制订者、评估者、实施监管者，同时还负责对救助机构的培训、指导与监管；第三部门是老年社会救助的主要实施者；商界慈善人士则通过无偿捐助为老年社会救助事业提供经费

---

① 所谓积极不干预政策（positive non-interventionism）是指在坚持"有限政府"的前提下，对某些市场可能失灵的领域进行干预。该项政策是时任港英财政司长官夏鼎基（Charles Philip Haddon－Cave）于1971年提出的。

② 恩莱特（Michael J. Enright）、司各特（Edith E. Scott）、杜大伟（David Dodwell）：《香港优势》，商务印书馆，1999。

③ 一个强有力的例证是，政府通过立法和行政手段推动了强制性公积金计划的制订与实施，从而使雇主（企业主）成为老年社会福利领域中不可或缺且"法不容辞"的责任主体。

④ 夏鼎基：《政府经济政策的成功》，《信报财经月刊》1982年第3期。

支持。在老年福利服务子系统中，政府负责服务项目的制定、评估，服务经费的资助和服务实施的监管与培训；第三部门与商界负责服务的实施。以安老院舍服务为例，截至 2005 年 6 月 30 日，全港各类安老院舍宿位总数为 71288 个，其中 48631 个由私营机构提供，22657 个由非政府机构提供，25353 个为受政府资助宿位。[①] 由此可见，在香港老年社会福利体系中，"政府 - 雇主 - 雇员"之间的三方合作主要体现在养老保险子系统中，"政府 - 商界 - 第三部门"之间的三方合作则主要体现在老年社会救助和老年福利服务子系统中。

同样需要指出的是，在香港老年社会福利体系中，各福利主体是相对独立的，他们之间往往表现为合作关系，而不是从属关系，不同主体之间往往可以就福利事务展开平等对话。如，在 2005 年，当政府公布新财年的福利开支削减方案后，作为现时香港最大的社会福利联合团体，香港社会服务联会与其机构会员向政府提交了一份联署声明，强烈要求停止削资及延续过渡补贴。经过社联的努力游说，立法会社会福利事务委员会通过相关议案。最后，香港 2005 ~ 2006 年度社会福利开支削资由原来公布的 2% 减至 1%，社区发展服务的削资也由 4% 减至 1%。[②]

（二）由"补救型"向"补救与普救兼顾型"转型

在香港回归祖国以前，其殖民统治背景决定了港英政府的主要职责在于有效管治香港社会，即以最为低下的成本投入维护其最为有效的社会管治，至于相关政策是否可以缩小贫富差距，是否可以营造更加公平的环境，以及是否可以提高市民福祉，均不是优先或首先考虑的问题。在这种施政方针的指导下，港英政府一直坚持补救性福利政策，直到 1996 年，港英政府仍坚持福利制度只会照顾那些"最不能自助的人"和那些"求助无门的人"，"而向他们提供的，亦应该是基本的援助，而不是过分慷

---

① 香港社会福利署网站，http：//www. swd. gov. hk/doc/elderly/Overview% 20Item（b）Chinese（30 - 6 - 2006）. pdf，安老院舍服务概览（非政府机构与私营机构宿位之比率）；http：// www. swd. gov. hk/doc/elderly/Overview% 20Item（a）Chinese（30 - 6 - 2006）. pdf，《安老院舍服务概览（资助与非资助宿位之比率）》。
② 香港社会服务联会：《香港社会服务联会 2004 ~ 2005 年报》，2005。

慨的福利"①。因此，一直到香港回归之前，港英政府都没有在香港建立起一套制度性老年社会福利系统，其有限的老年社会福利计划仅包括由社会福利署直接支付的高龄津贴与公共援助津贴，由各种民办公助的安老院与长者服务机构提供的安老服务。相应的，其老年社会福利的对象相对有限，覆盖率相对较低。

香港特区政府成立以来，香港的政治格局发生了根本性改变，即香港政府由殖民统治时代的统治者变为特区时代的"人民公仆"。与这种转变相伴而生的是，政府由殖民统治时代的社会福利消极责任主体转变为特区时代的社会福利政策主导者，香港老年社会福利的覆盖面得以不断扩大。

推动香港老年社会福利模式转型的另一个重要因素是香港市民权利理念的兴起。受公民权利理论的影响，自20世纪70年代开始，一些有着国外定居或留学背景的香港人士开始对香港政府的福利政策提出批评，并向香港市民宣传公民权利理念，香港市民的权利意识有所发展。香港回归以来，香港市民由殖民时代的被统治者变为特区时代的主人，其民主意识和公民权利意识均得以高涨。而随着公民权利意识的提高，社会福利不再被视为"一种慈惠和施舍"，而是"政府在保障市民福祉方面所必须承担的责任，也是市民以公民身份应享的权利"②。在这种背景下，香港的老年社会福利模式转型同时受到来自两个方面的推力：一是市民对政府的期望较以前有所提高，希望政府在社会福利方面承担更多的责任；二是市民福利参与意识有所提高，福利界人士及志愿工作者纷纷参与老年社会福利政策咨询、政策实施及政策检讨的每一个环节，从而让更多的老年人能够得到来自政府及社会的福利服务。

在一定意义上讲，香港强制性公积金计划的通过为"补救型"福利模式向"补救与普救兼顾型"福利模式的转型提供了制度保障。根据《香港强制性公积金计划条例》，除获豁免人士外，所有年龄在18～65岁的雇员及自雇人士，都必须参与注册强积金计划。而所谓获豁免人士，主要是指

① 香港政府：《社会保障——为最不能自助者提供帮助》，香港政府印务局，1977；《同心协力建香港（立法局一九九五至一九九六年度会期首次会议席上总督彭定康先生施政报告）》，香港政府印务局，1995。
② 周永新：《经济逆转下的社会福利——探索香港特区社会福利的前景》，《2002年两岸四地社会福利学术研讨会论文集》，2002。

已经参与了其他养老保险计划的人士。从制度设计来看，香港强积金计划与其他养老保险项目一起，将覆盖几乎全香港的就业人口，从而实现养老保险对象构成模式从"补救型"向"补救与普救兼顾型"的转变。

以上仅是制度设计层面的应然考察。那么，制度运行层面的实然状况如何呢？通过分析 2001~2005 年香港强积金计划参与率，我们发现：在香港，每年仅有不超过 5% 的就业人士没有参与任何养老保险项目（见表1）。

表1　2001~2005 年香港就业人口退休计划种类分布

单位：%

年份	参加强积金计划	参加其他退休计划	无须参与者	应参加但尚未参加者
2001	62	23	11	4
2002	62	22	11	5
2003	63	22	11	4
2004	65	20	10	5
2005	66	19	11	4

注：历年数据分别来源于香港强制性公积金计划管理局于当年 12 月编制的《强制性公积金计划统计摘要》。

香港老年社会福利对象构成模式的转型不仅体现在养老保险子系统，也体现在老年社会救助和老年福利服务子系统中。就老年社会救助的对象构成而言，以现金援助为例，在 2005 年度，香港社会福利署分别为 187516 位老人提供了综援津贴，为 3117 位老人提供了综援长者赴广东及福建省养老计划津贴，为 460945 位老人提供了高龄津贴，[1] 三项援助计划的受益人合计为 65.16 万人，以当年老年人口总数 109.1 万[2]为基数，三项计划的援助覆盖率达到 59.7%，也就是说，全港有近 2/3 的老年人得到过相应的社会援助。就老年福利服务的对象构成而言，以老年社区康复服务为例，在 2003~2004 年度，全港共有 32432 位长者（65 岁及以上老人）得到社区康

---

① 香港社会福利署网站，http://sc.info.gov.hk/gb/www.swd.gov.hk/tc/index/site_pubsvc/page_socsecu/sub_statistics/，社会保障统计数字。
② 香港老年人口为 60 岁及以上香港市民，数据来源于香港政府统计处人口统计组 2006 年 3 月 1 日修订的数字。

复专职医疗服务，有 611520 位长者得到上门康复护理服务，[①] 社区康复服务长者总数占到当年全港长者总数（81.19 万）[②] 的 79.3%。

综上所述，当前，绝大多数有需要的香港老年人能得到相应的资源保障与服务支持。

（三）"较高的社会福利支出"与"较低的社会福利系数"并存

香港老年社会福利支出经历了从无到有、由低到高的转变过程。如前所述，香港政府自 1965 年发布第一份社会福利白皮书才正式介入社会福利领域。然而，即便是在这份具有里程碑意义的福利白皮书中，港英政府还一再强调："政府一定要巩固家庭责任、自力更生精神，继续倡导慈善工作和志愿机构的参与"[③]。直到 1971 年，港英政府推行以收入调查为基础的公共援助计划，并依托志愿机构中承担现金援助的责任，[④] 香港社会福利支出才真正开始实现零的突破；1977 年，港英政府决定改进原有的公共援助计划，引进长期补助金和老人补助金，将老人津贴的领取资格降至 70 岁，从而使老年社会福利支出开始步入规范化、制度化的轨道。总体而言，20 世纪 80 年代以后，香港老年社会福利支出水平稳步增长；20 世纪 90 年代以后，香港老年社会福利支出进入高速增长期，但自 2005～2006 财年开始，又有适度的削减。

从人均支出水平来看，表 2 显示，从 1996～1997 财年到 2003～2004 财年，香港人均社会福利支出一路走高，由 2777 港元增至 4966 港元，增幅高达 78.8%；2004 年之后，由于政府削减福利支出，香港人均社会福利支出水平开始连续两年的小幅下降。尽管如此，在 2005～2006 财年，香港人均社会福利支出仍然高达 4853 港元，与内地 1995 年 4854 元的人均 GDP[⑤] 基本持平。由于香港福利政策的重点是"扶老助弱"，即支援"受到挫折和遭遇不幸的人"，因此，作为弱势群体，老年人是香港福利政策的主要受益者和重点照顾对象。相应的，香港老年人的人均福利支出应高于香港市民的

---

① 香港卫生署：《2003 至 2004 年度卫生署年报》，香港卫生署，2004。
② 数据来源于香港政府统计处人口统计组 2006 年 3 月 1 日修订的数字。
③ 转引自黄黎若莲《祖国大陆和香港社区照顾模式比较》，《社会工作研究》1995 年第 5 期。
④ 崔少敏：《香港社会保障：回顾与展望》，《中国社会保障》1997 年第 7 期。
⑤ 国家统计局：《中国统计年鉴》，中国统计出版社，2005。

人均福利支出水平。因此，尽管由于香港官方没有提供以老年人为单一福利对象的福利支出统计数据，我们无法精确计算出香港老年社会福利人均支出水平，但可以肯定的是，在 2004～2005 年度，香港老年社会福利人均支出应该高于 4853 港元。

从整体支出水平来看，表 2 显示，在过去 10 年中，香港综合社会保障援助计划年度支出由 1997～1998 财年的 94.41 亿港元增长至 2004～2005 财年的 176.31 亿港元；香港公共福利金年度支出由 1997～1998 财年的 44.20 亿元增长至 2004～2005 财年的 52.45 亿港元；香港安老服务支出由 1997～1998 财年的 16.23 亿港元增长至 2004～2005 财年的 32.06 亿港元，增幅高达 97.54%，几乎是翻了一番；相应的，三项福利计划支出之和由 1997～1998 财年的 175.54 亿港元增长至 2004～2005 财年的 260.82 亿港元，净增 85.28 亿港元。在上述三大福利计划中，安老服务计划明确以老年人为社会援助与福利服务对象，综合社会保障援助计划中的长者长期个案辅助津贴和高龄特别津贴是专以老年人为援助对象的，公共福利金计划以 65 岁及以上香港居民或严重残疾人士为救助对象。因此，上述三大福利计划的支出水平在一定程度上体现了香港老年社会福利整体支出水平。上述数据分析表明，无论是单项支出水平，还是三项支出水平之和，香港老年社会福利支出均呈现上升的基本走势。

表 2　香港近 10 年社会福利相关项目支出水平

财政年度	福利支出总额（亿港元）	GDP（亿港元）	福利系数（%）	人均福利支出（港元）	年变动率	综合社会保障援助支出（亿港元）	公共福利金开支（亿港元）	安老服务开支（亿港元）	综援、公共福利金、安老服务支出之和（亿港元）
1996～1997	179.56	12294.8	1.5	2777	20.3	N. A.	N. A.	N. A.	N. A.
1997～1998	218.35	13650.2	1.6	3351	20.7	94.41	44.20	16.23	154.84
1998～1999	263.80	12927.7	2.0	4007	19.6	130.29	47.37	23.04	200.7
1999～2000	274.84	12667.0	2.2	4141	3.3	136.23	48.83	24.59	209.65
2000～2001	280.88	13147.9	2.1	4185	1.1	135.60	51.30	27.41	214.31
2001～2002	301.68	12988.1	2.3	4463	6.6	144.05	52.41	29.79	226.25
2002～2003	324.13	12767.6	2.5	4776	7.0	161.31	52.81	31.99	246.11

财政年度	福利支出总额（亿港元）	GDP（亿港元）	福利系数（%）	人均福利支出（港元）	年变动率	综合社会保障援助支出（亿港元）	公共福利金开支（亿港元）	安老服务开支（亿港元）	综援、公共福利金、安老服务支出之和（亿港元）
2003～2004	339.97	12339.8	2.8	4966	4.0	173.03	52.14	33.36	258.53
2004～2005	341.19	12915.7	2.6	4934	-0.6	176.31	52.45	32.06	260.82
2005～2006	338.26	13822.0	2.4	4853	-1.6	N. A.	N. A.	N. A	N. A.

注：1. 社会福利支出数据来源于香港财政司，《2000～2001 财政年度财政预算案》《2004～2005 财政预算案》《2005～2006 财政年度财政预算案》《2006～2007 财政年度财政预算案》，其中1996～2002 年的数据为实际数据，2003～2005 年的数据为修订预算数据。

2. GDP（按当时市价计算）数据来源于香港政府统计处国民收入统计组，2006 年 2 月 22 日公布。

3. 人均社会福利支出根据当年度社会福利支出总额与人口总数推算而成，数据来源于香港财政司历年财政预算案、香港政府统计处人口统计组。

4. 综援社会保障支出、公共福利金支出与安老服务支出数据来源于《香港社会福利署 2001 年报》《香港社会福利署 2003 及 2004 年报》。

5. N. A. 表示没有相关数据或相关数据不可查。

　　与较高的社会福利支出水平形成鲜明对比的是，香港近 10 年的社会福利系数①一直保持在较低水平。表 2 显示，在 1996～1997 财年至 2003～2004 财年的 8 个财政年度内，尽管整体而言，香港社会福利支出的增长速度高于其 GDP 增长速度，从而导致其福利系数从 1996～1997 财年的 1.5%增长至 2003～2004 财年的 2.8%，但与其他国家或地区相比，香港的福利系数不仅远低于瑞典（34.7%，1996）、英国（22.8%，1996）等福利国家，而且远低于所有国家或地区的平均福利系数（14.5%，1990），甚至还低于中国内地（3.6%，2003）、韩国（5.6%，1996）等东南亚国家或地区的福利系数。② 可见，从福利系数来看，香港的福利水平还很低。

　　在一定意义上讲，香港较高的福利支出水平主要得益于其较高的经济发展水平，较低的福利系数则反映了香港社会福利政策发展的基本走向。从经济发展水平来看，依据国际管理发展学院《全球各地竞争力年报

---

① 一般而言，社会福利系数主要有三种测量工具，即社会福利的工资比重系数、社会福利财政支出比重系数和社会福利的国内生产总值比重系数。本文采用的是第三种测量工具，即用社会福利支出与 GDP 之比来测量香港社会福利系数。

② 郭士征：《社会保障研究》，上海财经大学出版社，2005。

2005》，香港综合竞争力世界排名从 2004 年的第 6 位跃居至 2005 年的第 2 位①，正是其强大的综合竞争实力为香港社会福利的高支出水平奠定了经济基础。从福利政策走向来看，回归以前，港英政府奉行的是"自由主义"（liberalism）福利观，即坚持市场的自我调节机制，政府仅在市场失灵的地方进行有限的干预。因此，港英政府对社会福利的财政投入极其有限。回归以来，特区政府主动承担了更多的社会福利责任，但同时也吸纳了"新自由主义"（neoliberalism）思潮的基本理念，即强调依靠私人部门与市场力量来促进福利发展，主张个人与家庭责任。如，历任特区政府行政长官的施政报告均明确指出，"关心长者，是每个家庭应尽的责任"，"个人和家庭的责任亦至为重要，不可以过分依赖政府和社会的支持"②。基于上述主张，香港政府一方面在经济快速增长的前提下适度增加社会福利支出总额，另一方面又相继推行了一系列旨在减轻政府福利经费支出负担的政策，如，2000 年，香港社会福利署改"实报实销的福利拨款"制度为"一笔过拨款"（lump-sum grant）制度；2003 年，香港社会福利署决定透过自由流失逐步终止长者租金津贴计划；2004～2005 财年，安老服务支出开始由上年度的 33.36 亿港元削减至 33.06 亿港元。这样一来，便形成了"较高的福利支出水平"与"较低的福利系数"并存的局面。因此，可以预见，香港的老年社会福利支出水平继续大幅上升的可能性不大。也就是说，对于香港而言，剩余性福利哲学③的立场不会得到根本改变。

（四）福利服务的"专业化""高志愿"与"高质素"

当前香港老年福利服务工作人员主要由两类人士构成：一是全职服务工作人员，主要是指专业社会工作者；二是义务工作者。据统计，截至 2005 年底，全港注册社工总数为 12354 人，登记义工总数为 527777 人，两类服务人员合计 54.02 万人（香港义工运动网站，2006），占当年香港人口总数（697.08 万）的 7.8%。可见，香港已经形成一支规模较大的福利服务队伍。这支庞大的福利服务队伍具有"专业化""高志愿"和"高效率"

---

① 参见 IMD 官网：www.investopedia.com。
② 参见香港特别行政区政府官网：www.gov.hk。
③ 李翔骏：《近年香港社会福利政策的发展：以彭定康的施政为案例》，香港中文大学香港亚太研究所，1997。

三大特点。

香港老年福利服务队伍的"专业化"有两层含义。① 一是职业的专业化或专业的职业化。香港早在1972年就宣布开始实行社会工作专业化，规定所有从事社会福利服务的社工都必须接受社会工作专业训练。在香港，专业社工和行政、教育及其他专业工作人员一样，有一套独立的职级体系。当前，香港专业社工的职级体系由主任职级和助理职级组成。其中，主任职级下设首席社会工作主任、总社会工作主任、高级社会工作主任、社会工作主任和助理社会工作主任五个分级；助理职级包括总社会工作助理、高级社会工作助理、社会工作助理三个分级。和其他专业技术人员一样，不同职级的社会工作者拥有不同的权责，并享受不同标准的薪酬待遇。因此，在香港，专业社工是一个普遍受人尊重的职业群体。二是知识的专业化或专业的知识化。香港《社会工作者注册条例》规定，获得注册社工资格必须具备以下条件之一：①持有认可的社会工作学位或文凭；②在1982年3月31日以前已担任社会工作职位且在该日期之后已担任一个以上的社会工作职位至少10年；③没有认可学历，但现正担任或已接纳社工职位且打算在一定期限获取认可学位或文凭。可见，在香港，经过系统的专业训练是取得社工资格的必备条件。如，通过对香港12354位注册社工的分析发现，在12354位注册社工中，有12112人已经获得了社会工作学位或文凭，有233人至少从事了10年以上的社会工作。② 事实上，不仅是注册社工，香港义务工作者的专业化程度也很高。为了保障义工服务的质素，香港社会福利署义务工作统筹科及香港义务工作发展局常年推出一系列义工培训及支持计划。以香港义务工作发展局为例，仅在2004~2005年度，该局就相继为21912名义工举办了468次训练课程，为4193名义工提供了专业支援及咨询服务，并出版、印制义工服务系列教材22490份。③ 上述培训课程与活动为保障义工服务的专业性奠定了坚实的基础。

香港老年福利服务的"高志愿"是指由香港市民志愿为老人服务的人员比例较高。截至2005年底，香港登记义工总数已占到香港人口总数的

---

① 刘祖云：《香港与武汉：城市社区服务比较》，《华中师范大学学报》（人文社会科学版）2000年第1期。

② 香港义工运动网站，http://www.volunteering-hk.org/tc-chi/aboutvs-stat.html。

③ 香港义务工作发展局：《义务工作发展局2004~2005服务年报》。

7.6%，这意味着，每 13 个香港市民中，就至少有 1 位义工在为市民提供志愿服务。上述义工遍布于全港 1465 个服务机构，仅在 2004 年就为各类服务对象提供了 1291.8 万个小时的福利服务。① 值得一提的是，在香港，除登记义工外，没有登记而参加志愿服务的也大有人在，义工已遍布香港社会的各个年龄段和各个阶层，志愿服务在香港已经蔚然成风。如，有的企业为了培养员工的团队和奉献精神，会专门拨出一定的时间，让员工去从事志愿服务工作；香港各类学校都要求学生做"义工"，其"义工"服务记录已被列为学生品德评定与升学的依据之一。② 从善款筹募到服务实施，从服务评估到决策咨询，在老年福利服务的每一个环节，香港义工都做出了巨大的贡献。

为了提高老年福利服务效率与服务水平，香港社会福利署于 1997 年 10 月建立了"服务表现监察系统"（service performance monitoring system）。该监察系统以津贴及服务协议为基础，共有 19 条服务质量标准（SQSs），用以对接受整笔拨款和其他福利资助的服务机构的表现进行评估。除"服务表现监察系统"外，香港政府还相继出台并修订了《安老服务统一评估机制》《安老院舍条例》《安老院实务守则》《服务质素标准》等安老服务制度，并通过发牌、监管、定期巡查、公开竞投、定期检讨、突击检查及调查投诉等机制来监督福利机构的服务质量，从而保证了福利服务的"高质素"。

（五）福利资源的有效整合

面对日益增长的老年福利需求和居高不下的福利财政支出，香港政府开始检讨先前的老年社会福利体系。通过对新管理主义（new managerialism）思潮的合理借鉴，香港政府意识到，提高福利质素的关键在于提高老年福利的成本效益，③ 而提高成本效益的关键在于福利资源的有效整合。为此，政府相继推出了一系列整合福利资源的举措。

第一，整合政府与非政府福利资源，避免机构重置。一方面，继 1998

---

① 香港义工运动网站，http://www. volunteering‐hk. org/tc‐chi/aboutvs‐stat. html。

② 吴亦明：《香港的社会工作及其运行机制》，《社会学研究》2002 年第 1 期。

③ Clarke, John and Janet Newman, *The Managerial State: Power, Politics and Ideology in the Remarking of Social Welfare*. London: Sage, 1997.

年推行"改善买位计划"后，香港社会福利署于2003年重新检讨和厘定了自身职责，并划定了核心业务与非核心业务。根据新的政策，社会福利署主要负责其核心业务，即福利规划、服务监管和资源保障工作，其非核心业务（直接福利服务）则通过公开招标与竞投的方式外判给非政府机构与私营安老院舍。截至2005年底，除少量的医务服务机构外，香港社会福利署所属的服务机构已全部移交非政府机构或私营机构。另一方面，根据香港大学老年研究中心2000年的建议，香港政府重新整合了长者社区支援服务体系，主要措施包括提升长者地区中心和长者邻舍中心的职能、整合长者服务单位，以减少服务缝隙及达致规模经济效益等。如，将长者日间护理中心与长者综合服务中心、家务助理队或安老院舍整合，共享人力资源与设备，从而避免了机构重置与人员冗余，保障了老年福利服务的便捷性与持续性。

第二，整合机构、社区与家庭资源，提升社会资本。一方面，为了满足长者不断转变的服务需要，香港政府提出了"老有所属"和"持续照顾"的方针。其中，"老有所属"是指通过完善的社区支援服务体系满足长者在家中安享晚年的意愿；"持续照顾"是指通过院舍服务与社区服务的有效承接，满足长者不断转变的需要。如，当社区支援服务和居家照顾服务无法满足老人的护理需要时，应及时将老人转入提供长期护理服务的院舍；当老人在院舍内状况好转且愿意回到社区养老时，应帮助老人顺利返回并重新融入社区和家庭。另一方面，为了将有限的资源用于真正有需要的长者身上，自2003年1月1日起，香港社会福利署已停止接受入住长者宿舍和安老院的新申请，并自2005年开始逐步取消长者宿舍服务和安老院舍服务，转为提供长期护理服务的院舍。

综上所述，香港已形成项目完备、主体分工明确、福利覆盖面较广、福利支出水平合理、福利服务质素较高、福利资源得到有效整合的老年社会福利体系。

四　香港模式面临的问题

香港老年社会福利模式也存在一些问题，仅从发展的角度看，它至少存在如下两个方面的问题。

（一） 福利经费来源可能单一化问题

总体而言，香港老年社会福利经费来源①主要有三大渠道，即政府拨款、社会筹募和机构自营收入。因此，我们可以认为，香港老年社会福利的经费来源在形式上是多元的。然而，当仔细分析不同筹资渠道在整个福利筹资体系中所占的比例时，我们发现，香港老年福利经费的来源有可能出现单一化问题。下面，我们分别以在香港具有一定影响的两家老年福利机构为个案，对这一问题进行分析。

香港耆康老人福利会成立于 1977 年，是一家专门为老人提供救助与福利服务的非政府福利机构。据统计，该会 2004～2005 年度收入总额为 2.53 亿港元，其中 1.63 亿港元来自政府资助，0.26 亿港元来自社会筹募，0.64 亿港元来自自营收入（香港耆康老人福利会，2005：36）。通过对上述福利经费来源构成比例的分析，我们发现，香港耆康老人会有将近 2/3（64.4%）的经费来源于政府资助。

香港圣公福利协会成立于 1973 年，是全港最具规模的社会福利机构之一，协会下设 79 个安老服务单位，安老服务支出占其年度经费支出的63.22%。据统计，该会 2004～2005 年度收入总额为 4.60 亿港元，其中，3.46 亿港元来自政府资助（含社会福利署资助、缴费资助和政府奖券基金），0.08 亿港元来自社会筹募（含公益金、香港赛马会），1.06 亿来自自营或其他收入（香港圣公福利协会网站，2006）。可见，香港圣公福利协会有超过 3/4（75.25%）的经费来源于政府资助。

通过对上述两家福利机构福利经费来源的分析，我们不难发现，无论是在老年社会救助，还是在老年福利服务子系统的筹资体系中，均有超过60% 的经费来源于政府资助。这种筹资模式带来的可能后果是，无论是老年弱势群体自身，还是为老年人提供救助与服务的福利机构，都越来越依赖政府提供的经费资助。当老年社会福利的经费来源主要依赖政府拨款与资助时，就极有可能导致有限的福利公共支出与日益增长的老年福利需求之间的矛盾，从而制约老年福利水平的提高，甚至有可能降低老年人的平均福利水平。

---

① 这里的福利经费来源特指老年社会救助子系统和福利服务子系统的经费来源。

　　就老年社会福利公共支出的经费来源来看，税收是当前香港特区政府财政收入的主要来源。香港政府历来强调藏富于民，以推动消费及其他投资活动。因此，致力于使香港保持强劲竞争力的低税制，以营造更有利的商业环境一向是香港政策的施政主导方针。《基本法》亦明确规定，香港应保持原有的低税制；时任香港特区政府行政长官曾荫权在回应社会各界对2006～2007财年施政报告的批评时亦指出：公共支出不超过本地生产总值的20%，这是讨论政府施政方针的前提。这意味着未来若干年内，香港政府的财政收入将相当有限，不可能随着香港GDP的增长而有大幅的增长。相应的，香港老年社会福利公共支出也不可能再有大幅的增长。

　　然而，老年社会福利的需求在不断增加。如表3所示，老年人是香港社会保障综合援助计划的主要援助对象，每年申请并获得综援的长者个案数均超过当年综援个案总数的一半。而2001年至2006年，香港综援老年个案数由139280人直线攀升至151833人，5年内净增约1.26万宗；与此同时，香港公共福利金高龄津贴个案数由458041人攀升至460945人，5年内净增约2904人。随着人口老龄化程度的加深及老龄贫困人口的增加，香港老年社会福利的需求将呈现刚性增长的变化趋势。

表3　香港2001～2006年综援计划老年个案数及公共福利金高龄津贴个案数统计

财年	综援个案总数	综援老年个案数	公共福利金高龄津贴个案数
2001～2002	247192	139280	458041
2002～2003	271893	143585	454993
2003～2004	290705	N. A.	456798
2004～2005	296688	150399	457900
2005～2006	297570	151833	460945

　　数据来源：2001～2005的数据分别根据《香港社会福利署2001～2002年报》《香港社会福利署2002～2003年报》《香港社会福利署2003及2004年报》；2005～2006数据参见香港社会福利署，《社会保障统计数字》，2006年1月31日。

　　可以预见，政府财政收入的有限增长与老年福利需求的刚性增长的矛盾将越来越突出。在这种背景下，如果香港老年社会福利经费来源仍然主要依赖政府资助，就难免会制约老年社会福利水平的提高，甚至会导致其平均福利水平的下降。

因此，政府如何拓展更为广泛的财政收入来源；非政府福利机构如何降低对政府财政资助的依赖程度，增加社会筹募及自营收入在其福利经费来源渠道中的比例，是香港老年社会福利发展的一大难题。

（二）非政府福利服务机构可能"行政化"问题

香港政府一直倡导并努力促进与非政府机构（包括营利性福利机构和非营利性福利机构，即商界和第三部门）的三方合作，希望与非政府机构之间形成相互协作并相互制衡的伙伴关系。然而，20世纪90年代以来，这种伙伴关系正在偏离"正轨"，似乎出现非政府福利服务机构"行政化"的倾向。

非政府福利服务机构的"行政化"倾向表现为：由于非政府机构越来越依赖政府财政资助，政府为确保公共福利资源的有效利用，必然会加强对非政府机构公共资源运营的监管。在这种背景下，除了极少数有独立经济来源的福利组织，大部分非政府机构日益成为政府的福利执行部门，其行政架构越来越类似于政府，从而日渐沦为政府的分支机构或行政隶属部门。[①]

非政府福利服务机构的"行政化"至少在如下两个方面影响着香港老年社会福利的发展。

第一，"行政化"可能导致福利责任分担的失衡。政府"外判"服务的本意是为了"减负"，即将直接福利服务这类政府的"非核心业务"交由非政府机构营办，政府则集中精力负责政策规划、资源拓展等"核心业务"，从而提高成本效益，更好地满足市民福利要求。然而，当政府把几乎所有的老年福利服务"外判"给非政府机构时，政府与非政府机构之间的伙伴关系便成了一种事实上的"服务买卖关系"。在这种关系模式下，非政府机构由于有了相对稳定的政府经费资助，可能逐渐丧失社会筹募和提供义务服务的积极性与动员能力。政府机构则既要为老年弱势群体提供现金援助，又要对非政府福利机构提供资助或购买营利机构的服务；既要进行福利政策规划，又要负责福利政策实施的监管；既要负责福利服务标准的制定，

---

① 张超雄、钟剑华：《从香港社会福利服务津助模式的转变看政府角色之转移》，载香港理工大学社会政策研究中心主编《国家之再定位：亚太区社会政策之经验与挑战》，香港三联书店有限公司，2001。

还要监控福利服务标准的执行。于是，形式上的责任分担可能沦为事实上的"政府包揽"。

第二，"行政化"可能影响老年福利质素的提高。政府"外判"服务的另一个初衷是"增效"，即提高老年福利服务效率，提升老年福利质素。从短期来看，这一决策似乎已取得立竿见影的效果。如，香港社会福利署决定将服务单位关闭或交由非政府机构营办后，社会福利署的职员编制在2003～2005年度已缩减295人，与2000年3月高峰期的5644人相比，减幅高达5.5%。① 从长远来看，却很有可能事与愿违。这是因为，当政府与非政府机构之间的伙伴关系沦为"行政隶属关系"时，作为政府的"分支机构"，非政府机构可能成为福利政策的被动执行者。作为政策的被动执行者，它们越来越倾向于在政府既定福利政策下提供有关服务，② 而不是主动探索或拓展服务资源，从而渐失福利服务创新精神与创新能力，影响老年社会福利效率与质素。

因此，如何防止非政府机构的"行政化"倾向，如何保持或提高非政府机构的独立性、积极性与创新能力，是香港老年社会福利发展所面临的另一问题。

五　香港模式对内地的启示

相对来说，香港是发达地区和现代社会，内地则是发展中地区和转型社会。因此，香港模式对于我们解读内地老年社会福利发展中的一些关键问题具有一定启示。

（一）如何看待老年社会福利责任

香港与内地的老年社会福利都在经历从单一责任本位向社会共同责任本位转变的过程。不同的是，香港正在经历从个人责任本位向社会共同责任本位的转变，内地则正在经历从国家责任本位向社会共同责任本位的转

---

① 香港社会福利署：《香港社会社会福利署2003及2004年报》，香港政府印务局，2005。
② 周永新：《香港社会福利的演变对澳门社会福利发展的启示》，《"澳门社会福利发展：特点与趋势"学术研讨会》，澳门大学澳门研究中心，2006。

变。香港政府正在从消极、被动的责任主体转变为积极、主动的责任主体，并尝试与非政府机构建立一种分工明确的"三方合作"机制。与香港相反，改革前内地政府几乎承担了城镇老年社会福利的所有责任，现在正在从社会福利的某些领域退出来，也就是实行"社会福利社会化"的改革。两种"转变"都是为了探索"社会福利责任"的合理分担机制，但两种"转变"也各自出现了一些问题。

就香港而言，如前所述，政府与非政府的合作关系呈现失衡的倾向，这种失衡可能导致政府福利负担过重。与香港相反，"福利社会化改革"以来，内地政府似乎正在尝试退出老年社会福利的大部分领域，造成了政府在老年社会福利系统尤其是老年社会救助和老年福利服务系统中的"缺位"。这种"缺位"至少表现在两个方面：一是政府至今尚未出台以老年人为专门救助对象的社会救助项目；二是政府将老年福利服务的筹资责任几乎全部推向社会与个人，致使绝大多数福利机构几乎完全靠服务收费维持运转，导致"福利社会化"蜕变为"福利市场化"，福利服务无法惠及大多数中低收入家庭的老人。

对于香港而言，要防止老年社会福利由"政府不管"到"政府包揽"倾向的蔓延；对于内地而言，则要防止由"政府包揽"到"政府不管"结果的出现。

毋庸置疑，社会共同责任本位是社会福利发展的必然趋势。而基于对香港模式与内地实践的分析，我们似乎可以对"老年社会福利责任问题"做如下解答：老年社会福利是政府、社会、企业与个人的共同责任，但在不同的社会福利子系统中，不同责任主体的责任分担应有所区别。如，在老年社会救助子系统中，政府应当承担主要的责任，社会、企业与个人则应在救助经费筹募、互助等方面发挥补充作用；在养老保险子系统中，企业与个人应承担主要责任，政府的责任仅限于制定规则、实施监管，以确保养老保险对象的合法利益不受侵害；在老年福利服务子系统中，家庭应该承担主要责任，但不是唯一责任，政府应当在经费资助、服务监管方面承担主要责任，社会服务机构应当在服务实施与政策咨询方面承担主要责任，企业则应在服务拓展及慈善捐助方面发挥补充作用。[1]

---

① 田北海：《香港与内地老年社会福利模式比较》，北京大学出版社，2008。

（二） 如何看待内地老年社会福利对象构成

老年社会福利对象构成模式的问题，是当前内地社会福利界争议较大的问题。有学者认为，为老年人提供社会福利，让老年人与中青年人一起共享发展的成果是社会公平尤其是代际公平的需要，① 因此，应遵循人人共享、普遍受益的原则，建立"普救型"的老年社会福利体系。有学者认为，我们的国情决定了不可能在内地实现"人人皆福利"的"普救型"福利模式，而只能提供"底线"的、有限的"补救型"福利模式。② 对于这一问题的回答，我们也可以从香港模式中得到一些启示。

《香港特别行政区基本法》明确规定：香港政府应"在原有的社会福利制度的基础上"制定其发展政策。这意味着，香港没有在回归前建立起"福利国家"体制，也不会在将来建立起"福利国家"体制，而是维持回归前保守型或自由主义型的福利模式。因此，我们可以看到，尽管香港老年社会福利的人均支出水平很高，但香港的福利系数一直很低。然而，保守型福利模式并没有影响"普救型"老年福利对象模式在香港的实现。"普救型"模式之所以在香港老年社会福利发展过程中得以实现，关键在于香港已经实现了养老保险、老年社会救助和老年福利服务三大子系统的有效结合。

香港经验的启示是，内地无须建立"福利国家"体制，但也可以实现"补救型"向"普救型"模式的转变，而实现这种转变的有效途径就是老年社会福利三大子系统的相互整合。当前，内地尚不具备短期内大幅提高养老保险覆盖率的现实条件，但"我国的财力完全可以做到全民低保"③。因此，以全民低保制度为"底线"保障，量力而行地扩大养老保险覆盖率，扩大老年福利服务的受益面，是实现"普救型"老年社会福利模式的可行之道。

（三） 如何评价内地社会福利水平

对于当前内地的社会福利水平，学术界也有着不同的看法。有学者认为，④

---

① 吴忠民：《社会学理论与方法》，中共中央党校出版社，2005。
② 郑秉文：《着眼于建立社保制度的长效机制》，《红旗文稿》2005年第20期。
③ 吴敬琏：《我国已具备全民低保的条件》，《科学决策月刊》2006年第8期。
④ 穆怀中：《国民财富与社会保障收入再分配》，中国劳动社会保障出版社，2002；郭士征：《社会保障研究》，上海财经大学出版社，2005。

受福利制度改革前"统包"政策及其"惯性"的影响，当前内地的社会福利水平超前于经济发展，存在着"福利过剩"的问题，因此，为了防止因保障水平不适度而给经济长远发展带来消极影响，未来一段时期内，内地社会福利水平不宜大幅增长；有学者则认为，[①] 当前内地的社会福利水平严重滞后于经济发展水平，存在着"福利不足"的问题，因此，现阶段需要考虑的问题应是如何提高社会福利水平而不是相反。

从人均福利水平来看，内地远低于香港的当前水平，这表明，内地社会福利水平还有很大的增长空间；从福利系数来看，内地则比香港高出近1个百分点，这表明，内地的相对福利水平并不低。由此，我们得到的启示是，从绝对水平来看，内地存在着"福利不足"的问题，即现在社会福利水平远远不能满足人们的社会福利需要；从福利系数来看，根据社会福利水平与经济发展水平适度结合的原则，内地存在着"福利增长过快"的问题。因此，一方面，应在保持经济发展水平适度增长的同时，不断提高内地的社会福利水平；另一方面，应适当控制内地社会福利水平的增长速度，避免因福利增长过快而重蹈福利国家的覆辙。

（四）如何形成有效的社会福利合作机制

在两种形式的三方合作机制中，香港政府、企业与个人及政府、商界与第三部门之间均有明确的分工，有助于实现社会福利资源的最优化。然而，近年来，香港政府与非政府部门的关系表现出失衡倾向，这种失衡不利于社会福利责任的有效分担，不利于提升福利效率与质素。因此，香港老年社会福利的三方合作机制可以从正反两个方面为内地改革提供借鉴。

从正面意义来看，一方面，内地社会福利社会化改革的目标就是实现"国家办福利"向"社会办福利"的转变，而实现这一目标的关键在于私营福利机构部门和第三部门的成长与壮大，从而形成"公助民办"的福利格局。然而，与香港相比，内地的私营福利机构和第三部门都很弱小，成长也很缓慢，内地社会福利工作人员的专业性和志愿性程度还很低。因此，加大对非政府机构尤其是第三部门的经济扶持、业务指导与专业培训是实

---

① 吴巧凤：《论社会保障的双重性质与我国社会保障制度的转型》，《生产力研究》2005年第2期。

现"社会福利社会化"的必要途径。另一方面，内地与香港有着共同的"敬老养老""自强、自立、自尊"及"守望相助"的文化传统，上述共同的文化传统为有效整合家庭、社区与机构福利资源提供了价值基础。基于这一共同的价值基础，内地应充分整合家庭、社区和福利机构的资源，以老人的客观条件为基础，在充分尊重老人养老意愿的前提下，因时、因地制宜地为老人选择合适的养老方式，而不应片面强调"居家养老""社区养老"，也不应片面强调"机构养老"。

从反面启示来看，与香港相比，内地政府与非政府福利机构的关系失衡更为严重，这表现为，非政府福利机构，尤其是第三部门在福利问题上并不享有真正的自主权，政府与非政府部门之间更多地表现为领导或指导关系，而不是合作关系，第三部门往往沦为政府或行政部门的附属机构，这些机构往往是对政府负责，而不是对福利对象负责，[①] 其福利行为往往是被动的，而非主动的。香港的教训表明，政府与非政府福利机构关系的失衡既不利于非政府机构的成长与壮大，也不能起到为政府"减负"的作用，更不利于提高社会福利效率。因此，对于内地而言，不仅要鼓励非政府福利机构尤其是第三部门的成长，还要为其成为独立的福利主体创造条件，并在政府、商界与第三部门之间形成明确的福利分工。

（五）如何提高福利服务水平

香港经验表明，福利服务水平的提高离不开专业化、高志愿和高效率的社会工作者。当前，内地社会工作者无论在数量还是在素质方面都与香港有不小的差距。从数量来看，内地每年新增的社会工作人员需求总数为4万多人，但各高校实际能培养的社会工作人才仅有1万人，[②] 且院校培养的社会工作人才很少从事社会工作。从素质来看，教育机构培养出来的社会工作人员与社会服务需求脱轨，主要表现为实践能力差，缺乏爱心和耐心，无法保障福利服务的质量。同时，内地福利服务的志愿性水平也很低，表

---

① 在内地，很多第三部门的领导人实质上是由从政府部门退休下来的工作人员担任的。因此，第三部门总是与政府有着千丝万缕的联系；参见熊跃根《转型经济国家中的"第三部门"发展：对中国现实的解释》，《社会学研究》，2001年第1期；田凯：《非协调约束与组织动作》，商务印书馆，2004。

② 张益璇：《社会工作专业人才渐成就业新宠》，《中国社会报》2005年6月15日第2版。

现为志愿者服务队伍还不成规模，志愿者服务往往流于形式，缺乏长期性，尚未形成一种长效机制。

　　综合香港经验及内地现状，我们认为，要促进福利服务水平的提高，在福利服务工作队伍建设方面，至少可以从以下几个方面着手：一是要积极促进社会工作职业的专业化，包括建立和完善社会工作就业资格制度和社工职级制度，使老年社会工作逐渐成为一项体面的、受人尊重和认可的职业；二是要积极促进社会工作知识的专业化，尤其是要改变社会工作教育重理论轻实务、重西方模式介绍而轻本土模式探索的现状，要根据社会需要培养出既具备专业理论知识，又具有丰富实践经验的社会工作人才；三是要积极倡导志愿服务，宣传志愿服务理念、奉献意识和公民意识，使志愿服务成为一种社会风尚和长效机制。

香港与内地残障群体
社会支持来源比较[*]

摘　要： 香港与内地残障群体社会支持来源比较表明：在社会层面，香港是政府主导下的多元化社会服务体系，而内地是政府主导且以政府为主体的社会服务体系；在社区层面，香港是以社区非政府组织为主体的社会服务体系，而内地是以社区政府组织为主体的社会服务体系；在家庭层面，两地家庭同是残障服务的主体，但内地家庭负担更重；在个人层面，香港既有社工专业又有社工职业，而内地只有社工专业没有社工职业。香港与内地残障服务的差别可以给内地残障事业和残障服务的发展提供一些借鉴和启示。

关键词： 香港；内地；残障群体；社会支持来源；比较

香港与内地残障群体社会支持比较研究，是 2005 年以来我们在国家"985 工程"项目、国家"211 工程"项目、国家社科基金重点项目、教育部人文社科重点基地重大项目等项目资助下进行的"港澳社会研究"的重要内容，此项研究是由社会支持来源比较、社会支持方式比较和社会支持内容比较三部分构成的系列研究，此文是该系列研究的研究之一。

残障群体社会支持来源即残障群体社会支持的主体，是指"谁"给残障

＊　本文曾在《中南民族大学学报》（人文社会科学版）2010 年第 4 期发表。

群体提供社会支持。关于残障群体社会支持的来源，不同学者有不同表述：如是"重要的他人如家庭成员、朋友、同事、亲属和邻居等"[1]，是"各种社会形态"即国家、企业、社团和个人，[2] 是由具有相当密切关系和一定信任程度的人组成的，[3] 是一种"社会网络"[4] 或各种社会联系[5]，等等。本文所谓残障群体社会支持来源是指与残障群体密切相关的政府组织、非政府组织、社区、家庭及社会工作者等。由于香港与内地的经济社会发展程度不同，社会支持系统也存在很大差异。为此，本文将从社会层面、社区层面、家庭层面及个人层面对香港与内地残障群体社会支持来源进行比较。

一 社会层面的比较

残障群体社会支持来源的社会层面比较，也就是残障群体社会支持来源宏观层面或总体框架的比较。总的来说，内地正处于市场转型期，非政府组织发育还不完全，大多地区还没有专职社会工作者队伍，残障群体的社会支持体系因而是政府主导且以政府为主体的服务体系。与此不同，香港经济社会发展程度较高，非政府组织发育比较完全，有专职的社会工作者队伍，残障群体社会支持体系因而是政府主导下的多元化服务体系。

（1）内地：政府主导且以政府为主体的社会支持体系。在内地，政府对残障群体的社会支持（见图1）主要以《中华人民共和国残疾人保障法》为基础，以中国残疾人联合会为中介，保障全体残障人士的基本生活权利。中国残疾人联合会（以下简称中国残联）是经政府批准和国家法律确认的代表残障人士共同利益、直接为残障人士服务并承担政府委托管理残障人士事业的全国性残障人士事业团体。中国残联的主要职能是：坚持政府主导的工作模式，代表残障人士的共同利益，维护残障人士的合法权利；为残障人士服务；承担政府委托的任务，动员社会力量，推进残障人士事业。中国残联与政府的关系十分密切，一方面，中国残联的残疾人执行理事会是正部级单位，

---

① 马特·G. M. 范德普尔：《个人支持网概述》，《国外社会学》1994 年第 4 期。

② 郑杭生：《转型中的中国社会与中国社会的转型》，首都师范大学出版社，1996，第 319 页。

③ 张文宏、阮丹青：《城乡居民的社会支持网》，《社会学研究》1999 年第 3 期。

④ 贺寨平：《国外社会支持网研究综述》，《国外社会科学》2001 年第 1 期。

⑤ 李强：《社会支持与个体心理健康》，《天津社会科学》1998 年第 1 期。

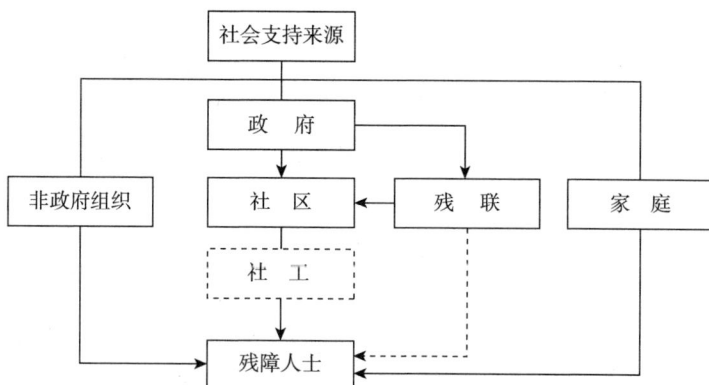

图 1　内地残障群体社会支持来源总体框架

属于政府机构，且中国残联的经费来源主要是政府财政拨款。另一方面，政府已将残障人士工作纳入其职责范围，如《中国残疾人事业"十一五"发展纲要》指出，地方各级政府要将残疾人工作纳入公共服务体系，充分发挥残疾人工作委员会的综合协调作用。各有关部门要将有关的残疾人工作纳入职责范围，各司其职、加强配合、密切协作，形成新时期发展残疾人事业的长效工作机制。[①] 中国残联下辖省市县各级残联及各类残疾人专门协会，内地共建立各类残疾人专门协会 15204 个，市和市辖区级专门协会已建比例为 94.8%，县（含县级市）级专门协会已建比例为 88.2%[②]（见图 2、图 3）。

　　据有关研究或报道，非政府组织的迅速崛起是内地社会转型时期的一个突出特点，截至 2007 年底，内地已有各类非政府组织近 40 万个。[③] 民间非政府组织似乎正逐渐成为残障群体社会支持系统的重要参与力量，但是由于内地专门从事社会服务的非政府组织尚未被完全或较好地纳入整个社会服务体系，政府组织与非政府组织的社会服务合作模式也有待建立和完善，非政府组织对残障群体社会支持的功能因此尚未得到充分发挥。不仅如此，内地很多地区只有社会工作专业而没有社会工作职业。在这种情况

[①] 《中国残疾人事业"十一五"发展纲要》，2006 年 6 月 9 日，http://theory.people.com.cn/GB/41038/4454512.html。

[②] 《2008 年中国残疾人事业发展统计公报》，2009 年 4 月 23 日，http://www.cdpf.org.cn/sytj/content/2009 - 04/23/content_30243391_6.htm。

[③] 《我国已有近 40 万非政府组织在人权保护中发挥作用》，2008 年 12 月 3 日，http://www.jizhe.cn/news_view_33986.html。

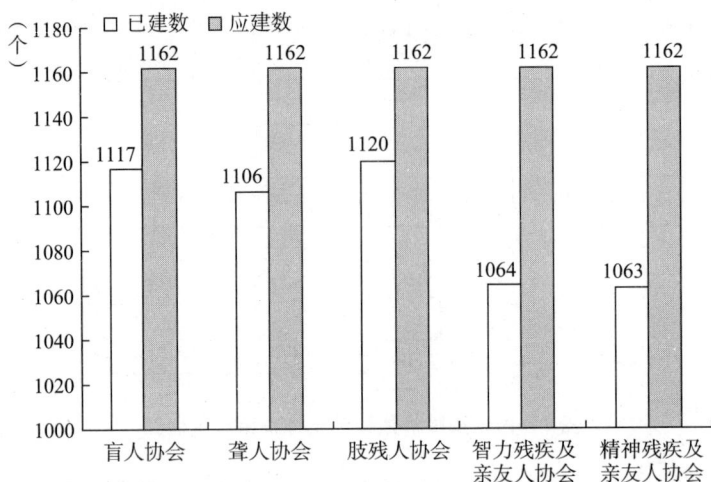

图 2　2008 年度内地市（含地级市、市辖区）专门协会建设情况

资料来源：《2008 年中国残疾人事业发展统计公报》，http：//www. cdpf. org. cn/sytj/content/2009－04/23/content_30243391_6. htm。

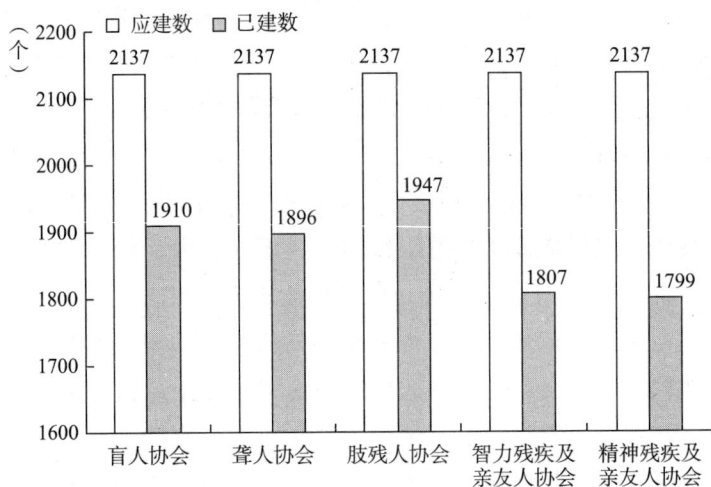

图 3　2008 年度内地县（含县级市）专门协会建设情况

资料来源：《2008 年中国残疾人事业发展统计公报》，http：//www. cdpf. org. cn/sytj/content/2009－04/23/content_30243391_6. htm。

下，政府既是残障群体社会支持的主导，即政府通过相关法律法规对残障群体社会支持工作进行宏观指导，又是残障群体社会支持的主体，即政府通过残联为残障群体提供全面具体的社会支持或社会服务。也就是说，内地政府在残障群体社会支持方面既要"掌舵"，又要"划桨"。

（2）香港：政府主导下的多元化社会支持体系。香港残障群体社会支持来源的总体框架如图 4 所示。在香港，非政府组织是残障群体社会支持的主要力量，而且非政府组织提供的服务无论是在质量还是在效率上都优于政府组织提供的服务（见表 1）。正因为如此，政府将绝大多数针对残障人士服务的工作事项转交由非政府组织经营管理。

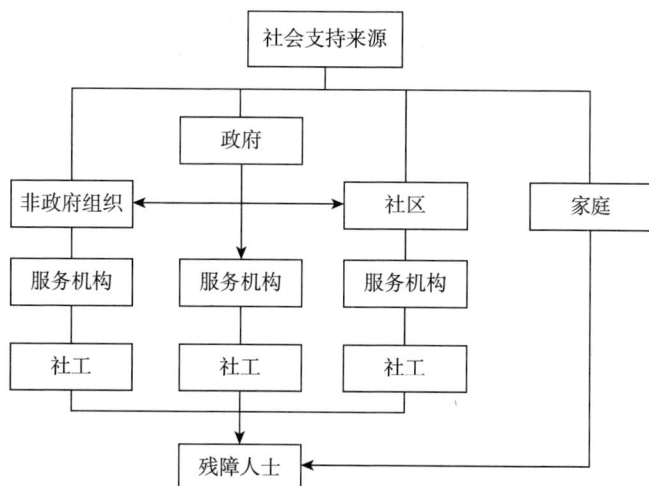

图 4　香港残障群体社会支持来源总体框架

表 1　社会福利署名额与非政府机构名额的成本对比①

单位：港元，%

服务项目	社会福利署提供	非政府组织提供	差额
展能中心	8026	6590	22
庇护工场	3943	3668	7
中度弱智人士舍	8561	5439	57
严重弱智人士舍	15927	11710	36

香港有 3200 多个各类福利服务单位，其中政府直接管理的有 360 多个，由非政府福利机构管理的有 2900 多个，还有少数私人开办的福利服务机构。②

---

① 香港特别行政区政府审计署：《2002～2003 年度审计署对社会福利署的审查报告》，第九章，第 8 页。

② 香港特别行政区政府社会福利署，《服务单位名单》，2010 年 6 月 1 日，http://www.swd.gov.hk/tc/index/site_download/page_listofserv/。

根据不同残疾类型和残疾程度的残障人士的特殊需求，非政府组织为他们提供不同类型或形式的相应服务，主要有职业康复服务、就业/业务拓展机会服务、日间训练服务、住宿及照顾服务等。而香港专业社工队伍则成为社会支持系统与残障群体之间成功的联结者，这支专业的社工队伍能够灵活运用个案工作、小组工作、社区工作等专业方法，为残障群体提供专业的社会服务。

香港政府在残障群体社会支持中虽然也直接营办各种服务机构或直接通过某些政府部门为残障人士提供服务，如劳工处为残障人士及雇主提供免费的职业介绍及招聘服务，教育统筹局开展针对残疾学生的特殊教育服务，医院管理局为残障人士提供外展医疗服务，等等。但这些并不是政府机构的主要职责，政府机构的主要职责是实施宏观管理，香港社会福利署的主要职责具体有六项。①拟定社会福利的发展规划和福利政策。②制定各类社会福利服务的专业化标准、规则和条例，规范各类服务。③拟定对非政府福利机构的资助计划。④监督和评估非政府福利机构的服务。⑤对福利服务机构的人员实施有计划的专业化培训。⑥直接管理从事感化和社会救济工作的服务机构。

香港政府在残障群体社会支持中的作用主要有以下三点。一是政府作为经济援助的提供者，为残障人士提供直接和间接的经济援助。直接的经济援助包括通过开展综合社会保障援助（综援）计划和公共福利金计划等福利计划为残障人士提供资金援助。间接的经济援助主要是通过一些针对残障人士的优惠政策来减少残障人士在生活中的诸种消费支出，在不增加他们经济负担的前提下，提高其生活质量。二是政府通过相关法律法规对救助工作进行指导和管理，对提供福利服务的非营利民间组织提供资金上的支持，并通过专门机构（服务表现事务组）对其服务进行监督和检察。三是政府定期组织其他部门对社会福利署等直接管理部门的工作进行检查、考核，并提出合理化的针对性意见，以促进康复服务事业的不断发展。检查的项目包括：提供训练、就业和住宿服务，进行资源节省程度、效率和效益方面的审查等。这样，香港政府在残障群体社会支持中扮演"催化剂"和促进者的角色，主要是好好"掌舵"而不是亲自"划桨"。香港残障群体社会支持体系是政府主导下的多元化服务体系。以上主要讨论了"政府主导"，至于"多元化服务"我们还可以从接下来的讨论中看到，这里不再赘述。

二 社区层面的比较

社区是残障群体社会支持的重要载体，是为残障人士提供最直接、最方便的社会服务的场所或机构。通过比较发现，香港与内地对残障群体的社会服务或社会支持虽然都是以社区为中介，但内地残障群体的社区支持是以社区政府为主体，而香港残障群体的社区社会支持是以非政府服务机构或服务组织为主体。

（1）内地：以社区政府组织为主体的社会服务体系。在社会转型期，内地大量的"单位人"转变为"社会人"，社会成员正在重新回归社区，居民社区意识的培养、社区认同感的增强和对社区公共事务的广泛参与，使得社区成为残障群体社会生活的主要空间，也成为残障群体社会支持的基地或平台。

作为一种社会支持，残障群体的社区支持或服务已被纳入政府社区建设的总体规划之中，是政府工作的一部分，也是中国残联基层工作的一部分。街道办事处下设残疾人工作办公室，其主要职责是向下传达、宣传政府制定的有关残障人士社会保障的相关法律，并结合本区特点制定社区残障人士服务内容和管理目标；指导并监督各居委会的残障人士服务工作，落实残障人士的各项服务措施；收集社区内居民对该社区残障人士保障的建议和要求，并及时向上反映，以满足残障人士的各项需求。社区居委会下设社区残疾人协会，其主要职能是负责小区残障人士工作的组织领导，落实上级残障人士工作的各项任务；做好小区残障人士管理、生活、康复、教育、就业、保障等方面的工作；负责发动小区内社会力量，开展扶残助残；负责做好小区内残障人士的信访和残障人士事业的宣传工作；准确掌握小区各类残障人士的基本情况及其特殊需要，及时向街道办事处残疾人工作办公室反映本社区残障人士的要求。区、街及居民委员会所设残疾人社会服务机构及社区服务中心等服务组织虽然有其实体，但其服务的内容、方式、人员、经费等均被纳入行政化的管理体系。因此，这些不同层级的服务机构实质上是行政附属组织。残障群体的社区支持或服务以区残疾人工作办公室为主导，区残疾人协会负责残障群体社区服务的计划管理、组织实施、社会动员等，并组织社区残疾人社会服务机构和社区服务中心向残障群体提供社会支持服务。如区残疾人工作办公室指导区残疾人协会将全区有康复需求的各类残障人士逐一登记造册、建档立卡，并印刷康复训练表发到残障人士家中，指导残障人士开展以家庭为基础的康复训练。同时，区残疾人协会还组织社区服务机构等部门的有关工作人员，深入残障人士的家庭，运用安慰、鼓励、关怀等方式，使残障人士真正感受到自己正在被社会关注。可见，在社会转型期，内地社区残障群体社会支持主要是政府及其附属机构通过社区这个平台向残障群体提供，内地残障群体社区社会支持体系是以社区为中介，以社区居委会为主体的服务体系（见图5）。

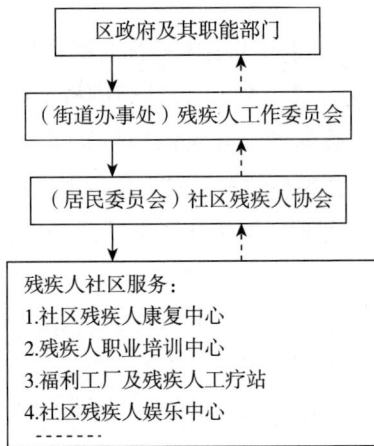

```
┌──────────────────────────┐
│      区政府及其职能部门       │
└──────────────────────────┘

┌──────────────────────────┐
│  （街道办事处）残疾人工作委员会  │
└──────────────────────────┘

┌──────────────────────────┐
│  （居民委员会）社区残疾人协会   │
└──────────────────────────┘

┌──────────────────────────┐
│ 残疾人社区服务：             │
│ 1.社区残疾人康复中心         │
│ 2.残疾人职业培训中心         │
│ 3.福利工厂及残疾人工疗站      │
│ 4.社区残疾人娱乐中心         │
│  ‥‥‥‥                  │
└──────────────────────────┘
```

图5　内地残障群体社区层面的社会支持服务体系

（2）香港：以社区非政府组织为主体的社会服务体系。香港残障群体的社区服务一般是在政府的指导和资助下，由非政府组织服务机构具体实施，其社区服务项目或服务机构主要有：残疾幼儿日间暂托服务、残疾人士地区支持中心、四肢瘫痪病人过渡期护理支持中心、专职家居训练及支持服务、日间小区康复中心、严重残障人士日间照顾服务、残障人士社交及康乐中心、残障人士家长/亲属资源中心、小区精神健康连网、精神健康综合小区中心、残障人士自助组织、小区复康网络、残障人士小区支持计划、中途宿舍续顾服务、视障人士康复及训练中心、为视觉受损人士而设的传达及信息服务、听觉受损人士综合服务中心、健乐会、中央辅助医疗服务课、收容所、中央辅助心理服务课、地区言语治疗服务、住宿暂顾服务、紧急安置服务等。这些全面细致的康复服务项目为协助残障人士尽量发展体能、智能及适应社群生活的能力提供了全面的帮助。

　　香港社区服务不仅为残障人士提供了全面细致的服务项目，而且每项服务项目对应不同残障人士的不同需求，服务具有针对性与持续性，人性化色彩比较浓。如①残疾幼儿日间暂托服务是为学前残疾儿童设立暂托的服务，以便他们的家人及照顾者可以处理个人或紧急事务。②日间小区康复中心是为刚出院的病患者提供专业及社会心理康复训练服务，目的是提高他们的活动机能及自我照顾能力，强化他们的家居及小区生活技能，协助他们重整生活规律、建立健康且富有意义的生活模式，以协助他们融入小区生活。③残障人士小区支持计划是为残障人士及其家人而设的小区支持计划，其目标是增强家庭照顾残障人士的能力，舒缓照顾者的负担，提升残障人士及其家庭的生活质量。④小区复康网络是为长期病患者提供教育、训练及支援性的服务，同时协助他们建立互助网络，使他们能正常地在社区生活。⑤小区精神健康连网是为离开医院及中途宿舍的精神病康复者及其家人提供持续支持，在小区内提供额外照顾和支持，包括外展探访、与地区资源建立网络和提供实质服务等，从而协助精神病康复者在小区独立生活。小区精神健康照顾服务亦会为未有日间服务安排的中途宿舍舍友提供职业康复服务，以协助他们发展和维持社交及经济活动能力等。总之，香港残障群体的社区服务是在政府指导和资助下，由非政府组织服务机构提供具体服务的服务体系（见图6）。

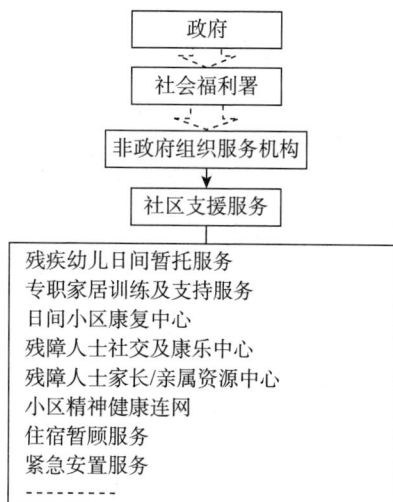

```
┌─────────────┐
│    政府      │
└─────────────┘
      ↓
┌─────────────┐
│  社会福利署   │
└─────────────┘
      ↓
┌─────────────┐
│ 非政府组织服务机构 │
└─────────────┘
      ↓
┌─────────────┐
│  社区支援服务  │
└─────────────┘
      ↓
┌──────────────────────┐
│ 残疾幼儿日间暂托服务      │
│ 专职家居训练及支持服务    │
│ 日间小区康复中心         │
│ 残障人士社交及康乐中心    │
│ 残障人士家长/亲属资源中心  │
│ 小区精神健康连网         │
│ 住宿暂顾服务            │
│ 紧急安置服务            │
│ ---------             │
└──────────────────────┘
```

图6　香港残障群体社区层面的社会支持服务体系

三 家庭层面的比较

家庭是残障群体社会支持的重要来源。残障人士的家庭成员通常是与残障人士联系最紧密的人，也是残障人士最信任的人。残障人士有什么心里话都愿意首先和家人倾诉，遇到困难也总是最先向家人寻求帮助，他们的快乐也总是首先和家人分享。比之经济负担和生活照顾，家庭向残障人士提供的安全感和归属感对于残障人士来说意义更大。在这一点上，香港与内地没有区别。不同的是，与香港相比，内地家庭的负担更重。

费孝通先生曾经指出，中国乡土社会的基层结构是一种由社会关系构成的"差序格局"①。美国学者朗（Lang）指出："家庭在中国比在世界上的其他任何国家都更被有意识地栽培并因而获得了更重要的地位。"② 家庭是传统中国社会秩序得以维持的重要机制。③ 家庭对其成员有一种包容性支持的义务，共同的生活、时空的一致性使家庭内部的支持关系成为可能。④ 而且，由于内地非政府组织发育还不够完全，社工队伍比较缺乏，因此，家庭在内地残障群体社会支持系统中的作用就显得十分重要。内地家庭向残障群体提供了绝大部分的情感性支持（包括自尊的支持）、物质性支持、工具性支持和抚育性支持等。同时，由于内地残障群体规模大及居民生活水平不高，尽管政府对残障群体工作越来越重视，残障群体生存状况有所改善，但残障群体仍然给其家庭增加了巨大的经济和精神负担。⑤ 这样，生理性残疾往往与家庭经济利益的贫困性、生活质量的低层性和承受力的脆弱性联系在一起。

与内地一样，香港也强调家庭这一首属群体对身有残疾的家庭成员的关爱和支持，家庭中的健全成员也全然接受并履行对残疾亲属照顾的责任，表2显示的残障人士接受照顾情况也表明，有接近五成的残障人士的长期照

---

① 费孝通：《乡土社会》，上海三联书店，1947，第28页。

② Lang, Olga. *Chinese Family and Society.* New Haven：Yale University Press，1946.

③ Yang, Ching - Kun. *The Chinese Family in the Communist Revolution.* Cambridge：Harvard University Press，1959.

④ 王思斌：《中国社会的求助关系——制度与文化的视角》，《社会学研究》2001年第4期。

⑤ 丛晓峰、唐斌尧：《转型期残疾人社会支持的实践模式研究》，《北京科技大学学报》2003年第3期。

顾者是其家庭成员及亲戚。因为家庭作为在生活中同残障人士联系最为密切的一级组织，它所提供的支持是最为全面和细致的，不仅包括经济层面的支援、生活层面的照顾，还包括情感层面的支持。因香港的经济社会发展程度较高且有一支专职的社工服务队伍，香港为残障群体提供了种类繁多的救助和照顾，如非政府机构为残障人士提供了比较全面的社会康复服务、就业/业务拓展机会服务、日间训练服务、住宿暂顾服务、紧急安置服务等。这些服务在一定程度上缓解了香港残障人士家庭的经济和精神负担。由此可见，香港因经济社会发展程度较高以及由此导致的非政府组织社会服务和专业化社会服务的健全和完善，在残障人士的社会服务方面，家庭的负担较轻。与此相反，内地因非政府组织社会服务和专业化社会服务不够健全和完善，在残障人士的社会服务方面，家庭会有更多的负担。

表 2　按照顾者的身份及选定的残疾类别划分的由别人
照顾其日常生活的残障人士数目①

照顾者身份	选定的残疾类别											
	肢体残疾		视觉有困难		听觉有困难		语言有困难		精神病患者		自闭症患者	
	人数（千人）	百分比（%）	人数（千人）	百分比（%）	人数（千人）	百分比（%）	人数（千人）	百分比（%）	人数（千人）	百分比（%）	人数（千人）	百分比（%）
配偶	9.4	21.7	5.1	26.9	3.4	25.2	1.2	9.0	2.0	15.8	—	—
父母	1.9	4.3	0.7	3.5	1.2	9.1	2.5	19.5	2.1	16.6	1.3	64.1
子女	4.1	9.5	3.4	18.0	2.3	17.3	—	—	—	—	—	—
其他亲戚	2.7	6.3	1.9	10.2	1.8	13.3	0.7	5.2	1.4	11.2	0.2	9.4
医护人员	21.5	49.4	6.4	34.0	3.4	25.8	7.7	59.2	6.8	54.1	0.5	26.5
其他	3.8	8.8	1.4	7.3	1.2	9.3	0.9	7.3	0.3	2.2	—	—
总计	43.4	100.0	18.9	100.0	13.3	100.0	13.0	100.0	12.6	100.0	2.0	100.0

四　个人层面的比较

从个人层面看，专职社会工作者就是残障群体社会支持的来源，因为

---

① 香港特别行政区政府统计处：《2002 年第二十八号专题报告书》，第 9.1b 部分，第 101～102 页。

专职社会工作者既具有从事社会服务的职业道德或理念，又具有从事社会服务的职业技能。因此，是否具有一支专职社会工作队伍，将直接影响残障群体社会支持来源的多少及残障服务水平的高低。在这方面，香港与内地有较大差别。

（1）内地：有社工专业但没有社工职业。改革开放以来，随着社会学学科的恢复和重建，专业社会工作的教育及实践在内地得到恢复和发展。1987 年国家教委批准中国人民大学、北京大学、吉林大学、厦门大学 4 所高校设置社会工作专业以来，据教育部统计，截至 2007 年底，设置社会工作专业的高校已经达到 211 所，每年招收及毕业的本科生各在 1 万人左右，有 153 所学校提供高职、高专层次的社会工作教育，有 73 所中等职业学校提供社会工作教育。此外，21 世纪初，中国人民大学、北京大学等多所高校在社会学一级学科下自主设置社会工作研究生专业，开始提供社会工作研究生教育。① 社工专业化是指从事社会工作的人要有专业道德、知识和技术，其基本途径是接受社工专业教育；社工职业化是指社会工作是一个职业，有一定的门槛限制，不是谁想干就能干的。

社工的专业化是社工职业化的基础，是职业化的"门槛"；社工职业化是专业化的保证和对专业化的肯定，通过职业化的要求，实现从业人员的专业化。② 然而，由于内地对社工职业的社会认同度不高，认为社会工作无须专门训练，社会工作可以兼职；非政府服务组织发展不足；社会工作岗位设置尚不明确，职业制度尚不健全；高校社会工作人才培养与职业资格缺乏有效衔接等，内地社工职业化受到严重制约。全国高校每年培养的近万名社工专业人才中，只有不到 30% 毕业后会到政府性质的民政系统、"半"政府性质的工青妇系统、社区以及社会服务组织中从事社会工作，并且在社会工作的从业人员中，还存在严重的人员流失现象。③ 内地还没有一支职业化的社工服务队伍。根据我们以往的研究，内地社区层面的社会服务人员分为三部分。一是专职性的服务人员，主要由退休的老年人、下岗的中年人和待业的青年人构成。二是兼职性服务人员，主要是居民委员会

---

① 李迎生：《我国社会工作职业化的推进策略》，《社会科学研究》2008 年第 5 期。
② 甄炳亮：《开展社工制度建设要处理好 4 个关系》，《中国社会报》2006 年 6 月 28 日。
③ 付锋林：《壮大社工队伍，有助于和谐社会建设》，《中国报道》2007 年第 3 期。

的干部。三是义务性的服务人员，主要是那些只做工作而不取报酬的志愿者。第一支队伍虽然是专职的，但他们一般抱有临时观念，因为社区服务工作既不是正式职业，又没有稳定收入。因此，社区服务工作实际上是老年人最终退出工作领域，中年人和青年人找到或再次找到理想职业之前的过渡性工作。第二支队伍虽然较稳定，但他们的主要或本职工作不是社区服务。第三支队伍因建立在人们的兴趣和自愿的基础上而变化的可能性就更大了。从严格意义上讲，内地还没有一支职业化的社会服务队伍。①

（2）香港：不仅有社工专业而且有社工职业。首先，香港有社会工作专业。这里的专业是指知识的专业化或专业的知识化。由于社会工作是一项专门的职业，因此从事该项工作的专业工作人员必须经过系统的专业训练，获得专业文凭，领取专业工作证书，才能就业上岗。其专业训练又分为两类。一类是综合性的专业训练，即到高校社会工作专业系统学习并掌握社会工作方面的知识、方法和技能。在香港，社会工作专业毕业的大学生一般从事社会服务或社区服务工作。另一类是单科性的专业训练，即经过与社会工作有关的专业知识的系统学习和训练。由于社会工作以人为对象，因此，凡是与人的生存和发展直接有关的学科和专业，如生理学、心理学、医学、法学、教育学、犯罪学等都是与社会工作有关的学科和专业。这些学科和专业毕业的学生也可成为从事某一专项社会服务工作（如老年人保健及护理、心理咨询、青少年教育等专项工作）的社会工作者。其次，香港也有社会工作职业。在香港，从事社会工作是一项专门的职业。因此，从事社会工作职业的社会成员与从事经济工作、行政工作、教育工作等其他方面工作的社会成员一样，要符合其职业岗位的要求，才能就业上岗，一旦就业上岗，又都有其相应的职业收入。截至 2007 年香港地区共有 1.3 万多名注册的正在工作的专业社会工作者，② 香港社工在民间非政府组织机构工作的有 7614 人，占 61.6%，在政府部门工作的有 1828 人，占 14.8%，在其他机构工作（包括营利机构、自行开业或注册后从事其他工作等）的有 2912 人，占 23.6%。③ 香港社工基本上都具有社会工作专业本科以上学

① 刘祖云：《香港与武汉：城市社区服务比较》，《华中师范大学学报》2000 年第 1 期。

② 《香港社工概况》，《浙江日报》2007 年 8 月 20 日。

③ 李迎生：《我国社会工作职业化的推进策略》，《社会科学研究》2008 年第 5 期。

历。在长期学习和实践的过程中，这些专业社工既具备丰富的专业知识，树立了良好的工作形象，也积累了相当的工作经验，这使得他们在为残障群体提供服务时能够更有效地认识问题和解决问题。社工提供的服务包括心理辅导、训练和恢复计划的制定、组织相关活动，等等。

五　小结与讨论

通过上述比较，我们可以将香港与内地的主要区别归纳如下（见表3）。

表3　香港与内地残障群体社会支持来源四个层面的主要差异

	香港	内地
社会层面	政府主导下的多元化社会支持体系	政府主导且以政府为主体的社会支持体系
社区层面	以社区非政府组织为主体的社会服务体系	以社区政府组织为主体的社会服务体系
家庭层面	家庭的经济和精神负担得到缓解	家庭的经济和精神负担较重
个人层面	不仅有社工专业而且有社工职业	有社工专业但没有社工职业

香港与内地残障群体社会支持来源的比较，不仅让我们了解了两地残障服务的基本情况，而且可以给内地残障事业和残障服务的发展提供一些借鉴和启示。

第一，在残障服务乃至整个社会服务中，政府扮演何种角色？库伊曼指出："不论是公共部门还是私人部门，没有一个个体行动者能够拥有解决综合、动态、多样性问题所需要的全部知识与信息，也没有一个个体行动者有足够的知识和能力去应用所有有效的工具。"① 奥斯本则在《改革政府》一书中明确指出："政府要在公共治理中扮演催化剂和促进者的角色，是掌舵而不是划桨。"② 在这方面，我们内地政府应该借鉴香港"政府搭台，民间唱戏"的经验或做法，政府应该专注于"掌舵"，即专注于为残障服务提供指导、管理、协调、保障和资助，而不是专注于"划桨"，即不是专注于

---

① 库伊曼、范·弗利埃特：《治理与公共管理》，库伊曼等《管理公共组织》，萨吉出版公司，1993，第64页。

② 戴维·奥斯本：《改革政府》，上海译文出版社，1996，第5～16页；董芸：《为构建和谐社会建设宏大的社会工作人才队伍》，《理论前沿》2007年第2期。

具体实施或操作残障服务。当然，要做到这一点，既要解决认识方面的问题，也要解决体制转轨和机制转换的问题。应该指出，我们还没有建立或没有完全建立与市场经济体制和机制相适应的残障服务乃至整个社会服务，还没有解决政府既是指导者和管理者又是实施者和操作者的问题，即还没有解决"管办分离"的问题。因此，改革与计划经济相适应的社会服务体制和机制，建立和完善与市场经济相适应的社会服务体制和机制，实现和完成从"政府直接服务"向"政府购买服务"的职能转换，对于残障服务及残障事业的发展具有重要意义。

第二，在残障服务乃至整个社会服务中，谁来扮演"划桨"主角？上述讨论告诉我们，在残障服务及社会服务中，政府应该"掌舵"而不应该"划桨"，因为既"掌舵"又"划桨"，其结果是舵也掌不好，桨也划不好。那么谁来"划桨"呢？根据香港的经验或做法，非政府组织或社会中介组织应该扮演"划桨"主角。其实，政府"掌舵"与非政府组织"划桨"是一个问题的两个方面，如果政府既"掌舵"又"划桨"，那么非政府组织则不可能"划桨"；如果政府只"掌舵"而不"划桨"，那么非政府组织则有可能"划桨"。对于内地来说，非政府组织能否扮演"划桨"主角，在很大程度上取决于如前所说的政府职能的转换。当然，非政府组织或社会中介组织要成为"划桨"的主角，有待于经济发展以及由此带来的产业结构从非服务业占主导的传统产业结构向服务业占主导的现代产业结构的转型，还有待于服务型非政府组织或社会中介组织的发展和壮大，等等。

第三，在残障服务乃至整个社会服务中，是否需要建立专职的社会服务队伍？香港的回答毫无疑问是肯定的。应该说，我们党的文件也已经回答了这一问题，《中共中央关于构建社会主义和谐社会若干重大问题的决定》就明确指出："造就一支结构合理、素质优良的社会工作队伍，是构建社会主义和谐社会的迫切需要。"[1] 笔者在 2000 年就曾提出建立一支专职的社会服务或社会工作队伍，即社会工作不应该只是专业化，而应该职业化，职业化的社会服务或社会工作队伍是社区服务乃至整个社会服务生存和发展的基础。[2] 客观地说，2000 年以来，内地社会服务或社会工作的职业化在

① 董芸：《为构建和谐社会建设宏大的社会工作人才队伍》，《理论前沿》2007 年第 2 期。
② 刘祖云：《香港与武汉：城市社区服务比较》，《华中师范大学学报》2000 年第 1 期。

个别地区得到试点或推广，但就全国范围而言，我们的进展还很缓慢。我们认为，内地经济较为发达的地区应在中央有关精神的指导下加紧社会服务或社会工作职业化的先行先试，并以此带动和促进其在全国范围的普及和推广，这既是我国当前经济社会发展的需要，也是构建社会主义和谐社会的需要。

香港与内地残障群体社会支持方式比较[*]

摘　要：香港与内地对残障群体社会支持方式的不同之处在于：在政府支持方面，香港是以"政府购买服务"为主，而内地是以"政府提供服务"为主；在社区支持方面，香港是以非政府组织的社会服务为主，而内地是以政府组织的社会服务为主；在群体支持方面，香港残障群体既依赖初级群体的支持，又依赖次级群体的支持，而内地残障群体主要依赖初级群体的支持。香港与内地残障群体社会支持方式的差别可以给内地残障事业和残障服务的发展提供一些借鉴和启示。

关键词：香港；内地；残障群体；社会支持方式；比较

社会支持方式是社会支持的介体，是联结社会支持主体与客体的手段，是社会支持主体对客体进行支持的运行机制。① 残障群体社会支持方式是指残障群体社会支持主体对残障人士进行支持的运行机制，即残障群体社会支持主体"是如何"对残障群体予以社会支持的。根据我们的研究，香港与内地在残障群体社会支持方式方面存在着较大差异。

---

* 本文曾在《中南民族大学学报》（人文社会科学版）2010 年第 5 期发表。

① 周林刚、冯建华：《社会支持理论——一个文献的回顾》，《广西师范学院学报》2005 年第 3 期。

一　政府支持方式比较

由于内地经济社会发展程度较低，非政府组织发育还不完全，一些地区还缺乏专职社会工作者队伍，实际的残障群体社会支持服务在很大程度上还得靠政府、残联、工青妇组织及工作单位，还得靠现在从事行政性、半专业化社会工作的人员，[①] 残障群体社会支持体系是以政府为主导且以政府为主体的服务体系。因而，内地残障群体社会支持方式是以"政府提供服务"为主。与内地不同，香港经济社会发展程度较高，非政府组织发育比较完全，有专职的社会工作者队伍，残障群体社会支持体系是政府主导下的多元化服务体系，社会支持方式以"政府购买服务"为主。

（1）内地："政府提供服务"为主。内地残障群体社会支持的目标是要建立起一种整合的残障群体社会支持工作模式，即以政府为主导，以社区为平台，以残疾人家庭为依托，以社会工作者为纽带，各种社会力量大力协助，残疾人自身积极参与，社会资源得以充分利用。[②] 然而，目前内地残障群体社会支持的现实状况与其设定的目标之间还存在一定的差距。政府除了要发挥其主导作用，如推动残疾人社会福利立法进程，制定完善的残疾人社会福利政策，保障残疾人康复、治疗、培训、就业、教育等方面的合法权益，促进各相关部门之间服务职能的整合等，还得为残障群体"直接"提供社会服务。

残障群体社会支持方式以"政府提供服务"为主，主要包括以下两个方面。一方面，政府通过残联为残障群体服务。中国残疾人联合会，不仅其经费来源主要是政府财政拨款，[③] 而且其常设机构——理事会实际上也是一个政府机构。如在听力语言残障群体社会服务过程中，全国残疾人康复工作办公室负责政策制定和督导、经费统筹与协调、组织考核与验收等工作；全国聋儿康复研究中心面向全国开展听力筛查、助听器选配、耳膜配置、听力语言训练、专业人员培训、设备开发、咨询服务、康复技术与方

---

① 王思斌：《试论我国社会工作的本土化》，《浙江学刊》2001 年第 2 期。

② 丛晓峰、唐斌尧：《转型期残疾人社会支持的实践模式研究》，《北京科技大学学报》2003 年第 3 期。

③ 《中华人民共和国残疾人保障法》（总则第 5 条），2007 年 11 月 29 日，http://www.cd-pf. org. cn/zcfg/content/2007 - 11/29/content_30233152. htm。

法研究、助听器和康复设备质量监控等业务；地方各级残疾人康复工作办公室制定、实施、督导并验收康复工作计划；地方各级聋儿康复机构提供康复技术服务，培训专业技术人员，规范技术操作流程，完成同级残疾人康复工作办公室下达的任务，等等。另一方面，政府通过其他相关政府部门为残障群体服务。如卫生部门根据有关规定协助残联负责做好残疾人听力筛查、诊断、治疗及预防工作；教育部门依据《残疾人教育条例》协助残联负责做好残疾人的特殊教育及听力康复等工作；民政部门协助残联做好残疾人的贫困救助工作等。①

（2）香港："政府购买服务"为主。香港残障群体社会支持方式是以"政府购买服务"为主（见图1）。"政府购买服务"的程序主要有三个环节：竞标，监督，评估/考核。第一环节是竞标。政府首先向社会发出招标公告，公布残障群体社会服务的预算、项目、内容、数量及要求等，有资质的非政府组织或非政府福利服务机构在规定时间内进行投标竞标，一旦中标即可得到政府购买服务的拨款资助，并按照其标书要求向残障群体提供

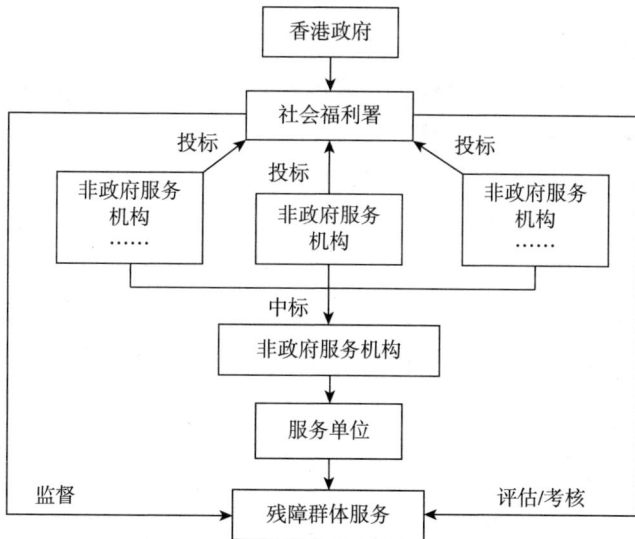

图1 香港政府对残障群体的社会支持方式

---

① 关于印发《〈听力语言康复"十一五"实施方案〉实施办法》的通知，2007年1月23日，http://www.cdpf.org.cn/kangf/content/2007 - 01/23/content_75776_2.htm。

社会服务。这一举措不仅使服务标准得到量化和明晰，从而保证了服务质量，而且直接把非政府服务机构的存在与否与其服务质量好坏紧密联系在一起，从而调动和促进它们创新自己的服务内容，提高自己的服务质量。

"政府购买服务"的第二环节是监督。香港政府给予非政府福利机构充分资金资助的同时，还为非政府社会福利机构建立了一套完善而有效的监督制度。其监督环节如下。①按服务对象数量核定所有受资助单位的人员编制和工资标准，同时规定了每个岗位的任职条件，以确保服务质量。香港社会福利署为了确保社会服务质量，制定了吸引和鼓励社会工作专业人员的一系列政策，具体规定了各类福利机构和服务单位中专业社会工作人员的比例和任职条件。① ②服务单位接受服务对象，要经过政府相应机构的审查批准。③受资助单位按季度和年度向社会福利署送交财务报表，其全年账目要经审计。④社会福利署每年派出专门人员到受资助单位探访检查，并负责写出评估报告，据此决定是否继续资助。⑤社会福利署派人加入非政府福利机构的顾问局，并在其中担任重要角色，以加强沟通和监督。②

非政府组织或非政府福利服务机构按照政府的要求完成服务后，则进入了"政府购买服务"的第三个环节：评估/考核。一方面是非政府组织营办的服务机构要按时向政府提交一段时间以来的自我评估报告；另一方面是香港社会福利署成立了"服务表现事务组"，专责推行《服务表现监察制度》。在该制度下，社会福利署根据《服务质素标准及准则》，以及社会福利署与受资助机构合作制订的《津贴及服务协议》进行服务表现评估。③ 只有通过了政府的考核，非政府组织营办的服务机构才能继续获得政府的资金资助，否则资金资助就会被取消。

可见，"政府购买服务"的核心是实行投入招标、服务竞争、利益互动。政府在残障群体社会支持过程中不直接操作和提供服务，而是向专业组织、社会中介组织和社会团体来购买服务，并由这些专业组织来为残障群体提供具体的社会服务。这样，香港政府通过"购买服务"的方式使残障群体的社会服务大都由非政府组织提供，政府为非政府组织提供大部分

---

① 赵宝华：《香港的社会福利社会化及其启示》，《中国社会工作》1998年第1期。

② 赵宝华：《香港的社会福利社会化及其启示》，《中国社会工作》1998年第1期。

③ 社会福利署：《服务表现标准》，2008年12月7日，http://www.swd.gov.hk/tc/index/site_ngo/page_serviceper/sub_serviceper/。

的运作经费，还通过相关法律法规对残障群体社会服务工作进行指导和管理，同时，政府负责对这些专业非政府组织进行考核，并根据考核的结果来决定来年是否购买以及购买的额度。政府还定期组织其他部门对社会福利署等直接管理部门的工作进行检查、考核，并提出合理化的针对性意见。

简言之，①"政府购买服务"明确了政府与非政府组织之间的关系。购买则意味着政府作为出资方，非政府组织作为服务提供方，双方的地位是平等的，没有隶属的上下级关系，更多的是契约关系，政府要积极支持非政府组织的独立、自主运作。① ②"政府购买服务"确定了残障群体社会服务的内容。政府确定购买内容，不仅使政府始终处于主导地位，而且也明确了双方的责任，同时也为评估考核提供了重要依据。③"政府购买服务"还意味着市场的存在。有市场就意味着非政府组织之间必然的竞争，这有利于提高政府购买的效益，有利于提高残障群体社会服务的质量，还有利于调动社会各界关心和参与对残障群体的社会服务。

二 社区支持方式比较

社区支持的核心领域是"社区照顾"②。施教裕曾以服务的概念提出"在社区内服务""由社区来服务""为社区而服务""使社区能服务"四项工作来整合社区照顾的内涵和工作方式。③ 就残障群体而言，社区支持就是要让社区中有能力的居民和团体就近提供服务，以实现所谓的"由社区来服务"，从而让残障人士能在自己的社区中接受服务，而不必离开原来的生活环境。香港与内地比较表明：香港社区是以非政府组织的社会服务为主，是"由社区来服务"；而内地社区是以政府组织的社会服务为主，还处于"为社区而服务"向"由社区来服务"转型的过程之中。

（1）内地：以政府组织的社会服务为主。内地社区残障群体社会支持方式是以社区居委会为主体，以社区残疾人协会为纽带，以社区各类服务

---

① 李太斌：《政府购买服务推动社工机构发展》，《中国社会导刊》2008 年第 4 期。

② 黄源协：《社区照顾：台湾与英国经验的检视》，扬智文化事业股份有限公司，2003，第 272 页。

③ 蔡禾、周林刚：《关注弱势——城市残疾人群体研究》，社会科学文献出版社，2008，第 273 页。

机构为依托，以居民广泛参与为基础向残障群体提供有效的社会支持。

内地社区残障群体服务方式主要有两大类。一类是基层残联对残障群体的社会服务。街道办事处下设残疾人工作办公室，指导并监督居委会的社区残疾人协会工作。社区残疾人协会主要负责小区内残障人士工作的组织领导，落实上级残障人士工作的各项任务；负责小区内残障人士的管理、生活、康复、教育、就业、保障等方面的工作；负责小区内残障人士的信访和残障人士事业的宣传工作；掌握小区各类残障人士的基本情况及其特殊需要，及时向街道办事处残疾人工作办公室反映本区残障人士的要求。此外，政府还为每个街道配备一名由残障人士担任的街道残联专职干事，为残障人士数量较多的社区配备社区残协专职委员，专门负责社区的残障群体服务工作。

另一类是政府机构对残障群体的社会服务。"从现行的管理体制来看，社区的管理和功能的发挥，主要依靠于街道办事处。"[①] 街道办事处指导并监督各居委会的残障人士服务工作。在形式上，居委会是与国家基层政权相联系的一种群众自治组织，[②] 社区居委会是社区残障群体社会服务的主体。社区居委会动员协调政府各职能部门，如卫生部门、教育部门、民政部门等向残障群体提供社会服务；动员协调工会、共青团、妇联等人民团体和老龄协会等社会组织支持残疾人工作，维护残疾人的合法权益；动员红十字会、慈善协会、残疾人福利基金会等慈善团体为残疾人筹集善款，开展爱心捐助活动；动员企事业单位为残疾人事业发展贡献力量；[③] 等等。

可见，内地社区残障群体的社会支持网络是一种由政府动员和整合的以社区行政资源为主、非行政资源为辅的社区服务网络。

（2）香港：以非政府组织的社会服务为主。香港社区残障群体社会支持方式是以非政府组织的社会服务为主，是以政府为主导、以非政府组织为主体、社会广泛参与的社会服务形式。香港政府的社会福利署除了通过综援计划和公共福利金计划向残障人士提供资金援助，通过劳工处、教育

---

① 吴铎：《社区服务若干理论问题的探讨》，《中国社会工作》1997 年第 6 期。

② 李友梅：《基层社区组织的实际生活方式——对上海康健社区实地调查的初步认识》，《社会学研究》2002 年第 4 期。

③ 《中共中央国务院关于促进残疾人事业发展的意见》，2009 年 2 月 23 日，http://www.cdpf. org. cn/zcfg/content/2009 - 02/23/content_30233129. htm。

统筹局、医院管理局向残障人士提供相关服务外，其主要职能是实施宏观管理。

香港 210 多个非政府福利机构承担着为香港残障群体服务的主要任务，被政府称为"合作的伙伴"。其中，接受政府资助的有 170 多个，最大的机构是东华三院，已有 127 年的历史。这些非政府福利机构的主要职能是：①根据政府社会福利发展规划和自身的条件拟定具体的服务计划；②筹集资金，其主要来源是向政府申请资助，少量来源于服务收费和募捐；③对下属的服务单位实施人、财、物的全面管理，以确保服务计划和服务质量的落实。而香港 3200 多个各类福利服务单位主要承担向残障群体直接提供服务的工作，其中政府直接管理的有 360 多个，非政府福利机构管理的有 2900 多个，① 还有少数私人开办的福利服务机构。各种服务机构从不同层次、不同侧面为香港残障群体提供社会服务。

残障群体也有自己的自助组织。残障人士自助组织是由一群以促进该群体福祉和权益作为共同目标的残障人士组成的，通过同路人的关怀、经验分享和信息交流，解决大家所面对的同类问题。香港正式接受社会福利署拨款的自助组织共有 57 个。②

可见，香港社区残障群体的社会支持网络是一种由政府主导、以非政府组织为主体的社区服务网络。

三　群体支持方式比较

这里的"群体"是指初级群体和次级群体。初级群体主要指家庭、邻里和亲友群体等。次级群体主要指业缘群体、社会团体、社工和义工等。通过比较发现，在群体支持方面，香港残障群体既依赖初级群体的支持，又依赖次级群体的支持，而内地残障群体主要依赖初级群体的支持。

（1）内地：主要依赖初级群体的支持。内地社会的基层结构是一种由社会关系构成的"差序格局"③。"社会关系是逐渐从一个一个人推出去的，

---

① 赵宝华：《香港的社会福利社会化及其启示》，《中国社会工作》1998 年第 1 期。
② 社会福利署：《残疾人士/病人自助组织》，2010 年 3 月 30 日，http://www.swd.gov.hk/tc/index_site_pubsvc/page_rehab/sub_listofserv/id_selfhelpgr/。
③ 费孝通：《乡土社会》，上海三联书店，1947，第 28 页。

是私人联系的增加，社会范围是一根根私人联系所构成的网络。"① 残障群体社会支持赖以存在的重要基础是初级社会关系，② 即初级群体，也就是家庭、邻里和亲友群体等。

家庭对其成员有一种包容性支持的义务。③ 家庭作为残疾人生活、活动的主要场所，是残疾人赖以生存的避风港，残疾人的衣、食、住、行及婚姻生活基本都在家庭中得以实现。④ 家庭是非常重要的社会因素，它在保护残疾人方面的责任从某种意义上讲是自然形成的，并受传统伦理道德文化的影响。抚养和赡养残疾人既是家庭伦理道德的要求，又是家庭的法定责任与义务。这里，有一个奇特的现象，即转型期的中国家庭常常处于一种明显的政策悖论中。一方面，中国的社会政策赋予家庭重要的社会保护责任，使家庭在社会支持体系中起着最为重要的作用。另一方面，家庭变成了残障人士获得政府和社会支持的障碍：一个拥有家庭的残障人士往往得不到政府或社会的直接支持。⑤ 在这种情况下，家庭成了残障人士唯一的物质和精神依靠。

除家庭外，邻里与亲友群体也是残障群体非常重要的依靠对象。蔡禾等曾对残障人士的社会支持网进行了研究（见表1）。

表1　残障人士的社会支持网

支持网结构	重要决定支持网		家务支持网		病期照顾支持网	
	提及次数	提及比重（%）	提及次数	提及比重（%）	提及次数	提及比重（%）
配偶	390	19.0	186	10.5	490	26.2
子女	140	6.8	165	9.3	238	12.7
父母	414	20.2	183	10.3	399	21.4
兄弟姐妹	252	12.3	261	14.8	265	14.2
亲戚	113	5.5	129	7.3	95	5.1

---

① 费孝通：《乡土中国》，北京出版社，2005，第40页。

② 陈成文、喻名峰：《论体制转换中的社会支持机制》，《湖南师范大学社会科学学报》2000年第3期。

③ 王思斌：《中国社会的求助关系——制度与文化的视角》，《社会》2001年第4期。

④ 相自成：《残疾人的婚姻和家庭》，《中国残疾人》2003年第4期。

⑤ 张秀兰、徐月宾：《建构中国的发展型家庭政策》，《中国社会科学》2003年第6期。

支持网结构	重要决定支持网		家务支持网		病期照顾支持网	
	提及次数	提及比重（％）	提及次数	提及比重（％）	提及次数	提及比重（％）
同事	85	4.1	76	4.3	41	2.2
同学	79	3.9	9	3.6	47	2.5
朋友	262	12.8	356	20.1	118	6.3
邻居	23	1.1	157	8.9	32	1.7
自己	126	6.1	86	4.9	77	4.1

资料来源：根据蔡禾等著《关注弱势——城市残疾人群体研究》（社会科学文献出版社，2008）中第97～101页的数据整理而成。

　　他们的研究发现，为残障人士提供社会支持的群体主要是初级群体。其中，在残障人士重要决定支持网中，父母的支持提及率最高，为20.2%，其次是配偶，为19.0%，配偶、子女、父母、兄弟姐妹家庭成员的支持提及率合计为58.3%，邻居为1.1%，亲友群体为18.3%。在残障人士家务支持网中，配偶、子女、父母、兄弟姐妹家庭成员的支持提及率合计为44.9%，邻居为8.9%，亲友群体为27.4%。在残障人士病期照顾支持网中，配偶、子女、父母、兄弟姐妹家庭成员的支持提及率占绝对优势，高达74.5%，邻居为1.7%，亲友群体为11.4%。[1] 可见，在初级群体中，家庭成员对残障人士社会支持的作用最为突出。换句话说，内地残障群体社会支持主要依赖初级群体，尤其依赖家庭。这样，一旦某家庭中有残障人士，则该家庭就会在经济上乃至精神上陷入困境。"故有暗聋之病者，是破家求医，不顾其费。"这是无数个残疾人家庭抚养和赡养残疾人的真实写照。[2] 另有研究显示，半数的有残疾人家庭，其收入在贫困线标准以下，其父母会感到极端的震惊、失望、羞愧、困惑、内疚，还会有挫折感，不愿意接受孩子，并处于长期的悲伤之中。[3] 为此，中国残联等部门联合提出要

---

① 蔡禾、周林刚：《关注弱势——城市残疾人群体研究》，社会科学文献出版社，2008，第273页。
② 相自成：《残疾人的婚姻和家庭》，《中国残疾人》2003年第4期。
③ 陈涛：《残疾人婚姻家庭研究和发展的现状分析》，《人口与发展》2008年第4期。

健全残疾人托养服务体系，大力发展居家助残服务，以多种形式支持残疾人居家安养，实施"阳光家园"计划。①

（2）香港：既依赖初级群体的支持，又依赖次级群体的支持。初级群体通常来说是与残障人士联系最紧密的群体。初级群体成员往往是残障人士最信任的人，最有可能成为令残障人士在面对面时感到没有压力的人，最能给予他们安全感的人。正因为如此，残障人士遇到困难时总是最先向初级群体尤其是家人寻求帮助，他们的快乐也总是首先和初级群体成员分享。因此，初级群体成员对残障人士的照顾和支持对于残障人士来说意义重大。香港残障群体社会支持当然也首先依赖初级群体的支持。

与内地一样，初级群体中的家庭在香港残障群体社会支持中的作用尤为突出。表 2 显示的残障人士接受照顾的情况也表明，有五成以上的残障人士的长期照顾者是其家庭成员。

在香港，残障人士不仅能获得家庭的支持，而且能获得社会的支持。如香港社会为残障人士提供如下服务。①日间训练或职业康复服务。具体有庇护工场、辅助就业、综合职业康复服务中心、综合职业训练中心－日间服务、残疾人士在职培训计划、创业展才能计划、"阳光路上"培训计划、职业康复延展计划等。②住宿服务。具体有过渡期护理支持中心、严重残疾人士护理院、严重伤残人士宿舍、严重伤残兼弱智人士宿舍、辅助宿舍、综合职业训练中心－住宿服务等。③小区支持服务。具体有残疾人士地区支持中心、专职家居训练及支持服务、日间小区康复中心、严重残疾人士日间照顾服务、残疾人士社交及康乐中心、残疾人士家长/亲属资源中心、残疾人士小区支持计划、残疾人士自助组织、过渡期护理支持中心、住宿暂顾服务、紧急安置服务、收容所等。这些服务既包括经济层面的支援，又包括生活层面的照顾，还包括情感层面的支持。由此可见，香港社会的残障服务在较大程度上缓解了残障人士对初级群体尤其是对家庭的依赖。

---

① 《国务院办公厅转发中国残联等部门和单位关于加快推进残疾人社会保障体系和服务体系建设指导意见的通知》，2010 年 3 月 12 日，http://www.gov.cn/zwgk/2010－03/12/content_1554425.htm。

表 2　按照顾者的身份划分的需要他人照顾的残障人士的数目①

照顾者身份	所有残障人士（弱智人士除外）	
	人数（千人）	百分比（%）
配偶	16.5	21.9
父母	7.6	10.0
子女	8.4	11.1
其他亲戚	5.9	7.8
医护人员	31.2	41.4
其他	5.9	7.8
总计	75.5	100.0

　　香港家庭不仅仅局限于照顾各自家庭中的残疾成员，还可以作为一支不可忽视的力量为整个残障群体做出贡献。残障人士的家属时常会利用业余时间义务为社区中的服务机构服务，帮助其他需要帮助的残障人士。2003年统计的结果显示，平均来说，残障人士家长和亲属为每个服务单位义务工作 177 小时，其中，有的家属义务工作的时间将近 2000 小时。② 目前，在所有服务组织中已有超过半数成立了家长组织，家长组织的建立，为改善服务提供了宝贵的资源。通过这些家长组织，家长们和残障人士之间会有更多的机会进行交流，互通有无，共同商讨困难的解决之道。这些家长组织在一定程度上还是残障人士特别是那些智障人士和精神病患者的代言人。他们作为残障人士的代表就一些救助事宜和政府及非政府组织对话，向它们提出建议，以及参与对服务成果的评定。

　　除初级群体外，香港的专业社会团体、社工和义工等次级群体也为残障群体提供了大量的社会服务。如表 2 所示，有四成以上残障人士的照顾者是医护人员。而且根据 2007 年公布的统计资料，香港地区共有 1.3 万多名注册的正在工作的专业社会工作者，③ 其中女性占 72%，男性占 28%。香

---

① 香港特别行政区政府统计处：《政府统计处 2002 年第二十八号专题报告书：第 9.1b 部分》，第 103 页。

② 香港特别行政区审计署：《2002～2003 年度审计署对社会福利署的审查报告：第九章》，2004，第 23 页。

③ 《香港社工概况》，2007 年 8 月 20 日，http://news.sina.com.cn/o/2007-08-20/0348124 12953s.shtml。

港社工在民间非政府组织机构工作的有 7614 人，占 61.6%，在政府部门工作的有 1828 人，占 14.8%，在其他机构工作（包括营利机构、自行开业或注册后从事其他工作等）的有 2912 人，占 23.6%。[①] 这些社工基本上都具有社会工作专业本科及以上学历，他们在长期学习和实践的过程中，既具备丰富的专业知识，树立了良好的工作形象，也积累了相当的工作经验。社工提供的服务包括心理辅导，训练和恢复计划的制订，组织相关活动，等等。香港社工还带领大量非职业的义务工作者为残障人士服务。义工们在专业社工的指导下经常到服务机构中策划和筹办康乐活动，陪同服务使用者参与户内或户外活动以及陪同他们去医院就诊，并且在他们获安排就业期间也会伴随在他们身边帮助解决所遇到的问题。2002～2003 年度的统计资料显示，平均每个义工为受访服务单位义务工作的时数为 395 小时，最多的达到了 2300 多小时。[②]

四　小结与讨论

通过上述比较，我们可以把香港与内地残障群体社会支持方式的主要区别归纳如下（见表 3）。

表 3　香港与内地残障群体社会支持方式的主要差异

	香港	内地
政府支持方式	以"政府购买服务"为主	以"政府提供服务"为主
社区支持方式	以非政府组织的社会服务为主	以政府组织的社会服务为主
群体支持方式	既依赖初级群体的支持， 又依赖次级群体的支持	主要依赖初级群体的支持

香港与内地残障群体社会支持方式的比较，不仅让我们了解了两地残障服务方式的基本情况，而且可以给内地残障事业和残障服务的发展提供一些借鉴和启示。

---

① 李迎生：《我国社会工作职业化的推进策略》，《社会科学研究》2008 年第 5 期。
② 香港特别行政区审计署：《2002～2003 年度审计署对社会福利署的审查报告：第九章》，2004，第 23 页。

第一，在残障服务中，要不要实行"政府购买服务"的方式？香港的经验告诉我们，在残障群体社会支持过程中，"政府购买服务"有利于政府为残障服务提供指导、管理、协调、保障和资助，而不必具体实施或操作残障服务。同时，"政府购买服务"也有利于政府的职能转变，有利于理顺政府与非政府组织的关系，即政府给予非政府福利服务机构经费、场地和行政上的支持，同时也在很大程度上保障了非政府福利服务机构的民间性和独立性，给予了其发挥专业性作用的平台和表达其专业性价值理念诉求的空间。① 在这一过程中，政府与非政府组织之间是合作伙伴的关系而非行政隶属或上下级的领导与被领导关系。笔者认为，内地非政府组织作用的发挥，在很大程度上取决于政府职能的转换。而在残障服务乃至整个社会服务中实行"政府购买服务"方式，有利于政府的职能转变，也有利于服务型非政府组织或社会中介组织的发展和壮大。

第二，在残障服务中，政府要大力培育非政府组织，为非政府组织构筑竞争发展的平台。香港经验告诉我们，香港有很多非政府组织或民间机构存在，它们在提供社会服务方面具有丰富的经验，因此，香港政府可以通过市场竞争的方式资助一些过去纪录良好、有管理基础的非政府组织或民间服务机构去开办一些政府政策认可的服务。香港经验还告诉我们，非政府服务组织或机构的残障服务，既在一定程度上减轻了政府的负担，又在一定程度上缓解了家庭的压力，更重要的是构筑了一个残障服务体系或网络。然而，内地缺乏这种非政府组织或机构，在这种情况下，政府想要购买服务，棘手的问题就是向谁购买。因此，大力培育和发展非政府服务组织机构并为其构筑竞争发展的平台显得十分重要。

---

① 罗观翠、王军芳：《政府购买服务的香港经验和内地发展探讨》，《学习与实践》2008 年第 9 期。

香港与内地残障群体社会
支持内容比较[*]

摘　要：香港与内地残障群体社会支持内容比较显示，内地残障群体社会支持很大程度上具有救助的性质，体现了人道主义的社会支持理念；而香港残障群体社会支持很大程度上具有发展的性质，公民权利理念是香港残障群体社会支持的核心理念。香港与内地残障群体社会支持内容的差别可以给内地残障事业和残障服务的发展提供一些借鉴和启示。

关键词：香港；内地；残障群体；社会支持内容；比较

社会支持内容是指社会支持主体（来源）对其客体实施了什么样的支持，它是联结社会支持主体与客体的纽带，也是架设在社会支持主体与客体之间的桥梁。[①] 内地残障群体社会支持体系是政府主导且以政府为主体的社会支持体系。因此，内地残障群体社会支持内容主要是国家、政府及其通过中国残疾人联合会从事的残障群体社会支持活动，其中主要有残障群体的康复服务、就业保障服务、扶贫开发服务、信息科技文化服务、体育服务等内容。而香港残障群体社会支持体系是政府主导下的多元化社会支

---

　* 本文曾在《中南民族大学学报》（人文社会科学版）2011 年第 3 期发表。

　① 周林刚、冯建华：《社会支持理论——一个文献的回顾》，《广西师范学院学报》2005 年第
　　3 期。

持体系。因此，香港残障群体社会支持内容主要包括两个方面。一方面是政府通过社会福利署向残障群体提供的社会支持活动。如综合社会保障援助（综援）计划、公共福利金计划、劳工处的展能就业科、教育统筹局、医院管理局及康复服务市场顾问办事处等向残障群体提供的服务。另一方面是非政府组织对残障群体提供的社会支持活动，而非政府组织向残障群体提供的社会支持活动是香港残障群体社会支持的主要内容，包括职业康复服务、就业/业务拓展服务、日间训练服务以及住宿和照顾服务等。本文将从康复服务、就业保障服务、扶贫开发服务、信息科技文化服务、体育服务五方面对香港与内地残障群体的社会支持进行比较。

一　康复服务比较

WHO 医学康复专家委员会认为，"康复是指应用各种措施以减轻残疾的影响和使残疾人重返社会"。它包括医疗康复、教育康复、职业康复和社会康复四大类。[1] 与之相适应的康复服务主要分为医疗康复服务、教育康复服务、职业康复服务和社会康复服务。

香港与内地的残障群体康复服务既有相似之处，又有不同之点。相似之处就是香港与内地残障群体康复服务的最终目的都是帮助残障人士融入社会。内地残障群体的康复服务目的是帮助残障群体改善参与社会生活的自身条件，融入社会；而香港残障群体康复服务的目标是协助残障人士尽量发展体能、智能及适应社群生活的能力，鼓励他们融入社会，从而享有与其他人一样的平等权利。

不同之点在于，一方面香港与内地残障群体康复服务的外延不同。香港残障群体康复服务主要包括医疗康复服务、教育康复服务、职业康复服务和社会康复服务等。而内地残障群体康复服务是帮助残障人士恢复和补偿功能，增强生活自理和社会适应能力，平等参与社会生活的基础。[2] 康复

---

① 田野：《我国听力残疾人口康复服务影响因素分析》，北京大学硕士学位论文，2008。
② 《中国残疾人事业"十一五"发展纲要》，2007 年 12 月 6 日，http://www.cdpf.org.cn/zcfg/content/2007-12/06/content_50518_2.htm。

服务内容主要包括康复医疗、训练指导、心理疏导、知识普及、残疾人亲友培训、简易训练器具的制作，以及提供用品用具服务、咨询服务、转介服务和康复信息服务等。① 可见，内地残障群体康复服务主要是指狭义的康复服务，其外延实际上主要是康复服务中的一类——医疗康复服务。

另一方面是香港与内地残障群体康复服务的注重点不同。第一，内地残障群体康复服务注重物理康复、器械训练、技术指导等层面的救助性服务。这首先体现在残障群体康复服务的具体措施上。如听力语言康复服务的具体措施如下。卫生部门负责做好新生儿听力筛查、诊断、治疗工作，推广适合基层操作的适宜技术；基层妇幼保健站与相关部门协调做好听力残疾预防工作；各级医疗康复机构合理分工，建立互相转诊的机制。教育部门制定相关政策，提出明确要求，加大对聋儿康复教育服务的支持力度，确保康复后的聋儿能够接受教育，做好特殊教育学校内听力障碍儿童的康复工作，支持做好听力语言康复专业人才的培养工作。民政部门进一步健全救助制度，加大对贫困聋儿接受康复的救助力度，加强儿童福利机构康复设施建设，做好儿童福利机构内的聋儿康复服务工作。质检、工商管理等部门负责做好对助听器等产品的监督检测，加强听力检测与助听器验配服务的行业管理等。② 其次体现在残障群体康复服务的目标任务和事业统计中。如《中国残疾人事业"十一五"发展纲要》明确提出，"内地残障群体康复服务的任务指标之一就是，完成白内障复明手术300万例、低视力者配用助视器10万名、盲人定向行走训练3万名、肢体残疾矫治手术1万例、装配假肢和矫形器8万例、聋儿听力语言训练8万名、智力残疾儿童系统训练10万名、肢体残疾人系统训练12万名，帮助480万名重症精神病患者得到综合治疗。组织供应各类辅助器具300万件"。③ 又如在《2008年中国残疾人事业发展统计公报》中对康复服务的统计指出，全年完成白内障复明手术88.8万例；为25.1万名贫困白内障患者免费实施复明手术，全年为

---

① 《社区康复"十一五"实施方案》，2007年1月23日，http://www.cdpf.org.cn/kangf/content/2007-01/23/content_75774.htm。

② 《听力语言康复"十一五"实施方案》，2007年1月23日，http://www.cdpf.org.cn/kangf/content/2007-01/23/content_75776_2.htm。

③ 《中国残疾人事业"十一五"发展纲要》，2007年12月6日，http://www.cdpf.org.cn/zcfg/content/2007-12/06/content_50518_2.htm。

3.5 万名低视力患者配用助视器，培训儿童家长 1.1 万名，有效开展家庭康复训练；全国共对 20122 名聋儿进行了听力语言康复训练，规范聋儿家长学校，开展家庭训练，共培训聋儿家长 24314 名；培养各类专业人员 5417 人次；实施彩票公益金聋儿康复救助项目，资助贫困聋儿 6000 名，为贫困聋儿配戴助听器 12000 台；截止到 2008 年底，累计建立辅助器具供应服务机构 2203 个，为残疾人减免费用装配普及型假肢 2.6 万例，供应辅助器具 109.5 万件，装配矫形器 1.2 万例；全年开展肢体残疾康复训练服务的机构 6352 个，对 3014 名贫困肢体残疾儿童实施矫治手术、装配了矫形器等辅助器具，进行了术后康复训练；对 1.6 万肢体残疾儿童进行了机构康复训练；对 8 万肢体残疾人进行了社区康复训练；等等。①

第二，香港残障群体康复服务在提供物质层面服务的同时，注重协助残障人士发展适应社会生活的能力。这一方面体现在香港非政府组织为残障群体提供的系列康复服务（见图 1）中，如，①职业康复服务和就业/业务拓展服务。主要由庇护工场、"创业展才能计划"和辅助就业方面的服务构成。以"创业展才能计划"为例，该计划是以市场导向为主，以政府拨款资助作为启动基金，协助非政府机构开设小型企业，直接吸纳残障人士就业的服务计划。②日间训练服务。具体包括儿童早期训练服务和为成人提供的展能中心训练服务。为儿童提供的早期训练服务有"早期教育及训练中心""幼儿中心兼收弱能儿童计划""特殊儿童中心"，分别对应了不同服务对象的年龄和残疾程度。展能中心是为成人弱智人士提供日间照顾，日常生活和简单工作技能的训练的服务机构。③住宿及照顾服务。为缺乏基本的自我照顾能力或虽具备上述基本能力但缺乏日常生活技能因而仍然无法独立生活的残障人士提供服务，照顾他们日常的生活起居，有的还帮助他们进行生活能力的恢复性训练。设有住宿服务的特殊幼儿中心、中度弱智人士宿舍、严重弱智人士宿舍、严重肢体残障人士宿舍、盲人护理安老院、严重残障人士护理院、辅助宿舍、长期护理院等机构都是提供住宿及照顾服务的机构，它们分别对应不同年龄和不同类型的残障人士。另一

---

① 《2008 年中国残疾人事业发展统计公报》，2009 年 4 月 23 日，http://www.cdpf.org.cn/sytj/content/2009 - 04/23/content_30243391.htm。

方面体现在小区支援服务中。小区支援服务主要有残疾幼儿日间暂托服务、残疾人士地区支援中心、四肢瘫痪病人过渡期护理支援中心、专职家居训练及支援服务、日间小区康复中心、严重残障人士日间照顾服务、残障人士社交及康乐中心、残障人士家长/亲属资源中心、小区精神健康连网、精神健康综合小区中心、小区复康网络、残障人士小区支持计划、中途宿舍续顾服务、视障人士康复及训练中心、为视觉受损人士设的传达及信息服务、听觉受损人士综合服务中心、健乐会、中央辅助医疗服务课、收容所、中央辅助心理服务课、地区言语治疗服务、住宿暂顾服务、紧急安置服务等。这些全面细致的康复服务项目为协助残障人士尽量发展体能、智能及适应社群生活的能力提供全面的帮助。

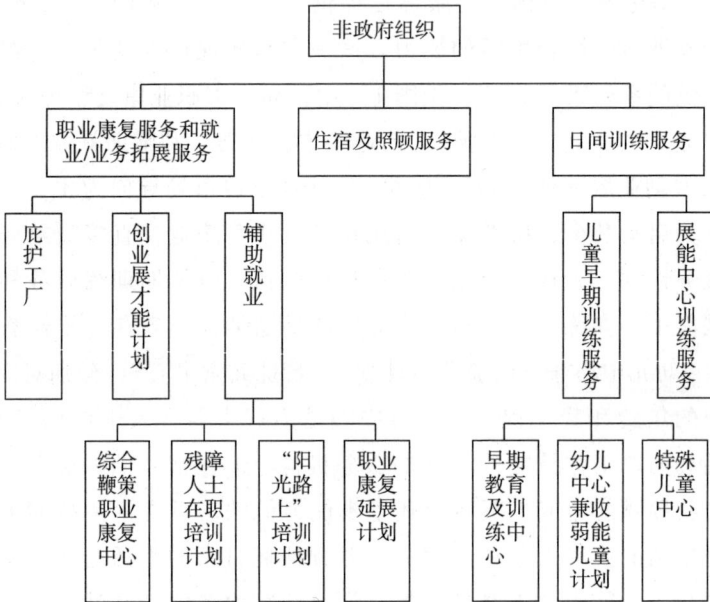

图1　香港非政府组织提供的残障群体康复服务

另外，香港的残障人士还自发地组成了各种类型的自助组织，如香港卫聪协会、香港失明人士协进会、康青会、自强协会、香港康复力量、励志协进会、卓新力量等，这些自助组织并不提供某种特定的专业服务，他们的主要目的在于将残障人士团结起来，对外争取合法权益，对内相互之间提供情感、信息等方面的非正式社会支持。

二　就业保障服务比较

由于社会经济发展程度不同，残障群体的人口规模不同，香港与内地的残障群体就业保障服务存在较大差别，下面主要从残障群体就业模式和残障群体就业保障两方面对两者进行比较。

（1）残障群体就业模式。在内地，残障群体就业模式主要有三种：集中就业、分散按比例就业和自主就业。集中就业主要形式是将残障人士集体安排在福利企业之中。2004年我国有福利企业4万多家，集中解决残障人士就业71.9万人，[①] 这在解决残障人士就业问题上有着不可忽视的作用。按比例就业是企业根据国家的规定，按照一定的比例雇佣残疾职工的就业模式。目前我国规定企业按照不低于1.5%的比例安排残障人士就业，对不予以安排或未达到标准的企业征缴残疾人保障金。自主就业是指残障人士的个体就业，其规模超过了集中就业和按比例就业。自主就业形式灵活，但多局限于竞争力不强的传统经营项目（如报亭、小规模杂货店等）。

在香港，残障群体就业服务体系主要由庇护工场、"创业展才能计划"和辅助就业方面的服务组成。庇护工场为15岁及以上需要庇护工作，具备基本的自我照顾能力，精神和情绪稳定，没有严重骚扰性行为，且能证明有工作的意愿和能力的残障人士而设。"创业展才能计划"通过政府拨款资助作为启动基金，协助非政府机构开设小型企业，直接吸纳残障人士就业的服务计划。辅助就业服务为15岁及以上，缺乏必要的支援无法适应充满竞争的公开就业市场的残障人士而设，[②] 包括"综合鞭策职业康复中心""残障人士在职培训计划""'阳光路上'培训计划""职业康复延展计划"等。

（2）残障群体就业保障。在内地，残障群体就业保障主要有社会保险、最低生活保障制度、福利院、养老院、五保等。城镇已参加社会保险的残障人士达到297.6万人。在已经实行最低生活保障制度的城乡地区，共有738.6万残障人士享受最低生活保障，62.7万残障人士在各类福利院、养老

---

① 孙先德：《论健全我国残疾人就业保障体系》，《科学社会主义》2006年第3期。
② 审计署：《2002～2003年度审计署对社会福利署的审查报告：第九章》，2004，第6页。

院享受集中供养、五保供养，377.3 万残障人士得到临时救济和定期补助。[①]

在香港，残障群体就业保障主要有综援计划、自力更生支持计划等。由于香港没有失业保险制度，故失业人士需依赖公共援助，即综援计划。综援计划旨在为经济上无法自给的人士（包括残障人士）提供最后的安全网。综援的发放以家庭为单位，每名符合资格的家庭成员除可获发应付基本生活所需的标准金额外，还可获发特别津贴，例如租金、水费及排污费，以及与子女就学开支相关的津贴等，以应付特别需要。此外，综援受助人亦享有免费公共医疗服务。换句话说，综援不仅照顾受助人的基本需要，也照顾他们的特别需要，以及让他们享有其他福利（例如免费公共医疗服务等）。

自力更生支援计划旨在鼓励和协助有工作能力的综援受助人从事有薪工作，达致自力更生。该计划包括以下三个主要部分。一是积极就业援助计划：提供个人服务，鼓励和协助失业及低收入的综援受助人寻找全职工作。二是社区工作计划：为失业的综援受助人安排无薪社区工作，协助他们建立自尊和自信，培养工作习惯，为日后重新进入劳工市场做好准备。三是豁免计算入息：在评估综援受助人应得的综援金额时，无须在援助金额中扣减部分入息，以此鼓励受助人在接受援助的同时，从事新工作。

三　扶贫开发服务比较

由于内地经济社会发展程度较低，而香港经济社会发展程度较高，内地残障群体规模较大，而香港残障群体规模较小，因此，香港与内地对残障群体的扶贫开发服务存在较大差别，内地较注重"输血式"的救助服务，而香港在提供救助性服务的同时，还注重职业康复服务和就业/业务拓展服务，提高残障群体的"造血"功能。香港与内地残障群体扶贫开发服务的差别具体体现在以下几个方面。

第一，内地的残障群体扶贫开发服务被纳入政府工作计划和政府目标责任制考核范围，并广泛动员社会力量对贫困残疾人开展"帮包带扶"，政府起了决定性的作用；而香港的残障群体扶贫开发服务是政府、商界及社

---

① 钱宁：《从人道主义到公民权利现代社会福利政治道德观念的历史演变》，《社会学研究》2004 年第 1 期。

会福利界三方合作，建立伙伴关系，共同为残疾人提供扶贫开发服务，政府在其中起了主导作用。

第二，内地的残障群体扶贫开发服务从人道主义出发，重点在经济与物质上对残疾人进行了救助。如在2008年，共扶持贫困残疾人179.8万人，其中136.3万人通过扶贫开发解决了温饱；当年接受实用技术培训的残疾人近87万人次，投入培训经费近2亿元。2008年，安排各类扶贫资金3亿余元（不包括康复扶贫贴息贷款8亿元）。有534.4万贫困残疾人享受到多种优惠政策的扶持，对贫困残疾人开展结对帮扶的单位和个人分别达到11.8万个和85.1万人，帮扶物资折款及资金投入共计3亿余元。建立残疾人扶持基地3157个，投入资金3.5亿元，安排和扶持贫困残疾人137.8万人。[1]在香港，除了物质上、经济上扶贫外，还为残障群体提供职业康复服务和就业/业务拓展服务。香港残障群体扶贫开发服务项目较为广泛。除综合社会保障援助计划（综援）外，还有2亿元携手扶弱基金、社区投资共享基金等，这些项目旨在提升残障群体拥有的社会资本及其经济成效，打破跨代贫穷。

香港还为残障人士提供职业康复服务和就业/业务拓展服务，旨在提高残障人士的生存能力、就业能力和创业能力，从而提高他们的"造血"功能。如庇护工场为残障人士提供特别设计的训练环境，以顾及他们因残疾而引起的限制，目的是训练他们从事赚取训练津贴的工作技能训练，让他们学习如何适应一般的工作要求、发展社交技巧和人际关系，以及尽可能为日后投身辅助就业或公开就业做好准备。辅助就业服务为15岁及以上，如果缺乏必要的支援就无法适应充满竞争的公开就业市场的残障人士而设，目的是让他们在获得所需的辅导和支援服务的情况下，在与健全人士共事的公开环境工作，并享有工作的所有一般福利。

四　信息科技文化服务比较

香港与内地残障群体信息科技文化服务的主要差别是，内地残障群体信息科技文化服务注重提供网站、报刊、专栏、图书馆等服务。而香港残

---

[1]　《2008年中国残疾人事业发展统计公报》，2009年4月23日，http://www.cdpf.org.cn/sytj/content/2009-04/23/content_30243391.htm。

障群体信息科技文化服务则注重提供各种基金、培训课程、信息科技支持计划等，帮助他们适应社会。下面主要从残障群体文化教育及残障群体信息科技两个方面进行具体比较。

内地在残障群体文化教育方面，为盲、聋、智残少年儿童兴办特殊教育学校达 1672 所，在校的盲、聋、智残学生约 58 万人。开辟了省级报刊专栏 40 个、报刊专版 296 个、残疾人专题广播节目 31 个、电视手语新闻栏目 22 个、其他电视残疾人专题栏目 17 个，开设各种残疾人图书馆，即各省、自治区、直辖市及新疆生产建设兵团残联共开设省级盲文及盲人有声读物图书馆（室）41 个，各类文化活动场所 56 个，[①] 目的是尽量保障残障群体的受教育权。而在香港，对于残障人士的教育事业长期以来一直以"伤健融合"的理念作为指导原则，即尽量使有能力的残障人士与健全人士在同一环境下学习，以进一步促进残障人士更好地融入社会。

在残障群体信息科技方面，内地创办中国残联官方门户网站，为残疾人事业提供权威信息发布平台和服务窗口，截至 2008 年底已有 29 个省级残联开通网站，另外 4 个省级残联网站正在制作当中；地市级残联已开通网站 199 个；县级残联网站 641 个。[②] 开设网上信访、网上咨询、网上服务等专栏切实服务残疾人，充分开发利用各级残联信息资源，建设全国残联信息报送管理系统。并常年举办全国省级残联信息员培训班，以培训各级残联信息员。在香港，主要为有需要的残障人士提供各种基金、培训课程、信息科技支持计划等，帮助他们适应社会。如开办信息科技认知及培训课程以促进残障人士接触信息科技及接受应用计算机训练。此外，香港还设立各种基金，如个人计算机中央基金，目的是协助符合资格的残障人士购置计算机设备以从事赚取收入的工作。

五　体育服务比较

香港与内地残障群体体育服务的主要差别在于，内地残障群体体育服

---

① 《2008 年中国残疾人事业发展统计公报》，2009 年 4 月 23 日，http://www.cdpf.org.cn/sytj/content/2009 - 04/23/content_30243391.htm。

② 《2008 年中国残疾人事业发展统计公报》，2009 年 4 月 23 日，http://www.cdpf.org.cn/sytj/content/2009 - 04/23/content_30243391.htm。

务注重为残障群体提供体育活动场所、体育训练基地、体育比赛等。而香港残障群体体育服务则注重为残障群体提供精益求精的服务，培养残疾运动员的体育发展，为退役残疾运动员提供就业培训，扶助其就业等。

在内地，残障群体体育服务主要集中在残障群体体育场所的设立、残障群体体育训练基地的建立及举办残疾人体育比赛等方面。如在内地，2008年，进一步推进残疾人群众性体育活动，增强残疾人体育工作的普惠性。已开辟或设立的省级残疾人体育活动场所 139 处，市（地）级体育活动场所 1053 处；已挂牌的省、市（地）残疾人体育训练基地分别达到 174 个和533 个。省级相对稳定教练员 645 人，市（地）级相对稳定教练员 1301 人，各省共开发适合各类残疾人体育健身的项目 96 种，举办省级残疾人运动会及各类残疾人群众体育比赛活动 57 次，参与的残疾人运动员达 11964 人次；举办市（地）级残疾人运动会和群众性体育比赛活动 784 次，参与的残疾人运动员达 62107 人次。[①]

在香港，残障群体体育服务主要是为残障人士提供精益求精的服务。香港设立香港展能精英运动员基金，其目的是促进残疾运动员的体育发展，以及支持他们在国际体育赛事中争取卓越成绩。香港为退役残疾运动员提供合适的就业培训，扶助其就业。如在 2005～2007 年，香港展能精英运动员基金拨出 355 万元的款项给予体育团体，支持有关团体为残障人士发展重点体育项目，包括硬地滚球、潜质运动员培训计划、草地滚球、骑术、游泳、乒乓球、田径及轮椅剑击；同时，拨款 236 万港元给 134 名残疾运动员作为生活津贴，使他们可以专注投入体育训练，争取佳绩。基金又为退役残疾运动员提供扶助就业补助金，在 2005～2007 年共拨款 30 万港元给予 4名退役残疾运动员，协助他们在运动相关的范畴从事见习工作或接受其他合适的就业培训。

六　小结与讨论

通过上述比较，我们可以把香港与内地残障群体社会支持内容的主要

---

① 毕天云：《社会福利场域的惯习》，中国社会科学出版社，2004，第 48 页。

区别进行如下归纳（见表1）。

表1　香港与内地在残障群体社会支持内容方面的主要区别

	香港	内地
康复服务	提供物质层面的服务的同时，注重协助残障人士发展适应社会生活的能力	注重物理康复、器械训练、技术指导等层面的救助性服务
就业保障服务	不仅提供就业机会，还提供系统的职业康复、职业培训服务。就业保障不仅有救济性的综援计划，还有自力更生支持计划	主要由政府提供就业机会，缺乏系统的职业康复、职业培训服务。就业保障有救济性社会保险、最低生活保障、五保等
扶贫开发服务	除"输血式"救助外，还提供职业康复服务和就业/业务拓展服务，提高"造血"功能	注重经济与物质上的"输血式"救助
信息科技文化服务	提供各种基金、培训课程、信息科技支持计划等，帮助他们适应社会	提供网站、报刊、专栏、图书馆等服务
体育服务	提供精益求精的服务，促进残疾运动员的体育发展，为退役残疾运动员提供就业培训，扶助其就业	提供体育活动场所、体育训练基地、体育比赛等服务
社会支持类型	发展主导型	救助主导型

香港与内地残障群体社会支持内容的比较，不仅让我们了解了两地残障服务的基本情况，而且可以给内地残障事业和残障服务的发展提供一些借鉴和启示。第一，在残障服务乃至整个社会服务中，是坚持"人道主义理念"，还是吸纳"公民权利理念"？人道主义的核心理念是重视人的价值，视每个人的自由、平等、幸福为最高价值。以人道主义观念为基础的福利理念在社会支持实践中有其局限性：福利是作为对弱者的救济和慈善施予弱者的，人们一旦接受了福利救济，就会被贴上"无能者"的标签，被主流社会鄙视为"不正常的人"而加以排斥；而接受福利救济，对个人来说，也意味着一种耻辱或烙印，是一种以牺牲个人的尊严和人格为代价的生活保障。而公民权利是这样一种资格：在一个政治性地组织起来的社会或民族国家中，公民身份使个人有资格要求社会或国家对他承担责任，使他能够享用各种社会进步带来的好处。公民权利理念是以人道主义为基础，但它与人道主义的根本区别在于，它摈弃了把社会支持视为施舍和慈善之举的偏见，从法律、政治和社会平等的立场肯定了接受社会支持作为公民基

本权利的合法性与合理性。①

从残障群体社会支持内容方面看,香港残障群体社会支持体现了公民权利理念,而内地残障群体社会支持体现了人道主义理念。香港社会提供给残障群体的社会支持,如职业康复服务和就业/业务拓展服务、日间训练服务、住宿及照顾服务、优化服务、自力更生服务等,体现出香港社会已摒弃了把社会支持、社会福利视为施舍和慈善之举的偏见,从而把享有社会支持、社会福利看作残障人士的一种社会权利。公民权利理念已是香港残障群体社会支持的核心理念。而内地残障群体社会支持的指导原则之一就是大力弘扬人道主义思想。② 内地提供给残障群体的社会支持是单向式的给予或恩赐,向残障人士传递爱心,社会支持主要关注的是支持的结果,比较适用于应急式的帮助,可较有效地解决残障群体一时的或当前的困难。③ 施助与受助双方的地位不平等,施助方基本上是家长式的支持,受助方的需求意愿没有得以充分地表达,支持缺乏个性化,常常处于被动受助的地位。人道主义理念是内地社会支持的核心理念。

在现代社会中,社会福利不再是"慈善",而是公民的社会权。④ 从人道主义理念向公民权利理念的转变,是现代社会发展的必然。温家宝总理在政府工作报告中指出,要让人民生活得更加幸福、更有尊严,让社会更加公正、更加和谐。⑤ 由此,公民权利理念是残障服务乃至整个社会服务发展的必然要求。

第二,在残障服务乃至整个社会服务中,是提供救助主导型服务,还是发展主导型服务?救助主导型服务主要是提供经济、物质上的援助,以救济为主的服务。目前内地为残障群体提供的主要是救助主导型服务。发展主导型服务是不仅提供经济、物质上的援助,更重要的是协助弱势人士尽量发展体能、智能及适应社会生活的能力,帮助他们融入社会,从而享

---

① 钱宁:《从人道主义到公民权利现代社会福利政治道德观念的历史演变》,《社会学研究》2004 年第 1 期。
② 《中国残疾人事业"十一五"发展纲要》,2007 年 12 月 6 日,http://www.cdpf.org.cn/zcfg/content/2007 – 12/06/content_50518_2.htm。
③ 张友琴:《社会支持与社会支持网——弱势群体社会支持的工作模式初探》,《厦门大学学报》(哲学社会科学版)2002 年第 3 期。
④ 毕天云:《社会福利场域的惯习》,中国社会科学出版社,2004,第 48 页。
⑤ 温家宝:《政府工作报告》,《光明日报》2010 年 3 月 16 日。

有与常人一样的平等权利的服务。香港为残障群体提供的服务主要是这种服务。应该说，提供发展主导型服务是残障服务发展的方向，因为它不仅是社会发展的必然要求，也是残障人士过上更有尊严的生活的必然需求。至于救助主导型服务，虽然它在一定程度上能有效地解决残障群体的燃眉之急，但这只是在经济发展水平低下和社会支持服务体系不健全的情况下发展或推进残障服务的一种权宜之计。长远来看，主导型服务才是残障服务乃至整个社会服务发展的方向。

香港如何保障居民住房

香港公屋政策的历史沿革
及其对内地的启示[*]

　　摘　要： 香港公屋政策先后经历了应对和规划两大阶段，前一阶段主要表现为政府为消除房荒而兴建徙置大厦和廉租屋，后一阶段可分为前后相继的政府主办和政府主导两个时期。在政府作用的定位、社会力量的协同、公屋发展的动力、公屋建设的质量及公屋社区的建设等方面，香港的做法都值得内地参考和借鉴。

　　关键词： 香港；公屋政策；历史沿革；内地；启示

　　"公屋"，即公营房屋，严格意义上讲是指公营住房，是香港政府为低收入群体提供的保障性住房。笔者之所以有兴趣探讨香港公屋政策问题，主要基于两方面原因。一方面，香港公屋政策成为举世公认的解决居民住房问题的成功典范，因而探讨香港公屋政策问题，对于内地住房保障制度建设可能具有重要借鉴意义。另一方面，我们正在或准备进行相关研究：一是正在进行广州住房分层研究（国家社会科学基金重点项目）并已撰写《中国城市住房分层：基于 2010 年对广州市的千户问卷调查》（见 2011 年工作文档）；二是即将进行香港公屋制度和公屋管理研究（国家"985 工

---

　　*　本文曾在《中南民族大学学报》（人文社会科学版）2012 年第 1 期发表。

程"三期项目）。此文只能算是笔者即将进行香港公屋研究的前期理论探讨或前期文献分析。

一 香港公屋政策的历史沿革

根据不同的标准，香港公屋政策的历史沿革可划分为不同阶段。在学术界，出现过"三段论"，如有学者将其分为 20 世纪 50 年代初至 1973 年的第一阶段，1974 至 1977 年的第二阶段，1978 年至今的第三阶段；[①] 也出现过"四段论"，如有学者将其分为初期阶段、十年建屋计划、长远房屋策略、政策重新定位四个阶段；[②] 有学者将其分为公屋建设、居屋出现、公屋转售、居住环境改善四个阶段。[③] 笔者认为，香港公屋政策的发展大致可以分为两个阶段：一是应对阶段，另一个是规划阶段。

（一）应对性公屋政策阶段（1954～1972 年）

从 20 世纪 50 年代初至 70 年代初，香港公屋因"救灾"和"扶贫"而开始兴建，即"救灾屋"和"廉租屋"是香港公屋的最初形式。

1945 年以后，即第二次世界大战后，香港逐渐发展成"一个稳定、日益繁荣的社会"[④]。而内地不仅经济萧条，而且发生内战，内地居民为逃避战火纷纷来到香港，香港人口因此从 1945 年的 60 万激增到 1950 年的 230 多万。[⑤] 随着人口的急剧增加，香港住宅供应越来越不够。为了解决其"房荒"问题，起初是无房居民在私人或公共土地上用铁皮、木板非法自行搭建木屋，也称"寮屋"。这些木屋因密度高、质量低、设施缺、环境差而经常发生火灾，最终导致了 1953 年 12 月 24 日发生在香港九龙石硖尾木屋区的史无前例的大火，这场大火使 5 万多名木屋居民露宿街头，这场大火也迫

---

① 韩继东：《香港公屋政策与财政运营》，《中国财政》2008 年第 20 期。
② 王坤、王泽森：《香港公共房屋制度的成功经验及其启示》，《城市发展研究》2006 年第 1 期。
③ 刘佳燕、万旭东：《借鉴香港经验谈租赁型公共住房在我国的发展前景》，《北京规划建设》2007 年第 6 期。
④ 韦尔什、王皖强、黄亚红：《香港史》，中央编译出版社，2007。
⑤ 《香港年报（1954）》，香港政府印务局，2009。

使香港当局重新审视其住房政策，并从此改变居民自行解决住房而政府不介入的住房政策。

香港政府介入居民住房的第一个举措是兴建"救灾屋"，即兴建"包宁平房"和徙置大厦。①兴建"包宁平房"。在石硖尾大火后的短短53天，香港政府在石硖尾灾场附近建起一座有多个单位的两层平房以安置灾民，因这栋平房以当时的工务局局长包宁命名，因而被称为"包宁平房"。虽然这栋仓促建起的平房略为简陋，但其建筑材料为水泥和石砖可以防火，并装有公共水管和公共厕所。这是香港当局首次直接兴建的居民住房，是香港的第一个公共房屋。②兴建徙置大厦。由于包宁平房供不应求，政府1年后兴建了能容纳更多居民居住的徙置大厦。徙置大厦全是6至7层高的H型公寓，每层有60个单位，每个单位的面积约120平方尺，附带公共的浴室和卫生间，一般是两三个家庭同住1个单位，1幢大厦便容纳了2000多人。① 到1974年停建徙置大厦为止，香港累计建成25个徙置区，有118万居民入住政府建造的徙置大厦。②

香港政府介入居民住房的第二个举措是在兴建"救灾屋"的基础上兴建"廉租屋"。1954年，香港政府成立香港屋宇建设委员会（香港房屋建设委员会的前身）专门负责廉租屋建设，起初是为月收入在400港元至900港元的中低收入家庭建设设备较为齐全的廉租屋。1958年，由香港屋宇建设委员会建设的第一个廉租屋村"北角"落成，可容纳300户。随后又在1962年推出"政府廉租屋计划"，为月收入在400港元及以下的家庭建设廉租屋，以解决那些居住过于拥挤或低于居住环境标准家庭的居住问题。这类廉租屋的租金约占住户平均家庭收入的7%～8%。早期廉租屋（即"救灾屋"）每户面积11.14平方米，设备简陋，没有厨房，洗手间、浴室和水喉楼层公用。而后期廉租屋每户面积达23平方米至46平方米，每户有单独的厨房、洗手间。截至1962年，香港屋宇建设委员会共兴建了8000多套廉租房。③

---

① 徐振邦：《集体回忆香港地》，香港阿汤图书，2007，第33页。
② 梁美仪：《家：香港公屋四十五年》，香港房屋委员会，1999，第41页。
③ *An Illustrated Summary of 40 Years of Public Housing Development in Hong Kong: 1953 to 1993: A Story Worth Telling.* Hong Kong: Hong Kong Housing Authority, 1993.

（二）规划性公屋政策阶段（1973 年至今）

20 世纪 70 年代至今，香港政府先后出台了"十年建屋计划""长远房屋策略"和"租者置其屋计划"等一系列有关公屋建设的计划或规划。这些计划或规划的出台是香港公屋政策从临时应对向长远规划转变的重要标志。根据政府角色的不同，笔者认为这一时期又可分为政府主办（政府是唯一角色）和政府主导（政府是主要角色）前后两个阶段。

（1）政府主办阶段。在兴建"救灾屋"和"廉租屋"的基础上，香港政府于 1973 年制订了"十年建屋计划"，旨在 10 年间解决 180 万居住在贫民窟和木屋区居民的住房问题。① 此项计划的主要内容是实施"居者有其屋计划"和"市区人口扩散计划"。

"居者有其屋计划"的主要目的是鼓励一些收入逐步提高的原租住公屋的住户购买住房，从而将他们原租住的公屋让位给其他低收入家庭租住，同时也协助租住私人楼宇而收入又不高的中等偏下收入家庭购买住房。此项计划的具体内容如下。①资格。享受居屋计划的一般是两类家庭：一是两人以上且家庭月收入不超过 3500 港元的家庭；二是现时租住公屋的家庭，此类家庭如果成功申请购买居屋，则必须退还已租用的公屋。②优惠。凡经房委会审定可购居屋者，均可获得一张绿表，凭此绿表可获银行优惠贷款，抵押贷款的最高额可达楼价的九成五，而还款期可长达 20 年。此外，居屋的销售价格一般比当时的市场销售价格低 30% ~ 50%。③限制。业主在购得居屋后的最初 7 年内如欲转让，则必须原价售还给房委会，7 年后可按市价转让他人，但还必须向房委会补缴地价。不过，此项计划的结局似乎不是很妙，随着建筑和土地成本的高速增长而超出居屋受惠阶层的承受能力，虽然 1981 年以来居屋销售中免收其土地费用，然而 2003 年以来居屋则被无限期地停建和停售。

"市区人口扩散计划"，是指随着经济发展和人口增长，通过公屋计划有计划分步骤地将集中于香港岛、九龙及新九龙等市区的人口扩散至近郊乃至远郊。经过数十年的努力，中心城区人口占香港总人口的比例较大幅

---

① 吕罗中、郭锡权：《香港房屋现况：剖析政府十年房屋计划》，香港中文大学社会研究中心，1973。

度地下降，即从 1971 年的 81.1%、1981 年的 76.8%，下降到 2001 年的 50.1%。与此相适应，越来越多的居民在公屋计划的引导下，迁往近郊乃至远郊居住。香港长期以来形成的单一核心市区格局逐渐被多个核心市区格局取代。这些新的核心市区即新市镇的人口增长速度平均高达 150%，其中的 80% 来自公屋居民。

（2）政府主导阶段。到了 1978 年，香港政府制订"私人部门参建计划"，开始允许私人机构参与公屋计划，这是"政府主办"转向"政府主导"的开始。在这个计划下，由政府拨地，以招标承包方式将发展公屋的部分土地转卖给私人地产商，条件是在该土地上建造的房屋必须售卖给房委会指定的购买者。符合类似居屋申请条件及收入限额的人士也可以申请购买私人参建单位。由于这类房屋售价比市场价低，不存在销售不出去的问题，所以投资的风险也比较低，这样私人发展商的利益得到保障并有合理利润。私人参建的目的就是要充分利用私人建筑发展商未被动员的力量进行公屋发展。从其实施结果来看，绝大部分居屋单位都被超额认购，所以私人发展商不仅投资风险甚低，而且合理利润可以得到保障。

1987 年，香港政府制订了"长远房屋策略"。"长远房屋策略"主要由"私营部门优先策略""自置居所贷款计划"和"夹心阶层住屋计划"构成。① 1998，又推出了"租者置其屋计划"。

私营部门优先策略。政府采纳了"私营部门优先策略"来解决新组建家庭、未解决住房问题家庭及对"居者有其屋"单位的房屋需求。这个策略允许私营部门在解决"居者有其屋"单位的需求时率先采用更有效的方法。这个策略中一个不可缺少的组成部分就是"自置居所贷款计划"。该计划允许有资格的申请人士及公屋的租户，得到无息贷款购买私人房地产市场的房屋。自置居所计划的贷款额会根据私人市场房屋平均售价的改变而加以调整。"长远房屋策略"大量运用私人机构，因为港府认为：1987 年至 2001 年，若单靠居屋计划及私人参建居屋计划，应付所有未满足的资助自置居所需求，政府机构难免又要被进一步扩大，随之而来的是人手和经费的问题。在私人机构仍有资源和人才闲置不用的情况下，公营机构却要不断地加建楼宇，显然不符合理想。此外，还会对有限土地资源的运用产生

---

① *Long Term Housing Strategy—A Policy Statement*. Hong Kong：Housing Authority，1987.

不良影响。由于需求量不足，发展商便不会开发那些面积过小、不宜建筑公营房屋而只适合兴建私人楼宇的土地，同时也不会有兴趣去重建市内的破旧市区。

自置居所贷款计划。为使有意获得资助而自置居所的家庭有更多的选择，并确保私人机构的资源得以充分运用，当局推行一项自置居所贷款计划。这项计划为那些符合有关入息限额及其他资格规定而可申请购买居屋的人士，提供另一个置业途径，即给予免息首期贷款，让他们购买新建的私人楼宇，从而协助众多有意自置居所的家庭解决首期款项不足的问题。免息贷款额为楼价的10%，但最多不能超过5万元，一旦所购的私人楼宇落成，借款人须交还所租住的公屋单位，日后亦无资格申请公营房屋。

夹心阶层住屋计划。"夹心阶层"是指因为收入超过规定限额，不能申请入住公屋，但又无力购买私人发展商楼房的家庭。按政府的界定，这类家庭必须符合以下条件：家庭每月总收入在22001港元至40000港元之间；家庭成员至少两人且全部在香港定居。而申请者必须是在港住满7年以上的当地居民；家庭成员在过去两年内没有自置物业；家庭财产不应该超过100万港元；家庭成员既不是公屋申请者，亦不拥有"居者有其屋计划"的居屋，此外他们亦没有以任何形式享受政府的房屋津贴。夹心阶层住屋计划1993年开始推行，该项计划包括一项贷款计划和一项主体计划，两项计划均由房屋协会管理。中等收入阶层人士如果能同时成功申请"夹心阶层贷款"和"夹心阶层居屋计划"，则只能二者择其一。但是，受1997年亚洲金融风暴影响，香港房价大幅下滑，很多私人楼宇单位都在中等入息家庭负担能力范围之内，因此，主体计划由1998年10月起暂停推行。

租者置其屋计划。租者置其屋计划简称租置计划，是香港房屋委员会于1998年为满足公屋居民置业需求而推出的置业计划，目的是满足公屋居民置业需求，帮助辖下公共房屋的租户，以合理的、可负担的价钱购买现时居住的租住单位。2002年香港政府发表《公营房屋架构检讨及有关房屋政策的声明》，重新定位政府的房屋政策，政府开始集中提供公共租住房屋，停止实施"居者有其屋计划"。为配合政府于2002年重新制定的房屋政策，房委会在2005年和2006年推出第六期租置计划后已终止该计划。已经落成或正在兴建的居屋单位，将不再通过市场处理，现居住于租置屋的租户仍可选择购买其租住单位。

二 香港公屋政策对内地的启示

从对香港公共房屋政策历史沿革的粗略回顾中，可以发现许多值得研究的问题，特别是一些值得内地参考或借鉴的问题。笔者认为，政府作用的定位、社会力量的协同、公屋发展的动力、公屋建设的质量、公屋社区的建设等，均是值得内地研究、参考和借鉴的问题。

（一）政府作用的定位问题

在市场经济体制下，房屋是一种商品，政府对商品交易一般是不干预的。然而，住房也是人们生活的必需品，难以完全依靠市场来发展，有些方面必须由政府来推动。香港的公屋政策是为解决市场失灵和实施住房保障而推行的一项公共政策。一方面，香港政府通过公屋政策对其房地产市场进行了有效调控，而且这种调控是一种遵循市场规律的非直接干预的政府行为。[①] 另一方面，香港政府在遵循市场原则的前提下通过资金和土地等方面的支持主导了公共房屋的建设、分配与管理。香港经验或香港模式表明，政府的作用是其公屋建设与发展的关键。

行文至此，不得不讨论与内地住房保障制度建设或住房保障事业发展密切相关的一个问题，即政府在公屋建设与管理中究竟应该是主角还是配角？

从理论上讲，住房保障属于社会保障或社会福利范畴，而社会福利的本质是社会资源的再分配，因此，政府理所当然是社会福利的主要投资者。[②] 也就是说，在公屋建设与管理中，政府是理所当然的主角。

从实践上看，香港的公屋政策尽管经历了"政府主办"和"政府主导"等不同阶段，尽管在其"政府主导"以来设法调动社会力量协同经营和管理公屋，但政府始终扮演主角。

其实，在中国内地的住房保障实践中，政府也一直是住房保障或保障房建设的主角，这个不是问题的问题最近出现了问题。近日，广州提出了

---

① 王巍：《香港公屋制度对深圳的启示》，《特区经济》2007 年第 4 期。
② 莫邦豪：《社会工作：原理与实践》，香港集贤社，1994。

公租房建设将以"用人单位筹建为主、政府提供为辅"的设想。这一设想尽管还是设想，但它引发了公众的强烈关注：有人认为这是扩大住房保障范围的创新之举；也有人担忧这会走企业集资建房和福利分房的老路；还有人认为政府在"甩包袱"，将本该属于政府的责任推给企业。[①]

笔者认为，在住房保障问题上，我们不能因为强调政府的主角地位而忽视社会力量的协同参与，也不能因为强调社会力量的协同参与而改变政府的主角地位。多年前，笔者在谈论社区服务等内地社会保障或社会福利事项时就曾强调："政府不能扮演配角，更不能在'社会福利社会办'的口号下逃之夭夭、溜之大吉。"[②] 应该说，在广州的住房保障或保障房建设中，政府一直是且仍然是主角。因为整个保障房建设都在政府的规划和操控之中，其区别是有的是政府主办，有的是政府主导。因此，我们要慎用"谁为主"和"谁为辅"的提法。

笔者还认为，在住房保障问题上，特别是鉴于当下中国社会的基本国情，政府可以"主办"，也可以"主导"，但绝不能"为辅"。因为住房保障在本质上属于社会福利或社会保障范畴，是调控贫富差距、促进社会和谐的社会资源再分配。因此，政府理所当然扮演主角，政府可以动员企业等社会力量协同参与保障房建设，但这种协同参与应该在政府的统一标准、统一规划和统一指导下进行，绝不能各自为政、放任自流！否则，调控贫富差距将演变为制造甚至扩大贫富差距，构建社会和谐将演变为影响甚至破坏社会和谐。

（二）社会力量的协同问题

毫无疑问，政府是住房保障的主角，应当承担住房保障的主要责任。2010 年，住房和城乡建设部等六部委联合印发《关于做好住房保障规划编制工作的通知》，该通知提出了两项住房保障目标或任务：其一，到 2012 年末，基本解决 1540 万户低收入住房困难家庭的住房问题；其二，到"十二五"规划期末，人均住房建筑面积 13 平方米以下低收入住房困难家庭基本得到住房保障。

---

① 李刚：《广州提出单位自建公租房福利分房会否重来》，《人民日报》2011 年 9 月 26 日。
② 刘祖云：《香港与武汉：城市社区服务比较》，《华中师范大学学报》2000 年第 1 期。

上述两项住房保障任务的实现，完全依靠政府，或让政府在住房保障中单打独斗，既不现实，也不合理，同时也不符合社会发展的趋势。正确的做法应该是，既坚持政府的主导地位，又充分调动社会力量协同参与。在这方面，香港的有些做法是值得我们参考和借鉴的。

在公屋建设方面，香港政府通过"私人机构建设计划"引导私人资本投资于公共事业，充分利用私人地产商的力量进行公屋建设。与此同时，香港政府通过优惠的土地政策（协议批租）、税收政策（税费减免）和金融政策等，鼓励非政府组织积极参与兴建居屋和可支付的小户型住宅，并通过制度建设和制度创新促进住房市场发展。譬如作为香港房委会重要合作伙伴的香港房屋协会，从其创办至今，长期为香港社会提供低租金住房、年长者住房、郊区公共住房和市区重建项目等保障性住房或公益性产品。作为一个非官方的公共房屋机构，香港房屋协会为香港的公屋建设和供给做出了重要贡献。

在公屋管理方面，香港政府既坚持统一规划、统一标准和统一要求，又注意通过市场机制吸纳社会力量参与。譬如 2002 年，"私人机构更多参与房委会工作"专责小组计划在 3 年内逐步将 18 万公屋单位的管理及维修保养工作交给私人公司承办。

（三）公屋发展的动力问题

香港公屋的建设与发展，不仅依靠政府支持和社会协同，即不仅依靠外在动力，而且通过"以房养房"来寻找公屋发展的内在动力。所谓以房养房，具体包括两个方面内容：一是通过"自置居所计划"出售公屋获得公屋发展资金；二是通过出租或经营公屋附属的商业用地和商业设施获得资金。譬如 1993 年 4 月至 2003 年 4 月，公屋营运赤字累计为 120.36 亿港元，与此同时，仅出租屋附属设施的收入就达 216.02 亿港元，在扣除 50%的上缴利润后，其余额足以弥补公屋运作的大部分赤字，再加上上一年度出售居屋的盈利 925.08 亿港元，从而赋予房委会持续营建公屋和居屋的强大实力。[①]

---

① 刘佳燕、万旭东：《借鉴香港经验谈租赁型公共住房在我国的发展前景》，《北京规划建设》2007 年第 6 期。

（四）公屋建设的质量问题

香港的公屋政策经历了从应对性阶段到规划性阶段的转变，这两个阶段的公屋政策所实施的重点是不同的。应对性阶段主要是为了"房屋救灾"和"房屋扶贫"，因而强调公屋的数量。规划性阶段是为了"居住适宜""居住方便"及"居住安全"等，因而注重公屋质量。目前，我国保障性住房建设正处于应对性阶段，要避免重走"先数量后质量"的弯路，在努力完成保障房建设数量的同时，也要注重保障房建设的质量。

（五）公屋社区的建设问题

公屋社区是公屋居民的基本生存环境和主要活动场所。香港房委会还特别注重公屋社区的硬件建设、软件建设和环境改善。首先，注重公屋社区硬件建设。香港房委会在注重公屋社区的基础设施和运输系统建设的同时，注重改善社区供水、供电和排污系统，提供数码电视和免费无线上网服务，在社区内建设儿童游乐设施、花园、综合性球场、公共图书馆，致力于为居民创造安全、方便和无障碍的生活环境。其次，注重公屋社区软件建设。香港房委会通过设立房屋咨询及服务小组，协助新迁入的住户适应环境，设立电话热线，解答住户的查询，向住户提供即时协助，联系及协调各政府部门及志愿机构，为租户提供外展服务。为了提升公屋社区人文环境并增进公屋社区的和谐气氛，房委会还与有关部门或团体联合开展一系列增进社区居民凝聚力和归属感的社会活动。最后，为了改善公屋社区居住环境，房委会一方面与环保团体和屋邨管理部门联合开展环境卫生宣传活动，另一方面严格实行公屋社区卫生管理制度，即对一些影响或破坏公屋社区卫生环境的不当行为依据其轻重程度进行扣分，然后依据所扣分数多少相应给予警告、迁出等不同的惩罚或处分。

香港公屋管理出现的问题及
对内地的启示[*]

摘　要： 基于对香港公屋管理的研究，本文首先分析了香港在公屋对象的进入与退出机制、公屋的后续管理与维护和公屋社区管理等方面出现的问题；然后针对内地保障房管理，提出了建立严格的资产和收入审核制度、服务为导向的专业化物业管理制度、建立居民积极参与的社区管理制度等建议。

关键词： 香港；公屋制度；公屋管理；内地；保障性住房

香港公屋即香港的保障性住房，分为租赁型公屋和出售型居屋，类似内地的廉租住房和经济适用住房。截至 2010 年底，香港约有 2569000 个住房单位，其中约 746800 个公共租住房屋，391000 个政府资助出售单位，1431200 个私人房屋。香港约 30% 的人口居于公共租住房屋，另有 18% 居于资助出售单位。① 其中，居住在香港房屋委员会公屋的住户有 679822 户，居民 2004869 人。此外，居住在香港房屋协会居屋的住户达 72866 户，人口超过 15 万人。长期以来，香港公屋的发展一直支持和陪伴着香港经济的转

---

* 本文曾在《中南民族大学学报》（人文社会科学版）2012 年第 3 期发表。

① 香港特别行政区政府：《香港 2010》，出版者不详，2011，第 177 ~ 181 页。

型，对香港经济的发展功不可没。[①] 在公屋管理方面，不仅香港公屋管理的经验值得内地借鉴，而且香港公屋管理出现的问题也可以给内地带来一些启示。

一　香港公屋制度的缘起

1954 年以前，香港政府奉行自由贸易的原则，没有相关的房屋政策以解决房屋短缺和住所环境差劣的问题。这一时期，香港房屋的供应以私人发展商为主导，即发展商建房，市民购房自住或转租。[②] 二战前香港人口不多，这种方式基本上可满足居民的住房需求。二战时期，香港人口大量外迁，在日本占领期间仅有人口 60 万人，二战结束后，人口大量回流。当时内地经济萧条，又发生了内战，居民为了谋生及逃避战火，纷纷来到香港，引发新一轮的迁移潮，香港人口由 1945 年的 60 万人大幅上升至 1950 年的约 230 万人。[③] 随着人口的激增，香港私人发展商的住宅供应越来越不能应付庞大的房屋需求，住宅供应严重不足。当时香港居民房屋奇缺，房租高昂，居住环境拥挤，生活质量下降。许多居民只能在私人或公共土地上用铁皮、木板搭建非法寮屋用于居住，寮屋迅速蔓延，以 1949 年为例，香港居住在寮屋区的居民达 30 万，占总人口的 15%。

寮屋所用原材料多为木板、塑料等，不仅质量低下，而且容易产生火灾，从 1950 年开始，每年冬季，寮屋区成为火灾肆虐之地。由于寮屋区缺乏基本生活配套和消防设施，产生火灾后难以施救。1953 年 12 月 24 日，在九龙石硖尾木屋区发生的史无前例的大火，涉及 3 个木屋区，受灾地区达到 41 英亩，烧毁万间房屋，5 万多人顿成灾民，其中 2 万多人无处容身，多数灾民被迫露宿街头。灾难发生之后，香港社会福利署为灾民提供了食品和御寒物品。徙置事务署的年报曾经指出：石硖尾大火之后，15 天内为灾民提供免费食物等的紧急赈灾支出款项，就足够新建 1 幢容纳 2000 多人

---

① 杨汝万：《发展的里程碑》，杨汝万、王家英《香港房屋五十年：金禧年回顾与前瞻》，香港中文大学出版社，2003。

② 陈佳荣、陈锦辉、钟泽：《探索世界历史 4》，香港龄记出版有限公司，2001。

③ 吴占美：《香港年报：1954～1955》，香港年报社，1955。

的徙置大厦。① 这场大火过后，"房荒"成为当时困扰香港社会的首要问题，也唤起政府对市民住房的关注，重新审视当时的不干预政策，开始介入住房问题。大火过后，香港政府成立徙置事务署，开始着手兴建徙置屋邨，实施住房保障计划。由于当时政府的首要任务是尽快以低廉的成本安置灾民，对公屋管理缺乏相应的重视，早期公屋管理存在许多问题，有的问题影响至今。

二 香港公屋管理出现的问题

香港公屋制度起源于安置寮屋灾民，在 20 世纪 50～70 年代，由于政府对香港公屋政策未进行长远规划，在公屋对象的进入与退出机制、公屋的后续管理与维护、公屋社区管理方面均存在不足。

（一）公屋对象的进入与退出机制方面出现的问题

（1）公屋对象的进入机制问题。香港公营房屋计划起源于清拆寮屋，但当时香港政府的目标是多方面的，除了寮屋居民有迫切需要外，还因为寮屋区的火灾和卫生问题，寮屋对社会秩序造成的威胁等让社会无法继续忍受，香港政府需要利用寮屋占用的土地资源进行开发也是一个重要原因。② 当时香港政府在安置寮屋住户时，并未审查住户的收入。后来香港政府推出的廉租屋计划，其目的在于解决低收入家庭的住房困难，则需要审查收入和资产。由于当时的寮屋住户大多是移民，收入水平低，生活贫困，徙置计划和廉租屋计划的对象并没有太大的差异。随着大规模公屋建设的推进和管理机构的整合，资产和收入的审核成为一个突出的问题。另外，政府为了腾出土地用于房地产开发，加快了寮屋区的清拆，由于寮屋住户不需要审查收入，在客观上鼓励私人楼宇租户迁往寮屋等待安置，使安置工作出现越多寮屋户获得安置，越多人入住寮屋的恶性循环。1957 年的调查显示，获得安置的寮屋住户中，约有一半曾租住私人楼宇。这些租户不

---

① *Hong Kong Annual Departmental Report by the Commissioner for Resettlement for the Financial Year 1954－1955*. Hong Kong：Hong Kong Government Printer，1956，p. 19.

② "Commissioner for Resettlement," *Annual Report*. 1955，p. 46.

一定贫困，搬到寮屋的原因除了私人楼宇过于拥挤外，还有不少抱有侥幸心理，希望通过清拆获得安置。有学者利用香港人口统计和普查数据，对公屋租户和私人楼宇租户的收入进行了比较。[①]

表1是按10%的收入分段统计得出各年公屋和私人楼宇租户户数比例。从图1可以看出，除了最高10%的组别私人房屋租户比例较明显高于公屋租户外，从最低收入到第3个10%的三个组别累计的私人楼宇租户比例高于公屋租户。也就是说在低收入住房困难群体中，只有部分人群受到保障，一些住房困难的低收入私人楼宇租户未能获得相应的保障。相对于获得政府公屋的低收入居民来说，这些租住私人楼宇的居民负担更重，所获得的支持更少。由于这个原因，公营房屋计划也被批评不仅未能有效地起到扶贫的作用，而且存在资源分配不均和不公平的现象。

表1 不同收入组别公屋和私人房屋租户比例

单位：%，户

收入组别	公屋租户				私人房屋租户			
	1976 年	1981 年	1986 年	1991 年	1976 年	1981 年	1986 年	1991 年
最低 10%	8.25	9.03	6.88	9.60	9.67	11.30	14.17	13.24
第 2 个 10%	9.03	8.79	9.48	12.03	11.03	12.51	14.36	14.29
第 3 个 10%	10.31	10.07	11.65	12.91	10.75	11.74	11.78	11.30
第 4 个 10%	11.37	11.28	12.83	13.16	10.19	10.73	9.87	9.64
第 5 个 10%	11.81	11.68	12.39	12.61	10.26	10.01	9.64	8.35
第 6 个 10%	11.54	11.35	12.09	11.32	10.01	10.04	8.91	7.73
第 7 个 10%	12.25	11.65	11.74	10.01	9.39	8.91	8.04	8.01
第 8 个 10%	11.47	11.15	10.63	8.85	9.26	8.66	7.28	6.84
第 9 个 10%	10.00	10.25	8.89	7.09	9.21	7.97	7.31	7.22
最高 10%	3.98	4.75	3.42	2.42	10.23	8.14	8.64	13.38
合计	100	100	100	100	100	100	100	100
户数	34058	20161	72769	28552	32054	17263	39032	10921

注：表中利用各年的人口调查和统计数据，把每年所有租户均分为等量的所得组别，每一组别中公屋及私人租户的收入标准一致。

资料来源：王于渐《香港公屋私有化评论》，商务印书馆（香港）有限公司，1998，第65页。

---

① 王于渐：《香港公屋私有化评论》，商务印书馆（香港）有限公司，1998，第9页。

（2）公屋对象的退出机制问题。早期的徙置屋邨住户未进行资产审核，造成部分不符合条件的住户通过各种途径违规获得公屋，公屋资源不当使用或违法占有的现象较严重。香港房委会1992年的调查发现，香港580000户公屋住户中，至少有74000户拥有私人物业，1994年的后续调查发现拥有物业的租户超过90000户，1995年对2250户公屋租户进行调查，发现约有500户把承租公屋用于出租谋利或用作储物室。对此，房委会通过采取"双倍租金"政策，说服公屋中的"富户"交出居住单位，还尝试实行"租者置其屋"计划，让有经济实力的租户购买所承租居屋，但由于各种原因，效果并不明显。对居民来说，购买租住公屋需要付出一大笔资金，以后的维修和管理则全由自身负责。早期公屋质量欠佳也是居民不愿意购买的原因。此外，长久保住租住的公屋，一旦政府有意重建屋邨，改善环境，居住单位就会升值，所以租户宁愿出双倍租金也不愿意退回租住公屋。这种现象到1996年以后才有所改善。此外，公屋居民善于通过各种民间组织影响公共政策，将自身的诉求制度化。目前，公屋居民已经成功游说政府，准许他们将所居住公屋单位的权益转移给子女。[①]

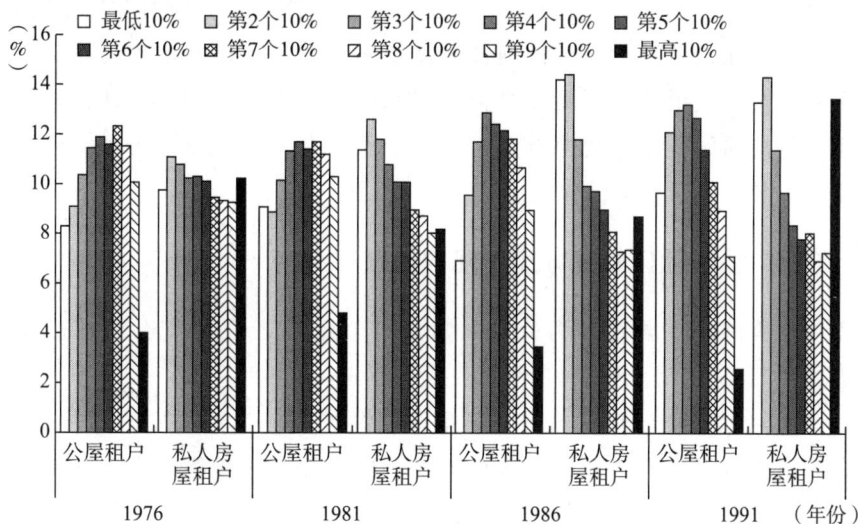

图1　不同收入组别公屋和私人房屋租户比例

---

① 王于渐：《香港公屋私有化评论》，商务印书馆（香港）有限公司，1998，第9页。

（二）公屋后续管理与维护方面出现的问题

（1）管理人员尤其是专业技术人员缺乏。20世纪五六十年代，香港公屋建设和管理机构主要有徙置事务处和屋宇建设委员会。由于徙置计划的制订过程过于仓促，加上计划规模庞大、缺乏合格的专业人员，徙置事务处的后续物业管理工作方式是边摸索边改进，未能制定长远管理规划和管理政策。徙置屋邨的管理人员绝大部分为非专业人员，更没有为新入职员工提供房屋管理的专业训练。[①] 此外，徙置计划的最初目的是为灾民提供临时住所，对提供管理服务缺乏热情，屋邨的管理只限于被动的监控，这也是管理水平不高的重要原因。[②] 与此相反，屋宇建设委员会提供公屋的对象主要为拥挤户或居住环境恶劣而收入超出低收入的人群，这部分人多为白领和技术工人。屋宇建设委员会在运作之初，就采取以专业化服务为导向的房屋管理指导原则，管理和服务的专业化水平高，这也为以后公屋的专业化管理奠定了基础。

（2）公屋和设施维修保养不到位。由于早期徙置屋邨的设计和建设水平不高，部分楼宇建筑质量欠佳，存在天花板渗水、墙壁脱落等质量问题。公屋社区居住人口数量多，设施被过度使用，使公屋维修成本高昂。而由于公屋租金水平很低，不足以维持公屋和设施的维修保养。此外，公屋保养不到位与居民自身忽视也有关系，由于不拥有公屋产权，居民缺乏居住安全感，忽视了对公屋的保养。

（三）公屋社区管理方面出现的问题

由于香港公屋居民多为低收入居民，公屋社区管理中也出现过一些问题。

（1）社区管理滞后，治安、卫生等问题严重。为加快安置寮屋居民，香港政府采取了集中新建徙置区的方式。这些徙置区规模较大，甚至出现

---

① Morris, J. C. *Administration and Finance of Public Housing*, Luke S. K. Wong. *Housing in Hong Kong: A Multi-disciplinary Study*. Hong Kong: Heinemann Educational Book (Asia) Ltd., 1978, pp. 51 – 71.

② 叶毅明：《屋邨管理与服务》，杨汝万、王家英《香港房屋五十年：金禧年回顾与前瞻》香港中文大学出版社，2003，第335～358页。

了一些拥有 10 万居民的徙置区，如慈云山、秀茂坪等。一些徙置区（如慈云山）没有警署，巡逻的警察也少，成为治安管理的真空地带。这些地区由于居住人口众多，人员庞杂，黑社会争地盘、打群架、聚众赌博、卫生条件差等问题丛生。此外，相同祖籍的老乡聚集一起争夺摆摊地盘、发生械斗等现象也时有发生，居民缺乏安全感，徙置区曾一度被称为香港的"红番薯"①。随着公屋管理日益规范化，警力配备增强，公屋居民也自发成立各种自治组织，徙置区的治安情况才逐步得到改善。

（2）低收入人群集中，居住状况较差进而引发社会危机。20 世纪 60 年代中期，在经济迅速发展的同时，香港各种社会问题也日益凸显，如贫富悬殊、教育机会不足、青少年缺乏适当辅导等，成为香港社会危机的催化剂，并引发了 1966 年的动乱。调查委员会在一份关于"六七暴动"的调查报告中指出，居住环境的拥挤可能是导致市民，尤其是青少年出现反社会行为的原因之一，但徙置区与骚乱之间的关系并不明显。② 但有学者发现1966 年的动乱中，人口密集的东头村、黄大仙等徙置区，曾是群众进行破坏活动的热点，而居住环境较佳的廉租屋邨则相当平静。③ 这种强烈的对比，使政府不得不反省居住环境与社会稳定的关系。1971 年，总督麦理浩认为香港人生活得不愉快，最主要的原因是居住环境太差。④ 他认为为有需要者提供廉价居所，不但有助于社会稳定，而且兴建公屋能增加就业及刺激消费，从而带动经济发展，于是启动了为期 10 年的房屋政策，旨在"为所有的香港居民提供环境理想、独立式的永久居所"⑤。

（3）公屋管理缺乏与居民的沟通和联系，居民组织发展缺乏支持。香港公屋一开始采取家长式的管理，不重视居民的参与，在制度上没有任何渠道可以让公屋居民的意见向上传达。由于公屋屋邨数量众多，房屋署管理人员有限，未能根据居民需要提供有效的管理和服务。20 世纪 50 年代，

① 梁美仪：《家：香港公屋四十五年》，香港房屋委员会，1999，第 147 页。
② 香港政府：《一九六六年九龙骚乱调查委员会报告》，香港政府印务局，1967，第 95～96 页。
③ John. Coopre. *Colony in Conflict*. Hong Kong：Swindon Book CO.，1970，pp. 12－15.
④ 梁美仪：《家：香港公屋四十五年》，香港房屋委员会，1999，第 147 页。
⑤ 吕罗中、郭锡权：《香港房屋现况：剖析政府十年房屋计划》，香港中文大学社会研究中心，1973。

大量移民涌入香港衍生了不少社会问题，为了解决这些问题，居民自发组织成立街坊会，但当时负责管理徙置区的徙置事务处很少参与街坊会的联系或合作。[①] 20 世纪 70 年代，香港的罪案率急剧上升，社会舆论要求政府成立居民互助组织改善治安状况，这成为政府发展互助委员会的动力。[②] 在 20 世纪 70 年代，现代化的物业管理尚未发展成熟，部分公屋管理人员对居民参与公屋管理并不支持，担心会影响公屋的管理工作，故公屋社区内互助委员会的数目比预期的低，到 1974 年，仅有一成左右的互助委员会成立于公屋社区。[③] 此外，由于缺乏引导，部分居民成立了谋求自身利益（有些是非法利益）最大化的居民组织，成为政府实行新的公屋政策，推进公屋管理的阻力。

（4）缺乏对弱势群体的帮扶，公屋社区失业、自杀等现象高于普通社区。由于公屋居民的受教育水平和劳动技能普遍不高，在劳动力市场上竞争力较弱，自我改善能力有限。早期公屋管理中，没有引进相应的社工组织、义工组织和其他慈善组织，对居民中弱势群体的帮扶不足。弱势群体过度集中，在缺乏相应社会援助的情况下，容易使这类群体对生活绝望。这种现象在公屋集中的新市镇比较严重。以天水围为例，区内不少人口属于新移民家庭，受教育水平不高，只能寻找低收入的工作。从天水围到市区的交通费高昂，令不少家庭长期倚赖失业综援。香港扶贫委员会 2006 年 9 月公布，全港收入低于平均综援金额的有 103 万人，其中以天水围所在的元朗区人数最多。社会福利署资料显示，2004 年元朗区领取综援的个案近 30000 宗，天水围约占一半。天水围的自杀求助个案是全香港最高的，撒玛利亚防止自杀会 2005 至 2006 年的资料指出该区自杀个案多达 70 多宗。2004 年 4 月 11 日，天恒邨发生无业汉斩死妻子及两名年幼女儿后自杀的灭门惨案，2007 年再次发生类似伦常惨案。[④] 这些惨案引起了香港社会的强烈

---

① 陈锦华：《居民组织》，杨汝万、王家英《香港房屋五十年：金禧年回顾与前瞻》，香港中文大学出版社，2003，第 59～382 页。

② Lau, Siu – Kai. "Government Intermediate Organizations, and Grassroots Politics in Hong Kong," *Asian Survey*, 1981, 21 (8).

③ Keung, John K. "Government Intervention and Housing Policy in Hong Kong: A Structural Analysis," *Third World Plan Review*, 1985, 71 (1).

④ 《天水围：悲情新市镇》，2010 年 4 月 20 日，http://www.s1979.com/a/news/gangaotai/2010/0420/29075.shtml。

关注，对香港政府造成了巨大的压力，对弱势群体的帮扶和救助机制也逐步建立。

三 香港公屋管理对内地的启示

保障性住房的管理和服务是一个复杂的系统工程，一个高效有序的管理系统需要合理完善的制度设计、高素质的管理人员和超前的管理理念。香港公屋在发展过程中遇到的问题和采取的应对措施，对内地保障房管理具有重要的借鉴作用。香港公屋管理出现问题对内地的启示至少包括三个方面：应该建立严格的资产和收入审核制度、以服务为导向的专业化物业管理制度、居民积极参与的社区管理制度。

（一）应该建立严格的资产和收入审核制度

为保证住房保障制度的公平，必须建立健全严格的准入和退出机制，筛选出那些真正需要住房的家庭作为资助的对象。内地由于覆盖全社会的个人诚信体系尚未建立、收入的透明度不高、社会监督不力，住房保障的申请审核制度存在漏洞。在住房保障对象的资格审查方面，只能审查申请人资料的完整性，不能有效核实资料的真实性。因此，出现宝马、奔驰车主入住保障房小区的现象也就难以避免。保障房由政府部门进行管理，由于政府部门忙于行政事务，监管人手不足，难以对违规行为开展有效的监管，保障房的退出机制仍有待完善。内地一些城市对保障房的使用情况也建立了定期的清查制度，但一些骗购保障房的居民获得信息的渠道多，在政府部门开展违规清查前就已经获得了消息，对违规行为的清查效果并不理想。

内地应该吸取香港早期公屋在资格审核方面存在问题的教训，实行严格的资产和收入审核制度。保障房申请家庭均需要接受资产和收入审查，通过资产和收入审核的保障房申请家庭，按收入和住房困难程度进入轮候。政府应逐步建立覆盖全社会的个人诚信体系，成立跨部门的收入审查机构，从而保证审核资料的真实性。政府部门每年都应该根据经济和社会发展状况，对收入及资产标准进行论证，以确保真正有需要的人群符合申请资格。在退出机制上，保障房的租住权不能自动继承，当保障房租户主及其配偶去世后，其成年家庭成员必须接受全面的经济状况审查后，才可获批新租约。在这方面，1996 年后香港公屋的管理值得借鉴。香港房委会规定，凡在公屋住满 10 年而收入又超过公屋资助收入上限的租户，都必须申报所有资产，资产净额超过标准限额或者选择不申报资产的住户，必须按照市场租金水平缴交租金并于 1 年内迁出所住的公屋单位。① 该政策实施到 2005年，房屋署已成功收回约 3.4 万个公屋单位，约 1.6 万个公屋住户需缴交额外租金，数额每年约达 1.7 亿港元。2004 年 2 月，房屋署还成立特遣队，专门调查滥用公屋单位的富户。②

严格的资产和收入审核制度离不开有力的监督机制。内地应建立住房保障的内外部监督体系，保证住房保障管理部门管理人员和保障对象行为的合法性。当住房保障体系建立起来以后，住房保障管理部门应成为一个半官方的独立机构，在政府的支持和授权下，负责保障房的建设、管理以及保障对象的资格审核，并接受更严格的社会监督，保证住房保障的公平性。

（二）应该建立以服务为导向的专业化物业管理制度

由于保障房建设量巨大，管理实务繁重，加上居民的维权意识逐渐增强，对物业管理的要求越来越高。在可预见的未来，内地保障性住房小区的管理压力远大于香港公屋管理。保障房小区的居民中，低收入、残疾、孤寡、精神病等居民比例高。以广州金沙洲新社区为例，截至 2009 年 10月，金沙洲新社区有廉租房 2691 户共 7324 人。其中，享受最低生活保障的家庭 1552 户 4146 人，低收入困难家庭 806 户 2375 人，低保低收入户占廉租住户的近九成。另外，新社区内登记的各类残疾人 800 名，其中精神病患者 177 人，占社区总人口的 2%，这个比例远高于广州城区内的普通社区。③这些特殊人群需要社会提供更多的照顾和服务，但目前内地保障房小区普遍采用了普通商品房小区的物业管理方式，收费标准按照商品房小区最低等级标准收费。以最低的物业服务标准为最需要服务的人群提供服务，是一对难以解决的矛盾。物业管理公司为了实现盈利，只能通过降低服务标

---

① 冯邦彦：《香港地产业百年》，三联书店（香港）有限公司，2001，第 210 页。
② 王坤、王泽森：香港公共房屋制度的成功经验及其启示》，《城市发展研究》2006 年第 1 期。
③ 《金沙洲精神病人"被集中"行为成"定时炸弹"》，《信息时报》2009 年 11 月 17 日。

准或者违规占用小区共有收益等方式获得收益以维持经营，这种做法不仅使小区居民得不到好的物业服务，而且容易滋生违法行为。

香港公屋物业管理出现的问题对内地保障房物业管理有很好的启示作用，香港房屋署"关怀为本、顾客为本、创新为本、尽心为本"的基本信念，以及"非营利性"和"以人为本"的管理理念值得内地保障房管理部门学习。保障房的保障性质要求政府在后续物业管理中不能缺位，应该承担相应的责任。内地应该以积极进取、体恤关怀的态度，以提供市民所能负担的优质保障房，包括优质的管理、妥善的维修保养为工作目标。在保障房的物业管理中，应将传统价值和现代物业管理理念兼容并蓄，为居民缔造一个和谐美好的家园。应以"关怀为本"作为服务市民的基本理念，用真挚的关怀营造和谐氛围，让市民感受到政府和社会的关怀，以增强居民的归属感。在物业管理工作中，应鼓励员工积极创新，鼓励他们在工作中从顾客的角度出发，设身处地为顾客着想，主动改善工作流程，尝试借助资讯科技，以提高工作效率和效能。保障房居民多为中低收入居民，收入偏低，对物业管理费用承受能力较差，而物业管理企业又以盈利为目的，为了保证物业服务的"非营利性"，保障房管理部门应通过对物业管理提供补贴、规范管理等方式保证小区的物业服务水平。

（三）应该建立居民积极参与的社区管理制度

保障房小区中低收入居民过于集中，长期相处容易相互影响，一些消极的思想和行为习惯等容易在群体中扩散，社区文化建设任重而道远。此外，由于低收入居民同质性强，大量低收入居民集中，一些小的矛盾和纠纷容易复杂化，进而引发群体性事件。从笔者对内地城市保障性住房小区的调研情况来看，社区文化建设仍不容乐观。例如部分低保和低收入人群过分依赖政府保障，就业积极性不高。部分保障房小区居民，尤其是部分廉租住户的权利意识很强，但责任意识则相对缺乏，他们把政府提供的很多服务当成是理所当然的，缺乏改善自身生活水平的动力。在一些保障房小区，一部分原本就有酗酒、赌博等不良习气的居民就业动力不足，有的无所事事，甚至聚在一起酗酒，醉酒后破坏小区的公共设施，严重影响了其他居民的生活。保障房小区一些居民的不良生活习气虽然不具有普遍性，但其负面影响不容忽视。

大规模的保障性住房建成以后，社区管理如果没有跟上，社区问题会更为严重，目前城中村中存在的环境和治安等问题就会在保障房小区中重演，香港早期徙置区被称为"红番薯"就是例证。由于内地人口众多、人员复杂、社会矛盾众多，如果社区建设缺位，保障房小区的问题可能比 20 世纪五六十年代的香港公屋更严重。如何通过管理部门的管理创新，提高物业公司的服务水平，引导居民自主管理，引入社工组织提供服务，创建积极向上的社区文化，在未来的保障房社区管理中具有非常重要的作用。香港公屋曾采取家长式管理，不重视居民参与，这种做法产生了许多负面影响。20 世纪 80 年代初，房委会开始重视居民组织的作用，房屋事务经理与屋邨内的互助委员会主席进行定期的非正式沟通。互助委员会在屋邨建设中也发挥了积极的作用。Kuan 等人对 382 个公屋互助委员会的研究发现，户主委员会举办的活动类型主要包括康乐、治安、清洁、邻里关系等（见表 2）。① 这些活动对加强公屋社区管理、维护公屋社区治安、改善邻里关系等发挥了积极的作用。除了互助委员会外，公屋社区还有屋邨管理咨询委员会、业主立案法团等自治群体，还有爱心义工队、养老院、帮助妇女就业的团体，以及帮助低收入居民就业的劳工社团联会等。这些非政府组织填补了政府在公屋管理中的不足，使许多低收入居民得到了应有的照应和帮助。

表 2　公屋社区互助委员会活动类型

单位：%

活动类型	比例	活动类型	比例
清洁	16	公共设施	2
治安	30	邻里关系	8
康乐	37	其他	8

资料来源：Kuan, Hsin－chi, Siu－kai Lau and Kam－fai Ho. *Organizing Participatory Urban Services：The Mutual Aid Committees in Hong Kong*. Hong Kong Occasional Paper No. 2, Center for Hong Kong Study. Hong Kong：The Chinese University of Hong Kong, 1983.

---

① Kuan, Hsin－chi, Siu－kai Lau and Kam－fai Ho. *Organizing Participatory Urban Services：The Mutual Aid Committees in Hong Kong*. Hong Kong Occasional Paper No. 2, Center for Hong Kong Study. Hong Kong：The Chinese University of Hong Kong, 1983.

　　香港公屋社区管理的经验和教训值得内地借鉴。长远来看，内地保障房小区应建立政府主导、居民参与、物业管理公司和社工组织提供服务相结合的社区管理制度。保障房的性质使政府在社区管理中不能缺位，应该发挥主导作用。在政府的主导下，有效引导保障房居民参与社区管理，有利于促进社区融合，提高居民的安全感，建立积极健康的社区文化。此外，还应扶持和吸引慈善组织，或以购买服务的方式吸引各类社工组织入驻保障房小区提供相关服务。在实际运作中，由政府负责规划和引导，提供经费，并进行服务监督，社工组织为居民提供相应的服务。在多种力量的协同努力下，有效提高保障房社区的社区管理水平，营造积极向上的社区文化，促进和谐社区的建设。

住房保障准入与退出的
香港模式及其对内地的启示[*]

摘　要：香港住房保障准入程序包括受理、初审、再审和配屋等阶段，再审不仅能够证实和证伪初审结果，而且能够根据申请者家庭状况的变化取消资格或加快配屋。在住房保障准入条件上，申请者的住房状况、收入状况和其他资产状况均有严格标准。在公屋退出和居屋退出方面，分别有不同方式和相应规定。香港住房保障在"申请受理""准入轮候""住户跟踪与退出""信息公开与共享"以及"违规惩罚"等方面的做法或经验值得内地借鉴。

关键词：住房保障；准入；退出；香港模式；内地借鉴

从 2011 年、2012 年到 2013 年连续 3 年的民意调查表明，住房问题均为香港和内地十大民生问题之首。① 因此，住房保障问题成为近年来香港与内地最为重要的民生问题。

到 2012 年，香港房委会辖下有 200 多个公屋屋邨和居屋屋苑，居住人

---

* 本文曾在《中南民族大学学报》（人文社会科学版）2014 年第 2 期发表。

① 《年年失望年年望，民生问题乱如麻》，2012 年 12 月 31 日，http://orientaldaily. on. cc/cnt/news/20121231/00186_001. html。苏枫：《2011 最受关注 10 大焦点民生问题》，《小康》2011 年第 12 期。

口占香港人口总数的 46.5%，其中公屋单位 722368 个，居住人口 2022509 人，居住人口约占香港人口的 30%。[①] 长期以来，香港公屋制度为香港经济转型提供支持，对香港经济的发展功不可没。[②] 香港政府住房政策的目标，是为不能在住房市场获得住房的家庭提供居住合适且负担得起的居所。[③] 住房政策的首要任务是建立一套行之有效的住房准入机制，从而筛选出那些真正有住房需求的家庭作为资助对象。[④] 然后建立一套行之有效的住房退出机制，从而实现公屋的有效利用，使公屋制度持续发展。[⑤] 香港在住房保障准入和退出方面的做法或经验值得内地借鉴。

一 香港住房保障的准入机制

香港住房保障主要有两种形式即公屋和居屋，由于这两种形式的准入程序及条件类似，加之 2003 年 9 月香港政府宣布无限期停售居屋而使公屋成为香港住房保障的主要形式，因此，香港公屋的准入机制实际上就是香港住房保障的准入机制。

（1）公屋准入程序。香港公屋准入程序包括受理、初审、再审和配屋等阶段。公屋准入受理采取"不申请不受理"的方式，申请人首先向香港房屋署领取《公屋轮候册申请表》，然后将已经填写的申请表及有关材料提交给香港房屋署。房屋署依据申请日期的先后顺序确定办理顺序，并在确认收到申请书的 3 个月内书面通知申请人是否获得轮候资格。从初审到配房的过程，就是申请者轮候公屋的过程，到 2013 年，公屋的轮候期限为 3 年。

在轮候期间，房屋署按照轮候的先后顺序约见申请人进行详细的资格审核，房屋署在收齐资格审核材料的 2 个月内通知申请人是否符合配租资格。申请人在轮候期间申请资格若发生任何改变，均被要求通知房屋署，

---

① 香港房屋委员会：《香港房屋委员会 2011/2012 年度年报》，香港房屋委员会，2013。
② Castells Manuel, Goh Lee, Kwok R. Yin – Wang. *The Shek Kip Mei Syndrome: Economic Development and Public Housing in Hong Kong and Singapore.* London: Pion Ltd, 1990.
③ 香港房屋委员会：《香港房屋委员会 2011/2012 年度年报》，香港房屋委员会，2013。
④ 王坤、王泽森：《香港公共房屋制度的成功经验及其启示》，《城市发展研究》2006 年第 1 期。
⑤ 高成华：《香港经济制度变迁对经济发展影响研究》，武汉大学博士学位论文，2011。

轮候期间申请人情况发生变化的审核也被称为变更审核。如果申请人轮候期间经济状况变好，如在香港购买住房或者资产、收入条件超出了公屋准入条件，轮候资格将会被取消。公屋轮候申请人被取消轮候资格后，期间因经济状况改变或资产收入标准调整而重新符合准入条件，可在首次取消资格后 6 个月到 2 年内提出申请，房屋署经复核通过后可恢复其轮候资格。轮候期间因家庭状况改变等原因，申请人可以提请房屋署增加或删减家庭成员，并根据相应人群的轮候规则进行轮候，经济条件变差的有可能加快或提前配屋。除一般情况外，房屋署还针对特定人群制订了优先配屋计划，如针对单身老人的"高龄单身人士优先配屋计划"，针对老年夫妇的"共享颐年优先配屋计划"等。此外，为加快出租一些区位偏远、质量较差的公屋，房屋署每年推出"特快公屋编配计划"供轮候人提前选择。为保证公屋资源公平分配，房屋署采用电脑随机方式为轮候申请人提供配屋机会。[1]轮候期内申请人有 3 个配屋机会，如果申请人没有正当理由拒绝房屋署的 3 个配屋机会，将被视作自动弃权。

（2）公屋准入条件。香港早期公屋先后出现房屋协会屋邨、徙置屋邨和廉租屋邨等多种类型，建设单位分别为香港房屋协会、徙置事务处和屋宇建设委员会等，其中徙置屋邨是香港早期公屋的主要形式。徙置屋邨主要解决受清拆寮屋影响居民的住房问题，准入条件以居住的寮屋受灾和清拆情况为准，没有收入和资产标准。[2] 廉租屋邨主要解决中低收入白领阶层的住房困难，对资产和收入制定了严格的标准。由于当时的寮屋住户大部分是大陆移民，收入水平普遍偏低、生活贫困，徙置屋邨和廉租屋邨保障对象没有太大差异。[3] 1973 年，徙置事务处和屋宇建设委员会等机构整合为香港房屋委员会，房委会通过其公屋政策的执行机构——作为政府部门的房屋署对公屋准入实行统一管理。随着公屋轮候家庭数目增多和公屋建设大规模推进，房委会认为即使增加建屋量也无法完全满足需求，于是提出

---

[1] 香港房屋委员会：《公屋轮候册申请须知》，2013 年 10 月 31 日，http://www.housingauthority. gov. hk/sc/flat - application/application - guide/index. html。

[2] 刘国裕：《租住公屋政策与资源分配》，杨汝万、王家英《香港公营房屋五十年：金禧年回顾与前瞻》，香港中文大学出版社，2003，第 169 ~ 195 页。

[3] 刘祖云、吴开泽：《香港公屋管理出现的问题及对内地的启示》，《中南民族大学学报》（人文社会科学版）2012 年第 3 期。

在现有公屋资源条件下，尽力确保将公屋分配给最有需要的申请人。香港的做法是在资产和收入等方面设置准入标准，将资格审核作为主要的筛选手段。1998 年 9 月，房委会规定所有公屋轮候家庭，除了要符合收入和住房标准外，还需要接受资产审核。①

在公屋准入条件上，房委会对公屋申请人的年龄、居港年限、住房状况、家庭收入状况和资产状况等均制定了严格的标准，其中住房标准、收入标准和资产标准是香港居民申请公屋的主要标准。香港公屋申请人须年满 18 周岁，申请人及其家庭成员必须在香港居住并拥有香港入境权，在配屋时须保证至少有一半成员在香港居住满 7 年且所有成员仍在香港居住。在住房标准方面，申请人和共同申请的家庭成员不能在香港拥有任何住房或住房的任何权益。房委会根据香港居民收入状况、公屋建设量和轮候期限等因素，每年定期调整资产和收入标准。2013 年，香港 5 口之家申请公屋的月收入标准为 2.54 万港元，家庭总资产标准为 48.50 万港元。

表 1　申请公屋的家庭资产和月收入标准（以 5 口之家为例）

单位：万港元

年份	2003	2004	2005	2006	2007	2008	2009	2010	2011	2012	2013
收入标准	1.71	1.65	1.58	1.61	1.63	1.69	1.79	1.84	18.70	2.36	2.54
资产标准	45.00	43.00	39.00	39.00	39.60	40.30	41.60	41.80	42.80	46.50	48.50

资料来源：根据香港房屋委员会历年年报整理。

二　香港住房保障的退出机制

香港针对公屋和居屋的产权特点建立了有序的退出机制，同时针对公屋住户经济状况和房屋使用情况建立了定期跟踪机制。

（1）公屋退出机制。香港公屋，相当于内地的公租屋或廉租屋。公屋退出，实际上是退出租住房屋。依据租户的收入状况、资产状况和住房使用状况等因素的不同，香港公屋退出方式主要有如下 3 种。

---

① 刘国裕：《租住公屋政策与资源分配》，杨汝万、王家英：《香港公营房屋五十年：金禧年回顾与前瞻》，香港中文大学出版社，2003，第 169～195 页。

第一种退出方式是公屋租住者直接退还公屋。房委会 1993 年的一项调查结果显示，约有 13% 的公屋租户拥有私人住宅，但很少有租户主动退出公屋。① 为此，房委会 1996 年 6 月实行"维护公屋资源合理分配政策"，该政策规定，住户收入超过轮候公屋收入标准的 3 倍、资产超过规定的资产标准，或选择不申报资产的住户，必须搬出其所租住的公屋。房屋署允许这些住户在公屋继续居住 1 年，居住期间须缴付相当于市场租金的许可证费。② 维护公屋资源合理分配政策取得了一定效果，1996 年有 2400 户租户或自愿将公屋交还房屋署，或按居屋政策的优先资格购买居屋，交还的公屋单位被重新编配给更有需要的居民。③ 到 2005 年，房屋署成功收回约 3.4 万个公屋，将其重新编配给有需要的家庭入住。④

第二种退出方式是根据租住者收入水平的提高成比例地提高租金水平。香港房委会自 1987 年 4 月起实施公屋资助政策，其做法是提高经济能力较好租户的租金，降低经济状况较差租户的租金。房委会规定，凡在公屋住满 10 年或以上的租户，都须每两年申报一次收入，收入超过公屋资助标准（公屋准入标准的两倍）的租户需缴付双倍租金。1993 年 4 月，房委会修订公屋资助政策，规定家庭收入超过公屋轮候收入标准 2～3 倍的租户，只需缴交 1.5～2 倍的净租金加差饷，月收入超过轮候收入标准 3 倍的，才须缴付 3 倍租金。房委会于 1996 年 6 月推行"维护公屋资源合理分配政策"，进一步规定已缴付双倍租金的租户如果想继续承租公屋，每两年须申报一次家庭资产。资产净值超过指定标准或者选择不申报资产的住户，必须按照市场租金水平缴付租金。⑤ 1996 年，共有 1.6 万个租户接受了资产审核，其中约有 4000 户从 1997 年 4 月起缴付市场租金。1997 年 4 月，房委会要求约 1300 个租户申报家庭资产，资产净值超过资产标准的租户从 1998 年 4 月起须缴付市场租金。从 1987 年到 1998 年，受公屋租户资助政策影响的租户有 379228 个，约有 24500 个须缴付额外租金。到 2005 年约有 1.6 万个公屋住

① 刘国裕：《租住公屋政策与资源分配》，杨汝万、王家英《香港公营房屋五十年：金禧年回顾与前瞻》，香港中文大学出版社，2003，第 169～195 页。

② 香港房屋委员会：《公屋租金政策检讨报告》，香港房屋委员会，2007。

③ 香港特区政府：《香港——迈进新纪元》，香港特别行政区政府，1998。

④ 王坤、王泽森：《香港公共房屋制度的成功经验及其启示》，《城市发展研究》2006 年第 1 期。

⑤ 冯邦彦：《香港地产百年》，三联书店（香港）有限公司，2011。

户需缴付额外租金，每年缴纳的租金总额约为 1.7 亿港元。[①]

第三种退出方式是公屋租住者以优惠价格购买居屋。为鼓励富户迁出公屋将其分配给更有需要的家庭，房委会于 1995 年规定没有自有产权住房但需缴纳双倍租金或市场租金的住户，可享有绿表第二优先资格购买居屋，且没有名额限制。[②] 房委会从 1998 年开始实行"租者置其屋"计划，让富户购买其所承租的公屋，这样既满足了富户的购房愿望，也减少了对富户的资助。1988 年 4 月到 2003 年 4 月，共有 22978 个缴付额外租金的住户通过居屋/私人参建居屋/自置居所贷款计划等成为业主。[③]

（2）居屋退出机制。香港居屋，相当于内地的经适房。居屋退出，实际上是退出家庭经济困难或收入水平低下时通过较低价格或优惠价格购买的房屋。居屋退出方式主要有如下两种。

居屋退出的第一种方式是在购买一定年限并交纳地价差额后上市交易。香港《房屋条例》（第 283 章）附表规定，从 1982 年 5 月推出的居屋计划第三期开始，通过居屋计划、私人机构参建居屋计划、可租可买计划、重建置业计划及中等收入家庭住屋计划等销售的居屋，均有转让限制。业主须向房委会缴付地价差额并解除转让限制后，才可将居屋在公开市场出租、出售或转让。1997 年前，居屋业主需要在购买 10 年后才能将居屋在公开市场出售，1999 年 6 月居屋的转售期缩短为 5 年。经房委会出售或重售的租置计划公屋，转售年限为房委会第一次出售日期起满 5 年。[④]

居屋退出的第二种方式是通过居屋第二市场将居屋转售给符合条件的申请者或购买者。居屋第二市场，即"居屋/私人参建居屋计划单位第二市场"，设立于 1997 年 6 月，其目的在于增加公屋住户和符合资格居民的购房途径，同时腾出更多公屋分配给更有需要的居民。居屋第二市场以增加居屋流转量的形式满足购房需求，凡购入满两年或以上的居屋、私人参建居

① 王坤、王泽森：《香港公共房屋制度的成功经验及其启示》，《城市发展研究》2006 年第 1 期。

② 香港房屋委员会：《维护公屋资源的合理分配：咨询文件》，香港房屋委员会，1995。

③ 刘国裕：《租住公屋政策与资源分配》，杨汝万、王家英《香港公营房屋五十年：金禧年回顾与前瞻》，香港中文大学出版社，2003，第 169~195 页。

④ 香港房屋委员会：《转让居屋单位的途径》，2013，http://www.housingauthority.gov.hk/sc/home - ownership/information - for - home - owners/resale - restriction/ways - to - sell - an - hos - flat/index.html。

屋或租者置其屋计划居屋，都可以在该市场出售。居民在居屋第二市场购买居屋还可获得指定银行提供的贷款优惠。居屋第二市场的买方只能是公屋租户或公屋轮候居民（绿表资格证明书持有人），曾购买居屋或领取自置居所贷款/置业资助贷款计划的居民及其配偶，不能再购买居屋第二市场的居屋。1997 年到 1998 年，香港居屋第二市场共有 1087 宗成功交易。[①]

三　香港模式对内地的启示

香港住房保障准入与退出模式给内地提供了许多重要启示。

（1）"申请受理"对内地的启示。香港之所以实行"不申请不受理"，一方面是基于"符合住房保障条件者可能不申请"的现象；另一方面是通过此举鼓励或倡导凭借个人努力而不是通过他人帮助改变自己住房乃至生活条件的自立精神和社会风尚。

由于社会发展程度较高以及由此带来的人们文明素质的提高，许多香港人将个人生活条件的改善建立在自我努力的基础上，因而符合公屋准入条件的居民不一定主动申请公屋。譬如 2011 年居住在棚屋、营房和木屋等临时房屋的 1.87 万户[②]居民并没有因其住房条件较差而申请公屋，其中很大一部分居民希望凭借个人努力改善其住房条件。

与此相比，内地也可能存在"符合住房保障条件者不申请住房保障"的现象，但还存在"不符合住房保障条件者还坚持申请甚至设法获取保障性住房"现象。如深圳"开宝马车买经适房"现象、郑州"经适房妹"现象以及河南项城"娃娃经适房"现象等，均在一定程度上说明了内地学习并坚持"不申请不受理"做法的必要性和重要性。

（2）"准入轮候"对内地的启示。"准入轮候"，是指从申请到配房有一个轮候过程，这一过程既是申请者等待配房的过程，也是管理者再审其轮候资格的过程。轮候之前的初审是资料审核，轮候期间的再审是实地审核。再审既能够证实和证伪前者情况，也能够根据情况的变化取消配房资格或提前配房。

---

① 香港房屋委员会：《香港房屋委员会 1997/1998 年度年报》，香港房屋委员会，1998。
② 香港特别行政区政府统计处：《香港统计年刊 2012 年版》，香港特别行政区政府，2012。

内地应建立类似香港的公屋申请和分配机制。首先，制定严格的住房保障准入标准，提出并明确申请者住房状况、收入状况和其他资产状况的量化指标。其次，严格规定从受理、初审、再审到配屋整个轮候程序，突出或凸显再审的作用。最后，改变住房分配时才进行住房申请及条件审核的临时做法，进而使住房申请及条件审核常态化。

（3）"住户跟踪与退出"对内地的启示。"住户跟踪与退出"，是指在住房分配之后，首先跟踪住户的变动情况，然后根据住户的变动情况做出是否继续享受住房保障的决定。香港的具体做法是定期对住户的经济状况和房屋使用情况进行跟踪：入住公屋满 10 年的住户必须每两年向房屋署申报一次收入，房屋署根据收入状况增加或减少资助；房屋署还定期调查富户是否有违规处置公屋和居屋的情况，若有违规处置公屋的将收回其公屋。

与此相比，由于内地住房保障工作开展时间较短，住户跟踪机制和住房退出机制缺位，从而形成"一次购买，终生无忧"或"一次获得，终生享用"的住房保障模式。这种模式既导致了住房保障公平的缺失，[1] 也占用甚至浪费了住房保障资源。[2] 尽管内地一些城市禁止违规转租保障房并回收空置保障房，[3] 但由于缺乏制度化和常态化的住户跟踪和退出机制，保障房的违规处置现象，不仅未能得到有效遏止，而且出现日趋严重的趋势。譬如杭州某经适房小区已经出租和即将出租的经适房占其住房总量的 60%，[4] 宁波某经适房小区的 947 套住房的 30% 即 284 套被转租。[5] 由此可见，在住房保障工作中，住户跟踪机制与退出机制亟待建立。

（4）"信息公开与共享"对内地的启示。"信息公开与共享"，一方面是指住房保障信息通过网络或媒体公开，从而接受社会监督。在这方面，香港房屋署利用网站、报纸和电视等媒体对公屋轮候信息和配屋信息等进行公告或公示，使公屋轮候在社会监督下有序进行。另一方面是指住房保

---

① 梁绍连、杜德斌：《我国住房保障政策公平性的缺失》，《城市问题》2007 年第 2 期。

② 郭士征、张腾：《"三元到四维"：住房保障体系的构建》，《探索与争鸣》2010 年第 8 期。

③ 田桂丹：《年薪 15 万报 1.3 万申请经适房住保办收回违规房》，2012 年 11 月 1 日，http://news.dayoo.com/guangzhou/201211/01/73437_27054100.htm。

④ 《经适房出租屡禁不止，铭和苑（一期）出租率达六成》，2008 年 9 月 25 日，http://zzhz.zjol.com.cn/05zzhz/system/2008/09/25/009973533.shtml。

⑤ 《经济适用房出租属于违规》，2012 年 5 月 24 日，http://gtoc.ningbo.gov.cn/art/2012/5/24/art_10531_912056.html。

障信息通过网络实现不同住房管理部门单位共享，从而防止重复申请等现象的发生。在这方面，香港的具体做法是，在初审阶段，申请人在提交申请表时，须同时提供申请者车辆、定期存款、股票、现金以及经营状况、婚姻状况等方面情况的声明书。在再审阶段，申请人须授权房屋署向掌握申请人信息的有关机构获取信息进行核对，而掌握申请人信息的有关机构在申请人授权下为房屋署提供相关信息。上述做法在很大程度上避免了重复申请乃至欺骗行为等现象的发生。

与此相比，内地住房保障信息公开程度不高，对于有些地方来说，无论是初审还是再审，其审核流于形式，审核结果也没有通过网络或媒体进行公开，甚至到配屋阶段都未将信息公开。信息公开程度不高，自然不能实现信息共享，从而难以核实其信息的真实性，也无法避免重复申请。因此，提高住房保障信息的公开程度与共享程度，对于住房保障工作的顺利与成功开展具有重要意义。

（5）"违规惩罚"对内地的启示。在香港，无论是住房保障的准入还是住房保障的退出，无论是住房保障的申请者还是住房保障的管理者，一旦违规，将会受到严厉制裁或惩罚。

从住房申请角度看，居民在申请公屋过程中行贿，不管数额大小均会受到严厉处罚。2009年，曾有一个获配公屋的居民在给房屋署职员的感谢信中夹带了100元港币，结果这位居民被判入狱3个月。[1] 香港《房屋条例》（第283章）第26（1）（c）条规定，公屋申请者故意提供虚假材料骗租，一经定罪可判《刑事诉讼程序条例》（第221章）附表8所规定的5万港币罚款和6个月监禁。对提供虚假材料骗取公屋的申请人，无论定罪与否，房屋署都会取消公屋申请或终止租约。居屋申请者故意提供虚假材料骗购的，根据《房屋条例》（第283章）第26（2）条规定可判50万港币罚款和1年监禁。2012年，香港发展局局长麦齐光涉嫌骗取公务员租金津贴，被香港廉政公署拘捕并被免职。[2]

从住房管理角度看，由于香港早期没有住户情况的跟踪机制，一些租

① 《香港贪污1元就处理黑暗年代受贿记录达200页》，2012年6月27日，http://finance.people.com.cn/n/2012/0627/c1004-18388626.html。
② 康殷：《上任12天遭廉署拘捕，香港发展局局长辞职》，2012年7月13日，http://news.nfmedia.com/nfdsb/content/2012-07/13/content_50780625.htm。

户在承租公屋后又购买了住房。香港房委会于 1992 年的一项调查发现，在 58 万户公屋居民中，有 13% 的住户拥有产权房，而很少公屋住户因此迁离公屋。[①] 在 1995 年针对 2250 户家庭的核查中发现，约 500 户租户将公屋用于牟利或用作仓库。针对这些违规情况，房委会一方面采取"双倍租金"政策促使富户交出公屋；另一方面采取收回公屋的政策惩罚违规处置公屋的行为。2004 年 2 月，房屋署成立了专门的特遣队，负责调查和处置 800 多套非法使用、空置或转租的公屋。2006 年 12 月，房委会将打击滥用公屋资源特遣队易名为"善用公屋资源分组"，该分组负责调查所有可疑的滥用公屋个案，2006 年对 5500 宗个案进行深入调查，收回 9129 个公屋重新编配给轮候申请人。[②]

相对来说，内地住房保障过程中的违规甚至欺骗现象更为严重。对此，我们要么是制裁和惩罚机制缺位，要么是"头痛医头"或"脚痛医脚"地处置。因此，借鉴香港经验，建构系统且严厉的制裁与惩罚机制是内地住房保障顺利并健康开展的重要保证。

---

① 刘国裕：《租住公屋政策与资源分配》，杨汝万、王家英《香港公营房屋五十年：金禧年回顾与前瞻》，香港中文大学出版社，2003，第 169 ~ 195 页。

② 香港房屋委员会：《香港房屋委员会 2006/2007 年度年报》，香港房屋委员会，2007。

香港市民如何表达诉求

社会运动的理论解读与香港社会运动的历史演变[*]

摘　要：本文首先从性质、原因、主体及目的四个不同角度解读社会运动。从其性质看，社会运动可以分为秩序性行动和非秩序性行动；从其原因看，社会运动的起因可分为结构性因素和非结构性因素；从其主体看，社会运动的参与者可分为单一性来源和多样性来源；从其目的看，社会运动可分为制度改变型和政策改变型。本文其次探讨了香港社会运动的历史演变。论文将香港社会运动的历史演变划分为回归前和回归后两大时期。在回归前，与港英政府在 1980 年之前实施的封闭性管治和之后实施的半封闭性管治相适应，香港社会运动从非秩序性转变为非秩序性兼具秩序性。在回归后，香港社会运动以 2012 年为标志分为此前的社会运动常态期和此后的社会运动非常态期。

关键词：社会运动；理论解读；香港社会运动；历史演变

　　21 世纪初以来，越来越多的学者开始从不同角度解读香港社会运动的现实状况，预测香港社会运动的演变趋势。① 这些研究对于我们了解香港社

---

　*　此文在《中南民族大学学报》（人文社会科学版）2017 年第 6 期发表。

　①　田飞龙：《香港社会运动转型与〈基本法变迁〉》，《中国法律评论》2006 年第 11 期；李敢：《如何化解香港规模性社会运动难题：国家与社会关系的分析视角》，《华侨大学学报》（哲学社会科学版）2014 年第 3 期；刘兆佳：《过渡时期的香港政治》，广角（转下页注）

会运动的现状与趋势无疑具有帮助。

我们认为，要解读香港社会运动的现状，必须了解香港社会运动的历史；而要了解香港社会运动的历史，又必须了解社会运动的一般理论。因此，下面依次探讨两个问题：一是社会运动的理论解读，二是香港社会运动的历史演变。

一　社会运动的理论解读

社会运动，既是政治学的基本概念，也是社会学的基本范畴，严格来说，是一种政治社会现象。学术界关于社会运动的理论研究成果丰厚，下面依据已有研究成果仅从其性质、原因、主体及目的四个不同角度解读社会运动。

（一）秩序性行动还是非秩序性行动：社会运动的性质

社会运动（social movement）作为近代兴起的学术概念，最初是指自发产生、打破常规惯例和挑战现有秩序的集体政治行动。[1] 当代学者普遍认为，并不是所有的社会运动都构成秩序的挑战，只有那些持反制度倾向（anti-institutional orientation）的社会运动才属于非秩序性行动，而在制度空间内运作的社会运动属于秩序性行动。[2]

古典社会学侧重社会运动的非秩序性，认为社会运动与社会稳定相互对立、此消彼长。马克思提出，工人阶级通过社会运动消灭不平等的劳动关

（接上页注①）镜出版社，2014；刘兆佳：《香港"占中"行动的深层剖析》，《港澳研究》2015 年第 1 期；Ma, Ngok, Social Movements and State-society Relationship in Hong Kong, in Khun Eng Kuah-Pearce and Gilles Guiheux (eds.), *Social Movements in China and Hong Kong*, Netherlands：Amsterdam University Press, 2009；Cai, Yongshun, *The Occupy Movement in Hong Kong*, New York：Routledge, 2016。

[1] Eyerman Ron, Social Movement, in Bryan Turner (eds.), *The Cambridge Dictionary of Sociology*, New York：Cambridge University Press, 2006.

[2] Traugott, Mark, Reconceiving Social Movements, *Social Problems* (26), 1978. McAdam, Doug, Karina Kloos, *The Origins of Our Fractured Society：Racial Politics and Social Movements in Post-War American*, New York：Oxford University Press, 2014.

系，因而社会运动是历史进步的基础动力（prime agent）。[1] 韦伯和涂尔干则认为，社会运动是普遍发生于转型期的大众紊乱，是文化规范式微和社会整合解体的产物。[2] 帕森斯阐发了一套搁置冲突、强调和谐的社会系统理论，核心观点是社会运动对社会系统造成了冲击，唯有国家在文化层面建立价值共识，才能消除动乱进而重建秩序。[3]

当代社会学重视社会运动的秩序性，近半个世纪以来兴起的劳工福利抗争、教育改革、黑人民权运动以及环境保护运动渐成学术与政治的常态论题。[4] 学者们认识到，社会运动其实是一类观念、价值和利益的表达机制，并不一定会瓦解社会秩序。[5] 尤其在财富分配悬殊和社会阶层固化的发达国家，民间组织利用制度庇护发起权利运动，既是对资本剥削和权贵压迫表达不满，[6] 又能促使政府关注弱势群体的不利境况。[7]

总的来说，社会运动是指有特定诉求的集体政治行动，其中既包括反对并改变某项既定社会政策的秩序性行动，也包括反对并改变既定社会制度的非秩序性行动。在缺乏沟通渠道或机制的封闭型社会制度环境中，社会运动以非秩序性行动为主，而在那些具有容谏纳谏的渠道或机制的开放型社会制度环境中，社会运动则以秩序性行动为主。[8] 对于具备成熟执政能力的开放型政府，社会运动一般充当社会矛盾和社会问题的"安全阀"和"警示器"：[9]

---

① Morrison, Ken, *Marx, Durkheim, Weber: Formations of Modern Social Thought*, New York: Sage, 2014.

② Morrison, Ken, *Marx, Durkheim, Weber: Formations of Modern Social Thought*, New York: Sage, 2014.

③ 帕森斯：《社会的演化》，章英华译，远流出版社，1991。

④ Morris, Aldon D, "A Retrospective on the Civil Rights Movement," *Annual Review of Sociology* (25), 1999.

⑤ Diani, Mario, The Concept of Social Movement, *Sociological Review* (40), 1992. Cohen, Jean and Andrew Arato, *Civil Society and Political Theory*, Cambridge: MIT Press, 1994.

⑥ Eyerman Ron, Social Movement, in Bryan Turner (eds.), *The Cambridge Dictionary of Sociology*, New York: Cambridge University Press, 2006.

⑦ McAdam, Doug, Karina Kloos, *The Origins of Our Fractured Society: Racial Politics and Social Movements in Post - War American*, New York: Oxford University Press, 2014.

⑧ 何明修：《社会运动概论》，三民书局，2005。

⑨ McAdam, Doug, Karina Kloos, *The Origins of Our Fractured Society: Racial Politics and Social Movements in Post - War American*, New York: Oxford University Press, 2014. Swain, Ashok, "Social Networks and Social Movements: Using Northern Tools to Evaluate Southern Protest," *Uppsala Peace Research Paper* (4), 2002.

一方面，人们参与社会运动可以为社会减压，避免产生极端行为；另一方面，社会运动可以推动分配正义和社会福利，是改革的契机和先声。

（二）结构性因素还是非结构性因素：社会运动的原因

非秩序性社会运动起源于社会整合不足与利益分化等结构性因素，典型观点是解组论和分层论。解组论代表涂尔干认为，当社会的约束力和凝聚力下降时，人们缺乏规范与道德的指引，容易引起发泄式运动。[①] 科恩豪瑟佐证，人们在制度继替之际难以进行心理调适，倾向表现出焦虑情绪和发出攻击性行为。[②] 分层论代表之一马克思认为，社会冲突根源于不同阶级关于生产资料和生产工具占有权的冲突；[③] 而分层论的另一代表韦伯认为，社会运动是人们对权力、财富和声望的垄断之反抗。[④] 派金综合两人视角认为，社会运动肇起于分配问题，即现有分配制度强行将某些群体排除在外，这些群体就会联合起来对抗这种制度。[⑤] 由于结构性因素根深蒂固，非秩序性社会运动的后果往往具有破坏性。

秩序性社会运动一般与非结构性因素关联，常见于新闻媒体的种族歧视、学校的能力分班以及地方税金变更等社会问题会引发社会运动。随着政治现代化的推进，社会运动俨然成为一些国家政治生活的基本单元。[⑥] 人们借助制度内的社会运动，容易以低成本的方式推进社会改革。加之开放的制度环境又会进一步激发人们继承、学习和传播以往的运动经验，使得社会运动成为一种功能独特的自下而上的增量改革。[⑦] 换言之，非结构性因素引导的社会运动是一种重要的政治活动，是社会进步的基石，并具有建设性。

---

① Morrison, Ken, *Marx*, *Durkheim*, *Weber*: *Formations of Modern Social Thought*, New York: Sage, 2014.

② Kornhauser, William, Power and Participation in the Local Community, in John Walton and Donald Carns (eds.), *Cities in Change*, New York: Sage, 1959.

③ 马克思：《共产党宣言》，中共中央马克思恩格斯列宁斯大林著作编译局译，人民出版社，1984。

④ 韦伯：《经济与社会》，阎克文译，上海人民出版社，2010。

⑤ Parkin, Frank, *Marxism and Class Theory*: *A Bourgeois Critique*, London: Tavistock, 1979.

⑥ 亨廷顿：《变化社会中的政治秩序》，王冠华译，上海人民出版社，2015。

⑦ Maguire, Diarmuid, "Opposition Movements and Opposition Parties: Equal Partners or Dependent Relations in the Struggle for Power and Reform," in J. Craig Jenkins and Bert Klandermans (eds.), *The Politics of Social Protest*, Minneapolis: University of Minnesota Press, 1995.

也有人认为，社会运动常常是结构性与非结构性因素相互交织引起的，不能化约而论。如史梅瑟提出结构性助长、结构性紧张、概约化信仰、爆发性诱因、合作化团体和社会化控制等因素，认为这些因素在不同制度环境下累积程度不同，造成了社会运动的不同形态。[1] 还有学者补充国家内外部条件，如时事政治的牵动、政治盟友的出现和统治阶级的分裂等因素，[2] 认为这些均有可能引发社会运动。

尽管社会运动须具体情况具体分析，但通常情况下，秩序性社会运动以非结构性因素为主，非秩序性社会运动以结构性因素为主。[3]

（三）单一性来源还是多样性来源：社会运动的主体

非秩序性社会运动的主体往往来源单一，同一事件的参与者通常是特定利益的受损者，如失地农民或产业工人、[4] 边缘团体或在野党派、[5] 底层劳工、[6] 威权国家公民、[7] 社会草根、[8] 弱势群体[9]以及新兴都市精英[10]等。

[1] Smelser, Neil, *Social Change in the Industrial Revolution: An Application of Hheory to the Lancashire Cotton Industry: 1770－1840*, Chicago: Chicago University Press, 1959.

[2] Tarrow, Sidney, Power in Movement: Social Movements, Collective Action and Politics, New York: Cambridge University Press, 1994. Tarrow, Sidney, "States and Opportunities: The Political Structuring of Social Movements," in J. Craig Jenkins and Bert Klandermans (eds.), *The Politics of Social Protest: Comparative Perspectives on States and Social Movements*, London: University College of London, 1996.

[3] 赵鼎新：《社会与政治运动讲义》，社会科学文献出版社，2012；Japser, James, *Recruiting Intimates, Recruiting Strangers: Building the Contemporary Animal Rights Movement*, New York: Rowman and Littlefield Publishers, 1999。

[4] 马克思：《共产党宣言》，中共中央马克思恩格斯列宁斯大林著作编译局译，人民出版社，1984。

[5] 韦伯：《经济与社会》，阎克文译，上海人民出版社，2010。

[6] 汤普森：《英国工人阶级的形成》，钱乘旦等译，译林出版社，1994。

[7] Bendix, Reinhard, *National－building and Citizenship: Studies of Our Changing Social Order*, Berkeley: University of California Press, 1964。

[8] Johnson, Victoria, "The Strategic Determinants of A Countermovement: The Emergence and Impact of Operation Rescue Blockades," in DG Bromley, DG Cutchin (eds.), *Waves of Protest: Social Movements Since the Sixties*, Chapel Hill: University of North Carolina Press, 1999.

[9] Eisinger, "Racial Differences in Protest Participation," *American Political Science Review* (68), 1974.

[10] Castells, Manuel, *The City and the Grassroots: A Cross－cultural Theory of Urban Social Movements*, Berkeley: University of California Press, 1982.

当社会制度固化了某些群体的利益受损境况，这些群体就会团结起来破坏这种制度。[1]

然而在秩序性社会运动中，同一事件的参与者来源多样，群体特征并不显著。[2] 如 20 世纪 60 年代美国平权运动中，参与者遍布中间阶级，[3] 因为在战后富裕生活条件下，许多市民一方面有充沛的闲暇时间进行公共参与；另一方面没有就业压力而能持续投入到理想主义的实践之中去。而在文化运动中，高学历群体与文化创新者均是主体，[4] 亦即只要是及时汲取最新的文化思潮的人，都能以他们的文化理念指导行动。在互联网运动中，参与主体为各色网民。[5] 在网络虚拟的空间中，彼此共享相近信念的人极易通过网际互动发展出一套亚文化生产机制，这些新兴文化要素跨越了种族、文化和阶层的社会藩篱。

由此可见，不同目的和功能的社会运动背后是或单一或多样的诉求群体。生活在相近制度环境的人，更易养成相近的价值观念和问题意识，进而产生一致的集体认同和行动目标。[6] 也就是说，不同参与者的不同诉求及其对制度的反应，将直接影响社会运动的秩序性还是非秩序性乃至其结果的建设性还是破坏性。

（四）制度改变型还是政策改变型：社会运动的目的

非秩序性社会运动的直接对象是社会制度本身，其预期后果通常是旧政权的颠覆、社会制度的重组、敌对派别的清算、新国家的建立以及新政党的产生等。[7] 但在不同的制度环境下，社会运动采取的手段十分不同。在

---

[1] Parkin, Frank, *Marxism and Class Theory: A Bourgeois Critique*, London: Tavistock, 1979.

[2] Gamson, "William, Message of Exclusion: Gender, Movement, and Symbolic Boundaries," *Gender and Society* (11), 1997.

[3] McAdam, Doug, 《自由之夏》, 黄克先译, 群学出版社, 2011。

[4] Castells, Manuel, *Networks of Outrage and Hope: Social Movements in the Internet Age*, London: Polity Press, 2015.

[5] Laser, Aelst, "Internet and Social Movement Action Repertoires: Opportunities and Limitations," *Information, Communication and Society* (13), 2012.

[6] 何明修：《社会运动概论》, 三民书局, 2005。

[7] Kriesi, Hanspter, "The Political Opportunity Structure of New Social Movements: Its Impact on Their Mobilization," in J. Craig Jenkins and Bert Klandermans (eds.), *The Politics of Social Protest: Comparative Perspectives on States and Social Movements*, London: University College of London, 1995.

开放型制度环境中，社会运动以温和的方式即可达成目的；在封闭型制度环境中，社会运动容易演变为激烈的暴力革命。正如古德文所析，"专制制度从诞生之日起就已为颠覆性政治行动埋下伏笔"①。而政治学家昆达诺进一步断言，威权制度容易滋生暴力革命，由于民众意见长期被排除在外，人民会被打造成"彻底的反对派"②。

秩序性社会运动的目的在于公共政策的改变。只要参与者对制度持有信心，他们就会挺身而出追求在制度内框架的改革成果。政治学家奥尔森就认为，秩序性建设型社会运动通常定位于公共物品，因为这种社会运动是针对资源再分配的行动，公共建设是其起点，政策影响则是其目标。尤其进入 20 世纪以后，西方社会运动普遍提出就业、消费、居住、教育、交通、环境污染以及政治和宗教信仰等现实诉求，③ 是社会向国家传达改革呼声的普遍途径。

无论是秩序性还是非秩序性社会运动都存在一定的生命周期，只发挥过渡性功能。④ 社会运动成功之时，亦是其终结之时。但社会运动能否以落实改革的方式结束，取决于制度环境和民众对制度的要求。实证研究表明，开放的制度环境配合制度内的改革最能使国家长治久安，符合大多数人民的利益。⑤

二　香港社会运动的历史演变

社会运动是香港历史的重要组成部分。无论是在回归前的港英政府的

---

① Goodwin Jeff, *No Other Way Out*: *States and Revolutionary Movements*: *1945 - 1991*, New York: Cambridge University Press, 2001.

② Quadagno, Jill, "Social Movements and State Transformation: Labor Unions and Racial Conflict in the War on Poverty," *American Sociological Review* (57), 1992.

③ Tarrow, Sidney, *Power in Movement*: *Social Movements*, *Collective Action and Politics*, New York: Cambridge University Press, 1994. Tarrow, Sidney, "States and Opportunities: The Political Structuring of Social Movements," in J. Craig Jenkins and Bert Klandermans (eds.), *The Politics of Social Protest*: *Comparative Perspectives on States and Social Movements*, London: University College of London, 1996.

④ Tilly, Charles, "Social Movement and National Politics," in Charles Bright and Susan Harding (eds.), *State Making and Social Movements*: *Essays in History and Theory*. Ann Arbor: University of Michigan Press, 1984.

⑤ Maguire, Diarmuid, "Opposition Movements and Opposition Parties: Equal Partners or Dependent Relations in the Struggle for Power and Reform," in J. Craig Jenkins and Bert Klandermans (eds.), *The Politics of Social Protest*, Minneapolis: University of Minnesota Press, 1995.

政治管制时期，还是在回归后的特区政府的"港人治港，高度自治"时期，社会运动始终伴随着香港的发展进程。① 但回归前后两个时期的社会运动因其社会治理模式不同而表现出不同的性质和特点。

（一） 回归以前的香港社会运动

回归前，香港实行的是殖民管治体制。殖民统治之下，香港没有政党组织，没有代议机关，更没有民主选举，其制度环境属封闭式。② 为反抗这种制度，回归前的香港社会运动在多数情况下表现为非秩序性。但随着香港主权问题被提上日程，港英政府于 1980 年开始实行所谓"政改"，使香港从封闭管治进入半封闭管治。与其管治体制的松动相适应，香港社会运动从非秩序性转变为非秩序性兼具秩序性，这是因为封闭性管治体制有所松动但又没有发生根本变化。

1. 封闭管治时期的社会运动 （1980 年以前）

在 1980 年以前的封闭管治时期，香港政治制度具有以下基本特征：③其一，港英政府权力来源不是市民而是英国女王，只对英国女王和英国政府负责；其二，港英政府属于英国的外派机构，实行总督专权制，而港督一人集政府首脑、行政局主席和立法局主席三大权力于一身，港督的任免取决于英国政府；其三，政府中没有民意代表，官员的任免取决于港督，而且政策的实施不必也无须体恤民意。在这种封闭性和压制性的殖民统治下，香港市民通过常态政治参与向政府传达社情民意的渠道几乎不复存在，社会运动因而具有对抗性和暴力型。唯有借助暴力手段，人民才可能在一

---

① Ma, Ngok, "Social Movements and State – society Relationship in Hong Kong," in Khun Eng Kuah – Pearce and Gilles Guiheux （eds.）, *Social Movements in China and Hong Kong*, Nether-lands: Amsterdam University Press, 2009. Lau, Sui – kai, "Social Conflicts: 1987 – 1995," in Lau Siu – kai （eds.）, *Social Development and Political Change in Hong Kong*, Hong Kong: The Chinese University Press, 2002.

② 王英津：《香港民主化进程的回顾、现状与走向》，中国人民大学国家发展与战略研究院专题报告 NPE201409，2014。

③ 卜约翰：《政府管治能力与香港公务员》，邝锦钧译，牛津大学出版社，2010；李彭广：《管治香港：英国解密档案的启示》，牛津大学出版社，2012；王英津：《香港民主化进程的回顾、现状与走向》，中国人民大学国家发展与战略研究院专题报告 NPE201409，2014。

定程度上保障自己的生存权利。① 为了反抗殖民统治，不仅社会运动频繁，而且常常发生流血抗争，政府和民众均因此付出了沉重代价。

仅从 1956 年至 1979 年的媒体资料来看，针对港英政府的大型社会运动就多达 20 起，其诉求包括反对殖民统治与捍卫中华文化两个方面。一方面，香港快速兴起的劳动密集型产业造成对工人的高度盘剥，而港英政府在劳工福利方面却未加以约束和规制。香港市民为争取基本劳动权益，不得不采取大规模罢工游行、长时间的示威静坐以及围堵包抄政府机构等方式抵制港英政府和资本家的独断专行。这类社会运动矛头直指封闭的殖民管治制度，其中包括"反天星小轮加价运动""造花厂劳资冲突""左派罢工潮""团结工人运动"和"抗议教师削薪罢工"等（中间三次运动被港英政府定性为"六七暴动"）。另一方面，针对港英政府的文化专制与"语言殖民"，香港民间社会精英联合教师学生组织发起数轮中华文化和语言保育运动，反对教育系统"重英轻中"，力争中文语言文字教育合法化，保全科学、教育、文化系统的中国元素。

表 1　1956～1979 年香港大型社会运动一览

时间	事件	起因与经过
1956 年 10 月 10 日～12 日	九龙"双十"暴动	英属香港政府禁止和拆除李郑屋徙置区放置的青天白日旗而引发的市民集体抗议运动
1965 年 11 月	反加价签名集会	天星小轮加价引发市民不满，超 2 万人签名反对
1966 年 4 月 4～5 日	反加价绝食静坐	以苏守忠为首的 12 名青年于天星码头绝食静坐
1966 年 4 月 6 日	包围油麻地警署	市民发起包围油麻地警署，要求释放绝食青年
1966 年 4 月 7 日	反禁宵行动	市民发起包围旺角和油麻地警署，抗议禁宵
1967 年 5 月 4～6 日	造花厂劳资冲突	造花厂出现劳资纠纷，工人贴大字报抗议资方行为，数百人包围新蒲岗大有街人造花厂
1967 年 5 月 7 日	左派罢工潮	《大公报》社论谴责警察拘捕工人，引发罢工潮
1967 年 5 月 16 日	团结工人运动	以《文汇报》和《大公报》为首谴责政府暴行，左派工会成立"港九同胞反对港英迫害斗争委员会"，组织全港工人抗议运动

---

① 赵永佳、吕大乐：《"左派"运动在香港》，载赵永佳等编《胸怀祖国：香港"爱国左派"运动》，牛津大学出版社，2014。

时间	事件	起因与经过
1967 年 5 月 23 日	各界工会罢工	巴士、有轨电车、煤气等工会组织罢工游行
1967 年 6 月 27 日	学生罢课	左派学校发起学生罢课
1967 年 6 月 29 日	商人罢市	左派商会发起商铺罢市
1968～1971 年	第一次"中文运动"	专上学生成立学生联合委员会和"促进中文成为法定语文委员会"，争取中文教育合法化，反对教育"重英轻中"，不满殖民统治，举办签名集会
1971 年 2 月	保钓集会	由教师和学生成立"香港保卫钓鱼台行动委员会"，发起集会行动
1971 年 7 月 7 日	保护钓鱼岛"七七大示威"	学联于维园举行"七七大示威"，抗议日本侵占钓鱼台
1973 年 4 月 4 日	抗议削减教师薪酬第一轮罢工	"教育筹备委员会"主席司徒华联合"全港教育团体联合会"发起教师罢工，抗议政府削减薪酬
1973 年 4 月 15 日	抗议削减教师薪酬第二轮罢工	"全港教育团体联合会"发起第二轮教师大罢工，抗议政府削减教师薪酬
1973 年 7 月	抗议警司贪腐	民间自主发起"反贪腐，捉葛柏"行动，要求政府查捕总警司葛柏和处理内部贪腐问题，最后促成廉政公署（ICAC）成立
1977 年 5 月	抗议学校削减教师薪酬	金禧学校教师发起罢课静坐，不满学校账户混乱和私自扣减教职员工薪酬。数万名市民在维园发起集会，支持学生与教师的行动
1977 年 10 月	第二次"中文运动"	教育署推出《高中及专上教育白皮书》引起学界不满，学界成立《中文运动联合委员会》，反对政府"重英轻中"的教育政策
1979 年 1～2 月	"艇户事件"	油麻地水上艇户就上楼问题抗议政府处置不妥，在礼宾府发起集会

注：数据来自香港公共图书馆多媒体资讯系统香港旧报纸数据库，由笔者整理制表。

2. 半封闭管治时期的社会运动（1980～1997 年）

1980 年以后，随着中国确认恢复行使香港主权，港英政府开始推行所谓的"政改"，意图在香港回归前培植亲英势力并打造英治"制度遗产"。

"政改"以两个方案的颁布为标志。1980 年港英政府颁布《香港地方行政模式绿皮书》，开始探索在香港地方架构中引入民主选举，紧接着 1981 年港英政府继续颁布《香港地方行政白皮书》，进一步讨论将民主选举引入政制。虽然这些所谓"政改方案"初步建成三级代议体系和选举议员制度，但港英政府的权力来源和忠于对象依旧是英国女王和英国政府，港督仍然把持香港三大部门权力。换句话说，"政改"没有从根本上颠覆政府权责关系，① 只是使得封闭管治制度出现一定松动。

在半封闭管治时期，香港社会运动表现为两方面特征。一方面，有组织的民间团体成为社会运动的主要参与群体，这些民间团体在日后不同程度发展成为政治党派。另一方面，社会运动的诉求出现多元化，由原来纯粹的反体制诉求转化为民生改善诉求和制度改革诉求并存。从1980年到1997年的媒体资料看，此间爆发的22次大型社会运动中，有17次社会运动由支联会和民主党派等民间团体领导。从1984～1997年常规公众游行与集会数据来看（见图1），总人数出现大幅上升趋势，即从1991年开始年均参与规模维持在1000人次以上。这印证了社会学家泰勒的判断，即政治结构从封闭走向开放，使得自发性基层组织成为社会运动的"蓄水池"。②

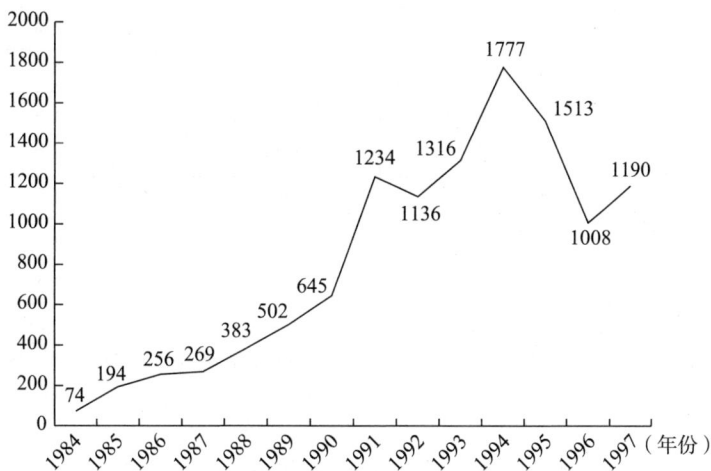

图1 1984～1997年香港公众集会与游行年均人数

注：数据来源于香港警察署，由笔者整理制图。

---

① 王庚武：《香港史新编》，三联书店，1999；刘兆佳：《激进暴乱必引反制》，《中评网》，2016年2月11日。

② Tarrow, Sidney, "States and Opportunities: The Political Structuring of Social Movements," in J. Craig Jenkins and Bert Klandermans (eds.), *The Politics of Social Protest: Comparative Perspectives on States and Social Movements*, London: University College of London, 1996.

由表 2 可见，这一时期香港社会运动的诉求，既包括房屋、交通、教育和环境等民生方面的诉求，也包括争取选举权等政治方面的诉求。这些诉求一方面表明了社会运动对港英政府的施政开始有所影响，亦即出现社会倒逼政府改革的情况，另一方面表明随着回归日程的临近和政治制度的松动，市民越来越公开表示对旧体制的不满和对新体制的憧憬。

表 2 　1975~1986 年和 1987~1995 年香港社会运动的诉求概览

时间段	主要诉求		
	诉求类型	数量（件）	占同一时段比例（%）
1975~1986 年 （687 件）	劳工	230	26.1
	房屋	169	19.2
	交通	81	9.2
	教育	75	8.5
	政治	67	7.6
	环境	65	7.4
1987~1995 年 （2472 件）	劳工与就业	753	20.6
	公民权与自由	564	15.4
	房屋	341	9.3
	政治	320	8.7
	交通	282	7.7
	教育	212	5.8

注：数据来源自 Cheung and Louie 和 Lau and Wan。由于这一时期的香港社会运动数据缺乏可靠官方信源，本报告只能从现有研究中截取部分结果作为参照，其中 1975~1986 年与 1987~1995 年的编码系统不相同，只能大致呈现诉求类型分布。

回归前香港法例对社会运动的限制亦进一步体现港英政府殖民管治形态的转变（见表 3）。从直接禁止到实施"牌照申请"制度，再到实施"通知"制度，港英政府对社会运动的态度从绝对否定转为相对宽容。但须指出的是，每一次转变从来都是政府对社会事件的被动回应，因而还没有从根本上扭转政府与社会之间的权责关系。综合上述数据，我们可以断言，1980 年开始的香港"政改"其实是相对性或选择性的政治民主和管治宽松。

表 3　回归以前香港法例对社会运动的管制

时期	法例	管制性质	对社会运动的具体表述	转变标志
1948～1966 年	《公共秩序条例》	直接禁止	"凡在公共场所公开集会而穿着制服，表示其参与任何政治机构或为任何政治目的者，均以犯罪论"	对中华人民共和国成立在即的回应
1967～1970 年	《公安条例》	"牌照申请"制度	"无论任何人如欲召开或举行公众会议、游行，必须先期七日以上向警务处长申请牌照。警务人员对未依例领取执照或违反执照所定条例的公众会议、游行，均得径行制止或驱散之"	对"六七暴动"的回应
1971～1980 年	《公安条例》（修订）	"牌照申请"制度（修订）	在原规定基础上，限定公众集会地点为维多利亚公园、香港大球场、九龙公园、佐墩道英皇佐治五世公园及摩士公园 5 处	对保卫钓鱼岛"七七大示威"的回应
1981～1995 年	《公安条例》（修订）	"通知"制度	20 人以上的游行及 30 人以上的集会须提前 7 天通知警务处长，无须申请牌照。通知须列明组织人、相关团体、地点、时间起止、参与人数、形式和内容	对"艇户事件"的回应
1996 年至香港回归	《公安条例》（修订）	"通知"制度（修订）	通知门槛放宽至 50 人以上的公众集会和 500 人以上的私人集会	对联合国公民权利公约的回应

（二）回归以来的香港社会运动

回归以来，在"一国两制"的大政方针下，香港建立了"港人治港、高度自治"的自治制度。随着经济实力不断增强，社会发展水平不断提高，香港社会运动在香港回归初期总体上处于正常状态并一度出现社会运动频率和人数下降的趋势。然而，随着香港回归后民主化进程的开启及逐步推进，一些激进势力利用香港与内地的制度差异制造事端，并在 2012 年的"七一游行"中提出"港独"等不切实际且触犯底线的口号。此后，香港的社会运动开始非常态化。

所谓常态，就是有何种诉求就表达何种诉求。所谓非常态，就是在凸显并放大香港与内地制度差异的同时，将不同诉求都归因为或导引至香港与内地的制度差异。

1. 社会运动常态期（1997～2011年）

回归以来，香港政治民主化进程开启并稳步推进，一方面，香港立法会议员来自香港本地永久居民，同时经由香港市民选举产生；另一方面，香港行政长官产生办法逐步改善，并有望在不久的将来从间接选举过渡到直接选举。[①] 与此同时，香港市民对社会发展的评价总体上趋于满意（见图2），社会运动不仅处于正常状态，而且其人数出现大幅度下降趋势（见图3）。

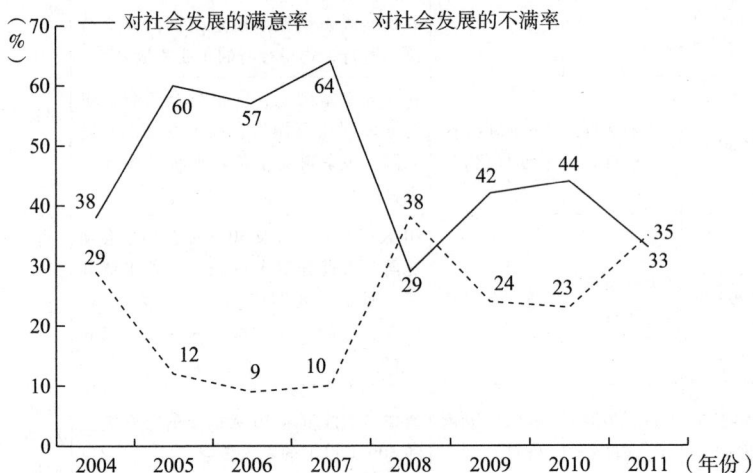

图2　2004～2011年香港市民对社会发展的评价变化

注：数据来源于香港大学民意调查中心，由笔者整理制图。

2008年以后，随着全球性金融危机的爆发，香港出现一连串的社会经济并发问题，如失业率攀升、社会财富日渐分化以及生活成本高涨等。这些经济社会发展的波折亦对社会运动产生了辐射作用。[②] 从图2可见，自2008年开始，市民对社会发展的评价有所下降，其原因包括两个方面：一方面，香港经济发展因国际经济环境的波动和香港产业结构的限制开始下行，引发民众对时任政府的失望和对社会经济前景的踟蹰；另一方面，在香港政改制度尚未完全确定之际，制度转型和民主发展的前景不很明朗，使社会发展的评价回落。即便如此，香港的社会运动仍处于常态。2005～

---

① 强世功：《中国香港》，三联书店，1999；王英津：《香港民主化进程的回顾、现状与走向》，中国人民大学国家发展与战略研究院专题报告 NPE201409，2014。

② 刘兆佳：《激进暴乱必引反制》，《中评网》，2016年2月11日；王建民：《香港、台湾政治发展态势之异同》，《统一论坛》，2015年6月23日。

2011 年的历史档案记载，38 次大型社会运动中，无论是次数较多的民生诉求，还是次数较少的政治诉求，均是对当时社会状况的反映。

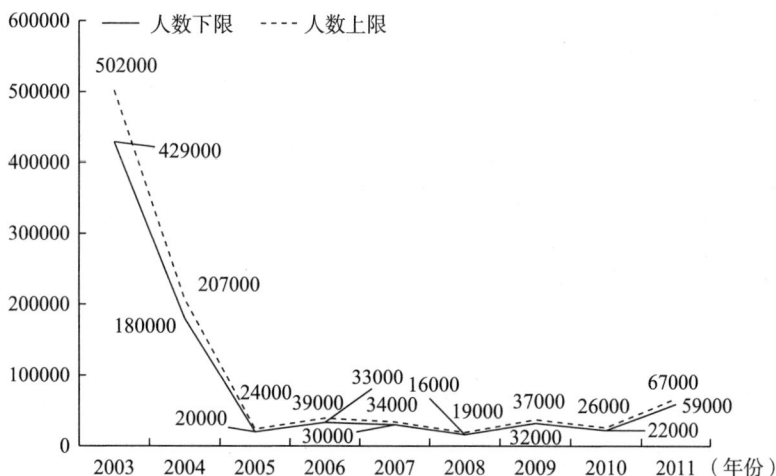

图 3　2003～2011 年"七一游行"人数变化

注：数据来源于香港大学民意调查中心，由笔者整理制图。

2. 社会运动非常态期（2012 年至今）

如果说 2012 年的"七一游行"是香港社会运动非常态化的开端，那么 2014 年的"占中"事件则是香港社会运动非常态化的顶峰。从此，香港的社会运动出现两个特征或趋势：一是社会运动政治化，二是政治运动极端化。

据香港警察署数据统计（见图 5），2012 以来公众集会和游行年均人数在 6000 次以上，其中公众集会在 5000 次左右，公众游行在 1000 次左右。2012 年至今的媒体记载表明，在 56 次大型社会运动中，政治诉求型社会运动高达 51 次，其中直接针对香港特区政府的则高达 20 次。值得注意的是，2012 年"七一游行"首次出现手持有"港独"象征的"龙狮旗"和"香港旗"。自那以后，社会运动加剧政治化，最终于 2014 年引发了"占中"事件。

香港社会运动的非常态化，使香港特区政府的依法行政面临重大压力，[①] 也使香港自身发展失去很多机遇并付出极大代价。由于"一国两制"

---

① Cai, Yongshun, *The Occupy Movement in Hong Kong*, New York：Routledge, 2016.

是一种长期的制度安排，"片面强调制度差异、罔顾社会发展共同利益"的民粹意见只会引发社会撕裂，无助于香港的长远发展和核心利益。① 尤其是一些激进势力摒弃常规意见表达渠道，借助"街头政治"的制度外手段，将民众诉求引向暴力抗争。此种行为不但对香港民主政治建设于事无补，而且对香港经济社会发展构成重大危害。

目前，香港的社会运动出现社会运动主体多元化、社会运动诉求民粹化的最新动向。香港的政治型社会运动似乎在经历一个从政党化、精英化的传统模式向多元化、民粹化的非传统模式的转型。需要指出的是，近年来出现的社会运动"违法化"或"非法化"现象，既挑战了香港的法治传统，也辱没了现代法治精神，为香港的社会稳定与经济繁荣投下阴影。

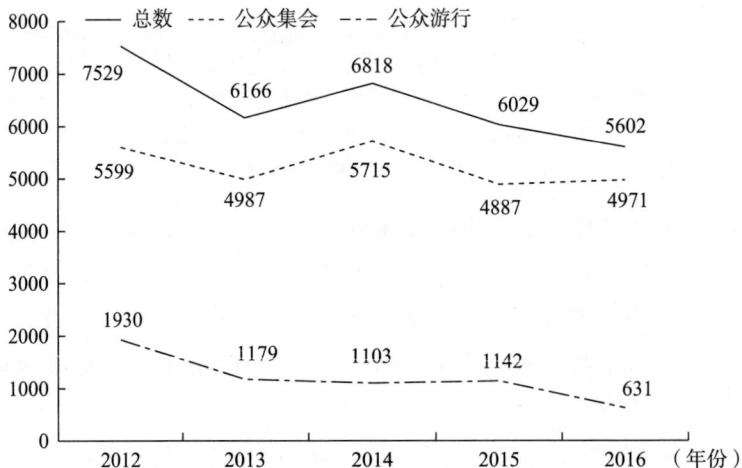

图 4　2012 年以来香港公众集会与游行年均人数变化

注：数据来源于香港警察署，由笔者整理制图。

---

① 王英津：《香港民主化进程的回顾、现状与走向》，中国人民大学国家发展与战略研究院专题报告 NPE201409，2014。

香港发展如何面对机遇

"一带一路"与香港发展[*]

摘　要：本文首先认为，"一带一路"是包容性发展的拓展和深化，是一种超越发展程度、社会制度、文化传统及宗教信仰的合作共赢；本文其次认为，"一带一路"为香港发展提供机遇，既可能拓展香港与内地的合作，又可能助力解决香港自身的问题，同时还可能让香港获得新的发展；本文最后认为，香港在"一带一路"中也应有所担当，香港应该在"一带一路"建设中成为不同发展程度、不同社会制度、不同文化传统及宗教信仰的国家和地区共同发展的引领者。

关键词：一带一路；香港发展；机遇；担当

作为一种处事原则的相互包容，既是人类的善良本性，也是人类的生存方式。作为一种发展模式的包容性发展（inclusive development），则是源于当代的经济学研究，是经济学所讨论的包容性增长（inclusive growth）的拓展和升华。中国提出的"一带一路"倡议，则是包容性发展的拓展和深化。这一倡议既让香港发展面临机遇，也使香港应有所担当。

＊　本文主要内容曾分别在《大珠三角论坛》2015 年第 3 期、《南方日报》2016 年 1 月 9 日、《紫荆论坛》（香港）2016 年 5~6 月号发表。

一 "一带一路" 是包容性发展的拓展和深化

包容性发展是社会发展的必然趋势。一方面，现代化所带来的社会结构方式的变化使包容性发展成为需要。社会学研究认为，社会发展的过程就是从同质单一性社会向异质多样性社会的发展过程。[①] 传统社会是以自然经济为基础、社会开放程度和社会分化程度较低的社会，而现代社会是以市场经济为基础、社会开放程度和社会分化程度较高的社会。[②] 社会发展程度越高，就越多元化和多样化，而社会越是多元化和多样化，就越需要包容性发展。另一方面，现代化所导致的社会游戏规则的变化使包容性发展成为可能。美国哲学家詹姆斯·卡斯认为，人类社会的游戏规则将经历一个从"有限游戏"向"无限游戏"的发展过程。"有限游戏"就是输赢性游戏，即你输我赢的游戏。"无限游戏"则是共赢性游戏，即没有输家而可能都是赢家的游戏。[③] 詹姆斯·卡斯的理论颠覆了传统发展理论的思维方式，富裕阶层与贫困群体、先发地区与后发地区、核心国家与边陲国家在其发展过程中不再是你输我赢的关系，而应该是或可能是合作共赢的关系。

包容性发展也是社会发展的现实选择。不同发展程度、不同社会制度、不同价值观念及宗教信仰等，均是在历史中形成并不以个人意志为转移的社会现实。与此同时，国家和地区间的经济差异以及由此导致的经济互补使其相互合作且相互包容成为必要，而经济全球化使其相互合作且相互包容成为可能。面对多元化和多样化的社会现实，承认并尊重这些差异，实现包容性发展，既是社会生存与和谐的基础，也是社会发展与进步的前提。因此，包容性发展是基于社会发展现实的理性选择。当今世界应该选择包容性发展，当今中国也应该选择包容性发展。对内构建社会和谐，对外推进"一带一路"，就是中国选择包容性发展的具体体现。

包容性发展的基本含义是使经济增长所产生的效益和财富惠及所有人

---

① 刘祖云：《社会转型解读》，武汉大学出版社，2005，第3~4页。
② 刘祖云：《中国社会发展三论：转型 分化 和谐》，社会科学文献出版社，2007。
③ 卡斯：《有限与无限游戏：一个哲学家眼中的竞技世界》，马小悟、余倩译，电子工业出版社，2013，第3~20页。

群、所有地区乃至所有国家，① 特别是惠及弱势群体、落后地区及落后国家，其政策范围覆盖经济增长、制度改良、全球治理、科技进步和环境保护等多个领域。世界银行提出包容性发展设想以来，这一理念旋即在亚洲开发银行的减贫政策中得到系统论证，迄今已在打通贸易壁垒②、减缓政治霸权③、弥合区域落差④、消除城乡分割⑤、抚平技术鸿沟⑥以及遏制环境风险⑦等方面取得巨大进展。中国的"一带一路"发展战略，不仅坚持了包容性发展的基本理念，而且是一种超越发展程度、超越社会制度、超越文化传统及宗教信仰的合作共赢，是旨在促进各国间的经济融合、政治互信和文化包容，进而构建利益共同体、责任共同体和命运共同体的共同发展，是包容性发展的拓展和深化。"一带一路"发展战略实施以来，中国始终以自由平等、开源合作与共生发展作为实践原则，为文化上促进中西文明互鉴与理解信任⑧、经济上贯通区域经济圈和全球经济圈⑨以及国际秩序上促使发达国家的"去中心化"和发展中国家的"去边缘化"⑩，做出了巨大贡献。

从实际数据来看，2015 年首批加入"一带一路"战略合作计划的共有 65 个国家和地区，约 44 亿人口，占全世界人口的 63%，GDP 总额超过 20

---

① 欧阳峣、张亚斌、易先忠：《中国与金砖国家外贸的"共享式"增长》，《中国社会科学》2012 年第 10 期。

② Saad‒Filho, Alfredo, "Growth, Poverty and Inequality: From Washington Consensus to Inclusive Growth," New York: *DESA working paper*, 2010.

③ Schmelzer, Matthias, "The Growth Paradigm: History, Hegemony, and the Contested Making of Economic Growthmanship," New York: *Ecological Economics* (118), 2015.

④ Wong, Ipkin Anthony, "Research Note: Forecasting Macau's Gaming Revenue and Its Seasonality," Maryland: *UNLV Gaming Research and Review Journal* (15), 2011.

⑤ 陈义国、陈甫军：《中国的城市化与城乡包容性增长》，《暨南学报》2014 年第 10 期。

⑥ Chaudhry, Ravi, "The Role of Technology for Sustainable, Equitable Growth," in *Global Economic Symposium* (eds.): *Promoting Innovation to Achieve Inclusive Growth*, 2015.

⑦ Smulders, Sjak, "Making Green Sources of Growth More Inclusive," OECD and World Bank (eds.): *Promoting Inclusive Growth Challenges and Policies*, Paris: OECD Publishing, 2012, pp. 119‒140.

⑧ 赵逵夫：《"一带一路"的战略构想与丝绸之路的文化传统》，《甘肃社会科学》2015 年第 6 期。

⑨ 刘兴华：《"一带一路"与东亚合作》，《天津社会科学》2015 年第 6 期。

⑩ 张康之、柳亦博：《"一带一路"战略：国际社会"去中心化"时代的合作秩序建构》，中国人民大学国家发展与战略研究院《思想评论》，2016。

万亿美元。① 到 2016 年末，由"一带一路"发展战略衍生出的经贸合作线路遍布全球，其中包括中国—中亚—西亚经济走廊、中蒙俄经济走廊、新亚欧大陆桥经济走廊、21 世纪海上丝绸之路、孟中印缅经济走廊、中巴经济走廊以及中国—中南半岛经济走廊（见表 1），联通起亚洲、欧洲、大洋洲和美洲。在 2016 年"一带一路"建设工作座谈会上，习近平总书记表示，"一带一路"建设从无到有、由点及面，其进度和成果超出预期，取得巨大成绩，② 其中实际参与的国家和国际组织达 100 多个，签署合作伙伴协议的沿线国家达 30 多个，开展能源合作的国家达 20 多个。由此可见，"一带一路"真正做到了为不同发展程度、社会制度、文化传统及宗教信仰的国家和地区搭建合作共赢的国际平台，是包容性发展名副其实的升级版。

表 1　"一带一路"经贸合作统计③

经贸合作线路	沿线国家	重点省/自治区/直辖市
中国—中亚—西亚经济走廊	中亚 5 国、西亚 18 国	新疆
中蒙俄经济走廊	蒙古、俄罗斯	东北 3 省、内蒙古
新亚欧大陆桥经济走廊	哈萨克斯坦、独联体 7 国、中东欧 16 国	陕西、甘肃、宁夏、青海、新疆、兰州
21 世纪海上丝绸之路	东南亚 10 国、南亚 8 国	上海、福建、广东、浙江、海南
孟中印缅经济走廊	印度、孟加拉国、缅甸	云南
中巴经济走廊	巴基斯坦	新疆
中国—中南半岛经济走廊	越南、老挝、柬埔寨、缅甸、泰国、新加坡、马来西亚	云南、广西

首先，"一带一路"是不同发展程度国家和地区的共同发展。在加入"一带一路"建设的众多国家和地区中，有发达国家和地区，有发展中国家和地区，也有落后国家和地区。相对来说，发展中国家和地区及落后国家和地区占比较高，发展经济、改善民生及基础设施建设成为它们的首要任务。这些国家和地区的经济发展与中国的经济发展具有较强的互补性。

---

① 林毅夫、汤敏：《"一带一路"助推对外开放》，《光明日报》2015 年 3 月 12 日第 15 版。
② 新华社：《习近平：让"一带一路"建设造福沿线各国人民》，http://news. xinhuanet. com/politics/2016 - 08/17/c_1119408654. htm，最后访问时间：2017 年 1 月 8 日。
③ 数据来源于"一带一路"统计数据库，经笔者整理制表。

其次，"一带一路"是不同社会制度的国家和地区的共同发展。在"一带一路"所涵盖的国家和地区中，不仅存在发展程度的不同，而且存在社会制度的差异。中国的"一带一路"发展战略秉持中国的道家哲学，摒弃并超越社会制度差异和意识形态区别，寻找不同社会制度的国家和地区的共同利益，兼容并蓄，包容互鉴，进而实现"各美其美，美人之美，美美与共，天下大同"①。

最后，"一带一路"是不同文化传统及宗教信仰的国家和地区的共同发展。"一带一路"发展战略，不仅尊重社会制度的差异，而且尊重文化传统和宗教信仰的不同。古代中国的丝绸之路不仅促进了沿途国家和地区的经济发展，而且增进了中华文化、印度文化、波斯文化、阿拉伯文化及希腊—罗马文化等不同文化，以及佛教、印度教、伊斯兰教、基督教等不同宗教信仰的交流和融合。当今中国的"一带一路"发展战略传承了古代丝绸之路的基本精神，在文化观念和宗教信仰方面，以相互平等代替彼此的高低之分和优劣之别，以相互包容代替彼此的对抗或冲突，将世界整体的多样性和世界各国的差异性转化为促进各国共同发展的活力和动力。

二 "一带一路" 与香港发展面临的机遇

香港曾经是中外经贸合作的纽带，也曾经是东西文化交往的桥梁，并在其扮演"纽带"和"桥梁"角色的过程中获得较快和较大的发展。从一定意义上讲，改革开放是打开国门，"一带一路"是走出国门，香港应当仁不让地在国家"走出去"战略中担纲关键角色，发挥独特作用。确也如此，2016 年香港特区政府将"一带一路"战略写进施政报告以来，凭借"一国两制"的制度保障和"一带一路"的科学规划，香港力争成为新时期国家对外开放的"超级联系人"②，在迎接丰厚机遇中稳步发展，也在不断发展中孕生新的机遇。

首先，"一带一路"可能拓展香港与内地合作的广度和深度。从内地来看，由于中国前一轮的改革开放是在非均衡发展策略下展开的，致使当前深入改革局势面临区域发展水平不均衡、开放区域相对单一以及先开放地

---

① 费孝通：《人的研究在中国——个人的经历》，《读书》1990 年第 10 期。

② 梁振英：《"一带一路"给香港带来空前机遇》，《今传媒》2016 年第 5 期。

区后继发展乏力等问题。但以"一带一路"为标志的新一轮改革开放，将中西部内陆省市转变成为对外开放的前哨和重地，为在全国范围内形成东中西互动、全面协调和全方位对外开放的新格局奠定基础。[①] 而南望香港，回归以来的香港在"一国两制"的包容性制度安排下，具有得天独厚的双重优势：一方面，香港货物与服务在以 CEPA《关于建立更紧密经贸关系的安排》为首的优惠政策下获得超前通商便利；另一方面，香港倚靠与内地不同的经济和社会制度，迅速建成广口径、宽领域和深切面的全球化商贸网络，成为内地对外开放不可替代的重要隘口。[②] 而随着"一带一路"新一轮对外开放格局的形成，香港不但加强了与珠三角地区的地理空间联系，更与全国多个省市建立了十分紧密的经济合作关系。这些举措使香港成为连接内地与全球各地的"超级联系人"[③]。经济数据显示，在金融服务方面，香港不仅连续 22 年被美国传统基金会评选为全球最自由的经济体，并且在深港通和沪港通协力下，香港的股票市场与深圳和上海相连，建成全球首屈一指的大型股票市场。同时香港作为全球优秀金融人才的汇集地，有能力为"一带一路"的诸多金融项目提供专业化和国际化的服务。在物流建设方面，建成在即的三跑道系统国际机场和港珠澳大桥将香港的空运和陆运能力提升 400%，使香港变成中国乃至亚洲规模最大的物流集散中心之一。[④] 在经济发展方面，2016 年（截止到 11 月）内地与香港贸易额为 2743.1 亿美元，其中内地对香港出口为 2582.1 亿美元，内地共批准港商投资项目 11309 个，内地在香港承包工程合同数共计 160 份，香港业已成为内地第四大贸易伙伴和第三大出口市场。[⑤] 由此可见，香港的发展越来越依赖内地，"一带一路"为香港与内地更大范围和更深层次的合作提供了机遇，进而让香港更深地嵌入国家发展的整体格局之中。

① 香港贸发局：《"一带一路"：善用中国西部发展机遇》，http://beltandroad.hktdc.com/tc/market-analyses/details.aspx?ID=476521，最后访问时间：2017 年 1 月 8 日。

② 新华社：《梁振英："一国两制"让香港在"一带一路"担当重要角色》，http://news.xinhuanet.com/politics/2016-12/07/c_1120075144.htm，最后访问时间：2017 年 1 月 8 日。

③ 梁振英：《"一带一路"给香港带来空前机遇》，《今传媒》，2016 年第 5 期。

④ 新华社：《梁振英："一国两制"让香港在"一带一路"担当重要角色》，http://news.xinhuanet.com/politics/2016-12/07/c_1120075144.htm，最后访问时间：2017 年 1 月 8 日。

⑤ 商务部：《2016 年 1~11 月内地与香港经贸交流情况》，http://www.mofcom.gov.cn/article/tongjiziliao/fuwzn/diaoca/201612/20161202436399.shtml，最后访问时间：2017 年 1 月 8 日。

其次，"一带一路"可能为香港解决自身存在的深层次矛盾和问题提供机遇。香港融入世界经济体系的程度较深，自身市场相对狭小，对外部经济环境的依赖较强。回归以来，尽管香港经济在遭遇数次外部冲击后还能保持增长态势，但仍然存在发展乏力、贫富悬殊、产业失衡等问题或矛盾。2010～2015年，香港经济发展曾一度呈现持续走低态势，GDP增幅由7%下降到2.5%，人均收入不足4万美元，仅为澳门的一半，除了金融和旅游产业略有增长外，其他传统产业优势似乎逐渐弱化。与此同时，社会贫富差距不断拉大，贫困人口数量高达130万，基尼系数接近0.6的危险线，被列入最不公平的国家和地区之列。① 在仅依靠香港自身的努力难以解决上述问题和矛盾的情况下，即在香港处于"山重水复疑无路"的情况下，"一带一路"让香港"柳暗花明又一村"。香港在主动对接"一带一路"的过程中，能够使自身的专业机构和专业人士向外输出配套服务和产业，能够使自身的传统航运业不断升级换代，能够使本地企业继续发挥研发、管理、创意、营销和物流的优势。② 果不其然，2016年香港经济增长动力显著增强，年度GDP增长率回升至1.4%，③ 这正是受惠于"一带一路"战略下内地强劲增加的对港经济投资。香港商务及经济发展局分析，"一带一路"不但使香港成为全球高端专业服务平台，而且使香港传统行业回暖，经济机遇不可不谓之大，发展前景亦不可不谓之充满挑战。④ 正因为香港的自身产业结构优势即香港在融资、服务、贸易和航运等方面的产业优势高度契合了"一带一路"对于道路联通、贸易畅通和货币流通的需求，我们得见，2016年香港新兴企业可以持续扮演"领头羊"角色，其传统优势产业亦能够开辟新的领域，两者的繁荣发展为香港劳动力市场提供了更多的就业机会，进而

---

① 陈广汉、李小瑛：《以发展经济和改善民生为中心凝聚香港共识》，《港澳研究》2015年第3期。

② 新华社：《张德江在"一带一路"高峰论坛上的演讲》，http://news.xinhuanet.com/politics/2016 - 05/18/c_1118890414.htm，最后访问时间：2017年1月8日。

③ 香港贸发局：《"一带一路"：善用中国西部发展机遇》，http://beltandroad.hktdc.com/tc/market - analyses/details.aspx?ID = 476521，最后访问时间：2017年1月8日。

④ 香港贸发局：2017，《香港经贸概况》，http://hong - kong - economy - research.hktdc.com/business - news/article/% E5% B8% 82% E5% A0% B4% E7% 92% B0% E5% A2% 83/% E9% A6% 99% E6% B8% AF% E7% B6% 93% E8% B2% BF% E6% A6% 82% E6% B3% 81/etihk/tc/1/1X000000/1X09OVUL.htm，最后访问时间：2017年1月8日。

优化香港的就业环境和福利水平，促进香港经济的发展和民生的改善。

最后，香港可能在参与"一带一路"建设和助力内地"走出去"的过程中同时实现自身发展。"一带一路"是新一轮的走出去战略，其规模和领域都大大超过以往，香港可以利用其国际化优势帮助内地在更大范围和更高层次融入全球化经济体系，同时也使自身成为深入全球化经济的切身受益者。香港 2016 年施政报告显示，特区行政长官将亲自主持"一带一路"督导委员会，建立"一带一路"办公室，全面协力中央政府统筹香港各部门、业界、专业团体和民间组织，全力支持以内地为根基、以香港为路径的"一带一路"沿线经济开发和国际交流。在教育方面，香港政府拨款 10 亿港元鼓励"一带一路"沿线国家学生来港升学。在服务业方面，香港政府投资 2 亿港元支持香港业界团体赴内地和"一带一路"沿线国家学习、交流和合作。在经济金融方面，香港政府以专业的人才队伍和雄厚的资金资源，满足内地"一带一路"建设对跨国融资的需求，弥补内地金融"走出去"存在的短板。[①] 国家统计局金融数据证实香港特区政府施政有力，如 2015 年底亚投行成立以来，全球离岸人民币存款余额累计超过 12. 10 万亿，其中香港人民币存款资金就达 8511.06 亿元，是全球最大的人民币资金池。更重要的是，通过"一带一路"战略计划，一方面，香港能够帮助内地企业熟悉沿线国家和地区的经济政策、贸易规则、法律制度和风土人情，更好地扮演了"内引外联"的作用；另一方面，内地与国外的人员往来、国贸联系和资金流动，使香港作为交通、物流和服务中心的定位进一步得到体现，尤其使香港金融行业在集资、融资、债券、资产管理和人民币离岸业务等领域的专业能力得到全面发挥。香港既在提供服务中获益，又在实践中不断地自我完善和提升。"一带一路"战略对于香港而言，是百年难遇的发展机遇。

三 "一带一路"与香港面临的担当

2016 年"一带一路"高峰论坛上，香港成为会议焦点，被视为"一带

---

① 《香港特别行政区政府二零一六施政报告》，http://www.policyaddress.gov.hk/2016/chi/pdf/PA2016.pdf，最后访问时间：2017 年 1 月 8 日。

一路"建设的重要示范地区。[1] 这是因为，一方面，中央政府在制定"十三五"规划和"一带一路"纲要时，均将香港参与和助力"一带一路"作为重要的政策取向；另一方面香港具有地理区位优势、开放合作的先发优势、服务业专业化优势以及文脉相承的人文优势，能够在国际战略大局中发挥重大作用。[2] 在国家新一轮改革发展中，香港如何通过进一步发挥自身现代性和开放性的独特优势来助力国家"一带一路"发展战略的实施和推进，如何抓住这一千载难逢的发展机遇来实现自身的发展呢？

（一）香港应该成为不同发展程度国家和地区合作共赢、共同发展的引领者

由于"一带一路"已然成为中国发展的国家战略，作为中国的一个特区和发达地区，无论是基于国家的发展，还是基于自身的发展，香港都应该成为"一带一路"建设的积极参与者以及热情引领者。

一方面，作为古代海上丝绸之路和陆上丝绸之路出发地和经过地的中国内地的经济发展仍是香港经济发展机遇的"存量"。

表 2　中国各省区市及地区工业化水平（包括香港、澳门和台湾）[3]

类别		数量（个）
	前工业化阶段	0
工业化阶段	工业化初期	9
工业化阶段	工业化中期	16
工业化阶段	工业化后期	6
	后工业化阶段	3

发展程度

由表 2 可知，相对中国内地而言，香港处于发展程度的顶端，香港具有先发优势，即具有资金、信息、物流、人才等方面的优势。虽然这些优势

---

① 新华社：《张德江在"一带一路"高峰论坛上的演讲》，http://news. xinhuanet. com/politics/2016-05/18/c_1118890414. htm，最后访问时间：2017 年 1 月 8 日。

② 张德江：《发挥香港独特优势，共创"一带一路"美好未来》，《中亚消息》2016 年第 5 期。

③ 该表根据张义彩、闫荣国的论文整理而成。该文数据来源于《中国统计年鉴 2004》。北京、天津、上海、江苏、浙江、广东 6 省区处于工业化后期，香港、澳门和台湾处于后工业化阶段。

随着中国内地现代化的推进而在珠三角等少数地区逐渐弱化，但相对于古代海上丝绸之路出发地的福建地区、古代陆上丝绸之路出发地的西北地区以及其他地区，这些优势仍然明显。也就是说，香港在中国内地的发展机遇不仅没有用尽，而且还有规模巨大的“存量”。

另一方面，正在拉开序幕的“一带一路”沿线国家和地区的经济发展是香港经济发展机遇的“增量”。

表 3　“一带一路”沿线国家工业化水平（仅以先行加入的 65 个国家为例）①

	类别		数量（个）
发展程度	前工业化阶段		1
	工业化阶段	工业化初期	14
		工业化中期	16
		工业化后期	32
	后工业化阶段		2

由于表 3 的统计单位是国家，因而香港没有出现，但香港实际上以中国特区身份加入了“一带一路”。由于香港与新加坡处于同一发展水平，香港在加入“一带一路”的众多国家和地区中同样处于发展程度的顶端。也就是说，“一带一路”的国家发展战略给香港带来新的发展机遇，笔者称之为香港经济发展机遇的“增量”。

一般来说，经济发展程度较高的国家或地区具有资金、技术和人才等方面的优势，而经济发展程度较低的国家或地区具有地理资源、自然资源、人力资源等方面的优势，发展程度具有明显差异的国家或地区之间合作发展往往会产生相互受益的共赢效果。因此，地大物博的中国内地和正在拓展的“一带一路”，为香港经济发展提供了纵深平台和天赐良机。

（二）香港应该成为不同社会制度的地区乃至国家之间相互认同、共同发展的引领者

“一国两制”和“一带一路”，这两种看似不同的安排，其实也有共同

① 该表根据中国社会科学院工业经济研究所工业化蓝皮书课题组 2016 年 1 月 21 日发布的研究成果整理而成。划分依据是人均 GDP、产业结构、制造业比重、人口城市化率和第一产业就业比重等。尼泊尔处于前工业化阶段，新加坡和以色列处于后工业化阶段。

点或相通性，其共同性质就是包容性，其共同特征就是跨越不同的社会制度。因此，"一国两制"和"一带一路"是大格局、大手笔、大胸怀和大智慧的具体体现。

香港，曾经是不同社会制度的沟通者，现在又兼具"一国两制"实践者和"一带一路"建设者的双重身份，理应成为不同社会制度地区乃至国家之间相互认同、共同发展的引领者。

首先，香港应该是不同社会制度"各美其美"的引领者。所谓各美其美，就是不同社会制度的地区乃至国家应该在相互合作中不断发展自己和完善自己，进而不断提升相互合作的水平和效果。无论在"一国两制"实践中，还是在"一带一路"建设中，香港都面临许多机遇，而要让机遇真正成为机遇，又必须处理好一系列问题，譬如，如何彰显自己的传统优势和先发优势，如何充分利用国内资源和国外资源，如何保持自己曾经令人羡慕的经济文明、社会文明和法治文明，如何开启并适时推进自己的政治文明建设等。这些问题既是香港自我发展和自我完善所必须面对并必须解决的问题，也是检验或考验"港人治港"的智慧和能力的问题。

其次，香港应该是不同社会制度"美人之美"的引领者。无论是作为政治制度安排的"一国两制"，还是作为经济发展战略安排的"一带一路"，社会制度不同是前提和基础，而不是问题和障碍。因此，实行不同社会制度的地区乃至国家之间应该互容、互鉴、互补，不应互拗、互斥甚至互斗。"存在的就是合理的。"关于这一著名哲学命题的深邃内涵我们暂且不去探讨，但这一命题的浅显解读告诉我们，现存社会现象包括社会制度都有其历史原因和现实依据。作为极具现代性和开放性的前沿地区，香港理应是"美人之美"的引领者。

最后，香港应该是不同社会制度"美美与共"的引领者。所谓美美与共，就是不同社会制度的地区乃至国家之间通过合作发展建立利益共同体、责任共同体和命运共同体。习近平总书记曾经指出，"人民对美好生活的向往就是我们的奋斗目标"。因此，无论是一个国家内部的不同社会制度，还是不同国家之间不同的社会制度，都只是我们达到目标的手段。那么，如何才能做到"美美与共"呢？笔者认为，作为"一国两制"实践者的香港，应该充分考虑国家利益与香港利益、国家安全与香港安全、国家形象与香港形象、国家尊严与香港尊严的内在联系，将二者割裂开来甚至对立起来，不仅在理论上是荒谬的，而且在实践上是有害的。笔者还认为，作为"一带一路"建设者的香港，应该凭借自己的先发优势和开放优势，在建设"一带一路"过程中努力使自己成为"美美与共"的楷模，进而在助力国家发展的同时实现自身的发展。

（三）香港应该成为具有不同文化传统及宗教信仰的国家和地区相互尊重、共同发展的引领者

古代丝绸之路，无论是陆上丝绸之路，还是海上丝绸之路，一个共同特点是经贸往来和文化交流同时同步进行。也就是说，古代丝绸之路，不仅是经贸往来、货物交换之路，而且是古巴比伦文明、古埃及文明、古印度文明和古中国文明等世界主要古代文明的互鉴之路，同时还是基督教文化、伊斯兰教文化、佛教文化等世界主要宗教文化的交流之路。譬如，在位于海上丝绸之路起点的福建泉州，今天仍然可以看到佛教、道教、伊斯兰教、景教、摩尼教、天主教、基督新教、犹太教、印度教、神道教和拜物教等宗教遗迹。[①] 与古代丝绸之路一样，今天的"一带一路"建设也要坚持经贸往来与文化交流同时同步进行，社会因开放而发展，文化因交流而进步。兼具现代性和开放性的香港，应该也能够在"一带一路"建设中成为具有不同文化传统和宗教信仰的国家和地区相互尊重、共同发展的引领者。

香港之所以能够成为具有不同文化传统和宗教信仰的国家和地区相互尊重、共同发展的引领者，主要基于两个方面的原因。一方面，香港是一个现代化的都市。社会学研究认为，传统社会是同质单一性社会，而现代社会是异质多样性社会，社会发展程度越高，就越多元化和多样化。[②] 今日香港，不仅传统文化与现代文明共存，而且东方文化与西方文明共存，既是一个色彩斑斓的东方之珠，也是一个风情万种的现代都市。

另一方面，香港又是一个开放性的都市。中国的对外开放，在时间上是从1840年开始的，在空间上是从香港开始的。1840年的鸦片战争迫使中国打开了对外开放的大门，香港因此成为中国对外开放的前沿地带。对外

---

① 段玉明：《宗教文化传播与"一带一路"》，《中国社会科学报》2015年7月7日第4版。
② 刘祖云：《中国社会发展三论：转型　分化　和谐》，社会科学文献出版社，2007。

开放不仅带来商品流动（经贸）和人口流动（移民），而且带来文化交流和文明互鉴。譬如，世界上的几大主要宗教在仅有 700 多万人的香港均有信徒。香港华人大部分除信仰道教等中国宗教外还信仰佛教，其寺院有 360 多座。另外，天主教信徒约 25.8 万，基督教信徒约 28.5 万，伊斯兰教信徒约 5 万（华人占相当部分），印度教信徒约 1.2 万，还有一定数量的锡克教信徒和犹太教信徒。

如果说中国古代的对外文化交流主要依托陆上丝绸之路和海上丝绸之路两条线，那么中国近代的对外文化交流主要依托多个点，而香港就是其中的一点，是一个海纳百川的文化窗口。香港应该凭借其窗口经历和经验在"一带一路"建设中引领并推动中外文化交流和文明互鉴，通过文化交流助力经济交往进而助力"一带一路"的成功推进，让香港成为国家新一轮对外经贸和文化交往的桥梁和纽带。

下　篇

· · · · · ·

发展视角的澳门社会解读

宏观探讨

澳门社会的阶层结构探微[*]

摘　要：本文从不同时点和不同角度探讨了澳门社会的阶层结构。从澳门阶层结构的"源"来看，明清相关史料反映出纯种葡人群体、土生葡人群体和华人群体是葡治以来澳门阶层结构的基本构成。从澳门阶层结构的"流"来看，回归前夕的一项主观社会分层调查显示，虽然出现五个阶层，但其阶层结构三大构成的基本格局没有发生根本改变。从澳门阶层结构的"变"来看，基于社会治理格局从"葡人治澳"到"澳人治澳"的重大变化以及对回归以来澳门居民占有状况、收入状况及教育状况的分析发现，澳门居民的收入差距并未随着经济的发展而缩小，澳门居民的收入水平并不完全与其受教育程度成正比。

关键词：澳门；社会阶层；阶层结构；葡人群体

澳门，不仅意味着一种微型经济，而且也意味着一个微型社会。或许因其"微型"，对澳门的学术研究非常微弱。相对澳门的历史研究和经济研究来说，关于澳门的社会研究更是微乎其微。即便是《博彩社会学概论》等一些以社会学为名的研究，实际上或大部分还是历史或经济方面的分析和探讨。^① 为了弥补这一缺陷，本文根据有关历史资料和现实数据，试图对

＊　本文曾在《中南民族大学学报》（人文社会科学版）2016 年第 6 期发表。
①　程惕洁：《博彩社会学概论》，社会科学文献出版社，2009。

澳门回归前后的阶层结构进行探讨。

一　澳门阶层结构之"源"：基于 明清史料的分析

从葡萄牙占领澳门到澳门回归的数百年中，无论是有关澳门阶层结构的史料记载，还是回归之前有关澳门阶层结构的实证研究，都非常少。下面仅对一项极具代表性的资料进行分析，或许能够为我们了解澳门阶层结构的来龙去脉和基本轮廓提供帮助。

据有关记载，明清时期澳门人口按照族群可以划分为纯种葡人、土生葡人和华人三类。[①] 总体而言，纯种葡人的社会地位最高，其次是土生葡人，华人在澳门社会中地位较低。在每一族群内部，依据其出生、职业、财富占有等状况的不同，又可以分为高低有序的不同阶层。

（一）纯种葡人群体分析

在纯种葡人中，处于上层的是代表葡萄牙王室的权贵，如由王室任命的总督、拥有葡国教育背景的大法官等，他们在澳门治理方面掌握着最高权力。处于上层的纯种葡人虽然为数不多，却是葡国权威的代表，在澳门社会中有着天然的优越感。1773 年的资料显示，澳门共有纯种葡人 127 人，其中上层仅有 6 人。

处于中层的是来澳定居的葡萄牙富商、医生及教师。1773 年，他们共有 21 人，约占纯种葡人总数的 16.5%，平均拥有的财产数量远不及上层葡人。处于中层的纯种葡人以航海经商的商人最为富有，他们拥有许多房宅，蓄养大量奴隶，航海经商的丰厚利润与高风险并存，这些商人对贸易所得有很强的依赖性，一旦贸易遭遇波折，便会举家陷入穷困状态。

处于底层的则是为逃避国内政治和宗教迫害而逃往澳门的葡人，他们成为澳门的士官、水手乃至闲散人员。[②] 出于维护社会治安的需要，葡人从来澳之初就着手军事防卫建设，部分葡人以当兵为业。还有一部分葡人作

---

① 李长森：《明清时期澳门土生族群的形成发展与变迁》，中华书局，2007。

② 陈文源、李琴：《明清时期澳门人口、族群与阶层分析》，《暨南学报》2011 年第 3 期。

为水手、舵手或船长，多在葡萄牙远洋商船上工作。处于底层的纯种葡人约占纯种葡人群体的78.7%。

（二）土生葡人群体分析

澳门土生葡人随着16世纪中期葡亚裔在澳门登陆并定居而形成。在澳门开埠之初，澳门土生葡人主要是葡人与亚裔人士联姻而产生的后代，不久便有了与华裔人士联姻而产生的后代。语言（个人及家庭与葡萄牙语的任何联系）、宗教（个人及家庭与天主教的任何认同方式）、混血（欧亚混血）是识别土生葡人的主要因素。①

土生葡人根据血统可以分为"纯种土生人"和"本地土生人"。"纯种土生人"是指早期葡人与非华人种族混杂而产生的具有葡萄牙血统的后裔，如具有印度人、马来人、香料群岛及马鲁古群岛血缘的葡裔，而"本地土生人"则是中葡通婚的后裔。"纯种土生人"由于是澳门的开埠者，自视血缘高贵，其社会地位明显高于有华人血统的"本地土生人"。

澳门"纯种土生人"与"本地土生人"共有1325人，依据财富占有状况可以分为上中下三层。上层11人，占土生葡人总数的0.83%，平均拥有高达1万至6万两的财产；中层14人，占土生葡人总数的1.06%，平均拥有财产1千至2千两；绝大部分（98.11%）土生葡人处于下层，他们多数是海员和士兵。

（三）华人群体分析

澳门早期华人群体可分为陆地居民和水上居民。水上居民通常被称为"蜑民"，是珠江三角洲地区的土著族群，系古代百越人的后裔。蜑民以捕鱼为业，也有以运货载人为生者，他们浮家泛宅，居无定所，有很强的流动性。② 陆地居民主要是来自广东和福建等地的大陆移民。澳门频繁的贸易吸引了更多的葡萄牙人从其他葡属殖民地迁居到此，也使中国沿海商民源源不断汇聚到这里。其中，中国人的数量增加最为显著，在澳门人口中一

---

① 周大鸣：《澳门的族群》，《中国社会科学》1997年第5期。
② 赵利峰、郑爽：《明清时期澳门人口问题札记三则》，《华南师范大学学报》（社会科学版）2009年第6期。

直占有绝对优势。"其商侩、传译、买办诸杂色人多闽产，若工匠、若贩夫、店户，则多粤人。赁夷屋以居，烟火簇簇成聚落。"明清时期的澳门华人按照职业大致可分为以下几类。[①]

（1）商人。在当时的澳门商人中，华人所占比例约为 15% ~ 20% 。依据资本、买卖规模及其社会地位，澳门华商可以分为大商人和小商贩。大商人"服饰丽都，钱财充韧，可以取重于夷人"，通事传译也都从大商人中选择，他们资金雄厚，买卖量大，地位较高。在澳门华商中占绝大多数的是小商贩，与大商贩相比，他们资本微薄，地位低下，仅做些小本买卖，以图养家糊口。依据经营方式的不同，澳门华商分为行商、铺商、客商、游走商贩等几种类型。鸦片战争之后，由于大量内地华人涌入澳门，华人商业迅速从附属型转向主控型，华商群体逐渐成为澳门社会最广泛、最富裕、最活跃的社会阶层。[②]

（2）手艺人。明清时期的澳门手艺人主要包括建筑匠人、制作兵器的匠人、服装制作的手工艺人、铜铁匠和打银匠等。在建筑行业中，除了极少数外国工匠外，绝大多数都是中国泥水匠、木匠、石匠、油漆匠等，他们负责承修澳门的教堂、城墙炮台和居民屋宇等。制作兵器的匠人则是为澳门兵工厂服务的，从事青铜炮等火器的铸造。服装制作的手工艺人、铜铁匠和打银匠有的是自开店铺，有的是受雇于裁衣店、铜铁铺及打银铺。

（3）种植业者与渔民。受地理条件的限制，澳门除了北部和南部有少量成块的土地外，其他土地几乎不可用于耕种，部分华人在南北这些区域世代居住和耕作，还有一部分选择在山间坡地搭寮定居，开荒种地。在沿海一带，生活着从事捕鱼与养殖业的华人，其中就包括以舟船为家的澳门疍家人。

（4）佣工仆役。在澳门，有为数众多的华人以服务外国商人赚钱谋生，属于佣工仆役。由于存在身份出身、性情学识的差别，他们从事的工作各不相同，在社会地位上也有较大差异。

上述资料及其分析，为澳门社会的阶层结构描摹了底本并勾画了轮廓，尽管其阶层结构比例在澳门回归之后发生了重大变化。

---

① 朱俊芳：《明清时期澳门人口研究》，暨南大学硕士学位论文，2005。
② 林广志：《晚清澳门华商与华人社会研究》，暨南大学博士学位论文，2005。

二　澳门阶层结构之"流"：基于问卷调查的分析

澳门回归前夕的 1995 年，澳门基金会委托有关单位进行过一次主观社会分层调查。[①] 根据澳门居民对自己阶层地位的主观认知，此项研究将澳门居民分为上上层、中上层、中中层、中下层、下下层五个阶层。在分层的基础上，该研究还分别对分层与年龄、分层与族群、分层与国籍、分层与教育、分层与工作和事业、分层与经济状况、分层与社会影响力等进行了交互分析，以比较不同阶层的群体特征和差异。

虽然调查样本中缺乏对上上层（包括澳门社会的主要管理者和资本的主要拥有者）的了解，但其余四个阶层的划分涵盖了澳门社会绝大多数人群。因此，该项调查结果在一定程度上反映了 20 世纪 90 年代澳门阶层结构的状况。在被调查者中，不仅没有一人认为自己处于上上层，而且认为自己为中上层的也仅占 3.5%。多数人认为自己处于中中层和中下层，分别占34.9% 和 35.5%。认为自己处于下下层的被访者占总数的五分之一强（20.4%）。[②]

主观上认为自己处于中上层的人群具有如下特点：在年龄方面，以中年人为主；在国籍方面，60% 以上拥有葡国国籍或其他国家国籍；在受教育程度方面，多数人接受的是英制或葡制教育；在职业方面，正在工作或拥有自己的生意者所占的比例较高；在经济状况方面，除薪金收入之外还有炒股、炒楼、租金等多元的收入渠道，收入明显高于支出。

主观上认为自己处于中中层者，其年龄结构较中上层年轻；土生葡人基本上处于这一阶层，五成以上的人拥有葡国或其他国家国籍；受教育程度与中上层相仿，有两成以上接受英制或葡制教育；正在工作或拥有自己生意的情况与中上层接近；收入渠道多元化比例略低于中上层；有 12% 以上的人认为自己对澳门社会有一定的影响力。总的来说，中中层的各方面

---

① "澳门社会分层研究"由何颂扬主持，吴志良对课题研究予以了协助和指导。
② 郭凡：《澳门社会分层主观定位分析》，程惕洁《澳门人文社会科学研究文选·社会卷》，社会科学文献出版社，2009。

情况比较接近中上层。

主观上认为自己处于中下层者，老年人较多；土生葡人较少；受教育程度以中小学为主，仅有5%左右的人接受英制或葡制教育；曾经工作但现时没有工作者所占的比例较大，拥有自己生意的人不到7%；收入渠道比较单一；仅有7.8%的人认为自己对澳门社会有一定影响力。

主观上认为自己处于下下层者，其比例超过1/5，老年人比重最高；受教育程度最低，且有近两成人未接受正规教育；从业状况主要为受雇或打工，且约30%没有工作；收入较少且来源单一；认为自己对澳门社会有一定影响力的仅占4.5%。

此项主观社会分层调查虽然是以单变量描述和分析为主的较为简单的调查，但是在一定程度上反映了澳门阶层结构在回归前夕的状况及变化。澳门社会虽然出现了五个阶层，但其三大构成的基本格局没有发生根本改变。

三 澳门阶层结构之"变"：基于
不同视角的现状分析

1999年12月20日，澳门回归祖国。随着社会治理基本格局从"葡人治澳"到"澳人治澳"的转变，澳门社会阶层结构三大构成的基本格局随之发生根本改变。下面仅从经济及教育方面，即仅从澳门居民的占有状况、收入状况和教育状况三个角度探讨回归以来澳门阶层结构的变化。

（一）占有状况视角的分析

马克思主义阶级理论依据人与生产资料的关系，即依据是否占有生产资料及占有的多少，将社会成员分为资产阶级、小资产阶级和无产阶级。[1]新马克思主义阶级理论进而将是否拥有对金钱资本、物质资本及劳动过程的控制权作为阶级划分的标准，从而深化并细化了马克思主义的阶级理论。

新旧马克思主义阶级理论的相同之处是，依据对生产资料的占有状况将就业人口分为资产所有者和非资产所有者。其中，资产所有者包括雇主

---

[1] 李强：《社会分层十讲》，社会科学文献出版社，2011。

和自雇人士,非资产所有者则为雇员和无酬家属帮工。在澳门统计暨普查局主持的就业调查中,对就业人口的定义是,在参考期内为赚取报酬、利润或家庭收入而工作最少 1 小时的年龄在 16 岁及以上人士,包括没有上班但与雇主保持正式工作联系的雇员,以及因某些原因而暂时没有上班的公司东主或股东。按照就业人士参与经济活动的身份,可分为雇主、自雇人士、雇员和无酬家属帮工四类职业身份。澳门回归以来,雇主、自雇人士、雇员、无酬家属帮工在就业人口中所占比例见表1。

表 1 以生产资料划分的澳门社会阶层

年份		2000	2005	2010	2014
总数		195288	237451	314800	388100
资产所有者	雇主	3.39%	3.90%	3.08%	3.22%
	自雇人士	6.93%	5.21%	4.13%	2.83%
非资产所有者	雇员	88.19%	89.68%	92.15%	93.58%
	无酬家属帮工	1.49%	1.21%	0.64%	0.36%

资料来源:澳门统计暨普查局《就业调查》(2000、2005、2010、2014)。

由表 1 可知,资产所有者即雇主和自雇人士在总就业人口中所占的比例从 2000 年的 10.32%、2005 年的 9.11%、2010 年 7.21%,降至 2014 年的 6.05%,呈现递减趋势,其所占比例仅 6% ~ 10%。非资产所有者在总就业人口中所占的比例逐渐增大,达 90% 左右。

(二) 收入状况视角的分析

与经济学不同,社会学关注的是收入差距,反映或衡量人们经济地位高低的常用方法就是看其收入的差别。[①] 下面首先讨论澳门整体的收入分化,然后讨论其收入的职业分化和行业分化。

(1) 澳门收入分化概况。在收入差距研究中,使用较多的是基尼系数法和五等分法。一般来说,基尼系数在 0.3 和 0.4 之间为较为适中或合理,低于 0.3 说明贫富差距偏小,高于 0.4 则说明贫富差距过大,0.6 被定为警戒线。澳门统计暨普查局进行的"住户收支调查"结果显示(见表2),澳

---

① 刘祖云:《发展社会学》,高等教育出版社,2010。

门 1998/1999 年的基尼系数为 0.43，2002/2003 年上升至 0.45，收入差距呈逐渐拉大趋势；2007/2008 年澳门的基尼系数为 0.38，与 2002/2003 年相比有所降低，2012/2013 年的基尼系数也较 5 年前有所下降，为 0.35。其中，2007/2008 年和 2012/2013 年应用扣除政府福利转移的住户收入计算得到的基尼系数分别为 0.40 和 0.38，反映出公共福利转移对舒缓住户收入分配差距的成效。从以上数据来看，澳门收入差距在近年来有所缓和，但从整体上来说，收入差距问题仍然值得关注。

表 2　澳门的基尼系数

	1998/1999 年	2002/2003 年	2007/2008 年	2012/2013 年
基尼系数	0.43	0.45	0.38	0.35
基尼系数（不包括政府津贴）			0.40	0.38

资料来源：澳门统计暨普查局《住户收支调查》（1998/1999、2002/2003、2007/2008、2012/2013）。

另一测量收入差距的常用方法是五等分法，该方法是将全部居民（家庭）按其收入水平由低到高排序，按收入最低、次低、中间、次高、最高分成五组，然后看各收入组的收入在总收入中所占的份额。高收入组所占份额越大，低收入组所占份额小，则收入差距越大。[①] 根据澳门统计暨普查局的数据，1993/1994 年，澳门收入最高的 20% 住户，其每月收入占全澳住户收入总额的 46.47%，而收入最低的 20% 住户，其每月收入仅占全体住户总收入的 5.07%。澳门回归以后，每等分位住户收入所占总收入的份额情况见表 3。

1998/1999 年度与 2002/2003 年的数据显示，澳门最富有的 20% 住户其每月收入始终占全体住户总收入的 40% 以上，而收入最低的 20% 住户自 1998 年以后在总收入中占比呈减少的势头，可见，这一阶段澳门收入差距问题依旧非常严峻。2007/2008 年、2012/2013 年的数据反映出，最高五分位组别收入占比逐渐缩小，最低五分位组别收入占比逐渐扩大，收入差距较之前年份有所缓和；此外，处于中等收入水平的住户，其收入在社会总收入中所占比重出现扩大趋势。

---

① 刘祖云等：《转型期的中国社会分层：从理论到现实的探讨》，湖北人民出版社，2009。

表 3　澳门住户收入五等分法测量比较

	每等分位所占总收入份额（%）				
	1993/1994 年	1998/1999 年	2002/2003 年	2007/2008 年	2012/2013 年
最低五分位	5.07	4.79	4.33	5.25	5.56
第二五分位	10.69	10.03	9.44	11.21	11.80
第三五分位	15.50	14.62	14.47	16.73	17.74
第四五分位	22.27	21.46	22.37	23.85	24.64
最高五分位	46.47	49.09	49.39	42.95	40.27

　　资料来源：澳门统计暨普查局《住户收支调查》（1993/1994、1998/1999、2002/2003、2007/2008、2012/2013）。

　　以上基尼系数法和五等分法反映的是澳门收入差距的总体面貌。2012年澳门科技大学进行的"澳门社会阶层分析调查"数据也揭示了澳门收入分层情况，如果将月收入低于20000澳门元者视为收入下层，月收入介于20000澳门元至100000澳门元之间者视为收入中层，月收入高于100000澳门元者视为收入上层，那么，澳门收入下层、中层、上层所占的比例分别为79.3%、16.2%、4.5%。这一数据反映出，澳门存在庞大的低收入群体，中间层的规模较小，高收入层虽然人数甚少但聚集了大量财富。

　　（2）澳门的职业收入分化。回归以来，澳门各职业的收入均呈上升趋势，职业不同，收入的增加幅度有所不同。立法议员、政府官员、社团领导人、企业领导及经理的收入和专业人员的收入较高，并且继续呈上升趋势，成为澳门社会的高收入群体。服务及销售人员、工业工匠及手工艺工人、机器操作员、司机及装配员、非技术工人等职业从业人员是澳门的低收入群体，而且收入增加幅度较小，因而与高收入群体间的收入差距越来越大。2014年，收入最低的职业群体（非技术工人的月收入中位数6000澳门元）与收入最高的职业群体（立法议员、政府官员、社团领导人、企业领导及经理的月收入中位数30000澳门元）月工作收入中位数相差高达24000澳门元。收入处于中间水平的是技术员及辅助专业人员、文员等职业，且收入增长较为缓慢。其中，文员当中提供博彩投注服务的荷官、筹码兑换员又比其他文员的收入水平要高。2014年，提供博彩投注服务的荷官、筹码兑换员等从事博彩行业的文员月收入中位数为18000澳门元，而其他文员的月收入中位数仅为13000澳门元。

澳门各职业间的收入差距分化以 2006 年为分水岭，2006 年以前，差距一直维持在一个相对稳定的水平之内，而 2006 年之后，职业间的收入差距逐渐拉大。原本就属于高收入阶层的立法议员、政府官员、社团领导人、企业领导及经理，其收入增幅最大。根据韦伯的理论，收入直接决定社会成员的经济地位，进而对其社会地位产生影响。因此，从收入状况来看，澳门的立法议员、政府官员、社团领导人、企业领导及经理的收入和专业人员的收入最高，其经济地位和社会地位也相对较高。

表 4　澳门主要职业群体结构

职业	就业人数（千人）	比例（%）
立法议员、政府官员、社团领导人、企业领导及经理	27.4	7.06
专业人员	19.5	5.02
技术员及辅助专业人员	42.1	10.85
提供博彩投注服务的荷官、筹码兑换员等	48.7	12.55
其他	59.7	15.38
服务及销售人员	76.9	19.81
工业工匠及手工艺工人	38.3	9.87
机器操作员、司机及装配员	15.9	4.10
非技术工人	58.4	15.05
其他	1.2	0.31
总数	388.1	100

资料来源：澳门统计暨普查局《就业调查》（2014）。

结合各职业的就业人口（见表 4）来看各收入阶层的规模。作为高收入阶层的立法议员、政府官员、社团领导人、企业领导及经理、专业人员，其人数在澳门总就业人口中所占的比例为 12.08%；处于收入中间阶层的技术员及辅助专业人员和文员的占比为 38.78%；而服务及销售人员、工业工匠及手工艺工人、机器操作员、司机及装配员、非技术工人和其他职业的低收入阶层占到了澳门总就业人口的 38.4%。以上仅是以职业收入为标准的粗略划分，相同职业内部的收入差距并未反映。

（3）澳门的行业收入分化。在不同行业之间也存在收入差距。1999 年以来，澳门十大主要行业从业人员的收入水平均呈上升趋势。其中公共事业及社保事务行业的收入最高，且与其他行业之间的差距逐渐拉大，2014年该行业的月收入中位数达到30000澳门元；收入水平紧随其后的是水电及气体生产供应业，2014年的月收入中位数为21000澳门元；制造业的收入水平最低，与收入最高的公共行政及社保事务行业相比，2014年两个行业的月收入中位数差距已达到21000澳门元；金融业、文娱博彩及其他服务业的收入处于中等水平，2014年的月收入中位数均为17000澳门元。

（三）教育状况视角的分析

表5表明，澳门接受较低层次教育即只接受小学和初中教育的人数比例在缓慢下降。与此相反，澳门接受较高层次教育即接受高中和高等教育的人数比例在逐年提高。

表5　澳门就业人口受教育程度

年份	小学教育（%）	初中教育（%）	高中教育（%）	高等教育（%）	其他（%）	总数（千人）
1999	26.4	35.3	16.0	11.4	10.9	196.1
2000	27.2	33.1	16.6	12.6	10.4	195.3
2001	27.7	32.5	17.0	12.3	10.5	205.0
2002	26.1	32.8	17.8	13.6	9.9	204.9
2003	24.8	31.9	17.7	15.6	10.1	205.4
2004	23.7	30.9	20.0	15.5	9.8	219.1
2005	22.4	31.6	22.5	15.7	7.9	237.5
2006	21.6	31.5	23.7	16.9	6.3	264.2
2007	20.3	29.2	25.2	19.3	6.1	293.0
2008	16.8	30.1	27.4	20.9	4.7	317.1
2009	17.2	27.3	27.5	23.3	4.7	311.9
2010	17.5	27.2	28.4	22.7	4.2	314.8
2011	15.9	27.1	28.6	24.2	4.2	327.6
2012	14.5	25.7	29.3	27.0	3.5	343.2
2013	13.5	24.5	28.5	30.2	3.3	361.0
2014	13.4	22.7	29.6	31.5	2.8	388.1

资料来源：澳门统计暨普查局。

人力资本理论认为，人力资本的差异往往与工资收入差异呈正相关。表 6 表明，澳门收入水平最高的公共行政及社保事务行业，其从业人员受过高等教育的比例达到 66.36%，而收入水平在整个社会处于中等偏上位置的教育行业、金融业、医疗卫生及社会福利行业的从业人员的受教育程度也处于中等偏上位置。

表 6　澳门各行业受教育程度（2014）

行业	月工作收入中位数（澳门元）	小学教育（%）	初中教育（%）	高中教育（%）	高等教育（%）	其他（%）	就业人数（千人）
制造业	9000	20.27	24.32	32.43	18.92	4.06	7.4
水电及气体生产供应业	21000	9.09	27.27	27.27	36.36	—	1.1
建筑业	13000	20.76	28.95	21.14	24.95	4.19	52.5
批发及零售业	10000	13.94	24.56	35.62	22.79	3.10	45.2
酒店及饮食业	10000	14.42	23.91	33.21	25.55	2.91	54.8
运输、仓储及通信业	13000	15.63	23.44	26.56	30.21	4.17	19.2
金融业	17000	1.87	8.41	22.42	66.36	0.94	10.7
不动产及工商服务业	9500	13.16	13.16	32.24	36.84	4.6	30.4
公共行政及社保事务	30000	6.27	9.02	21.18	63.14	0.39	25.5
教育	20000	4.05	4.73	11.49	78.38	1.35	14.8
医疗卫生及社会福利	16000	8.91	10.89	16.83	59.41	3.96	10.1
文娱博彩及其他服务业	17000	11.28	30.43	34.68	21.91	1.70	94.0
家务工作	3500	19.18	20.09	36.53	21.46	2.54	21.9
其他	—	42.86	14.29	14.29	—	28.56	0.7
总数	13300	13.42	22.70	29.63	31.49	2.78	388.1

资料来源：澳门统计暨普查局《就业调查》（2014）。

当然，也存在行业收入与受教育程度不是正相关的特例。譬如，水电及气体生产供应业，54.54% 的从业者仅拥有中学文化程度，受过高等教育的也仅有 36.36%，但其行业收入在澳门各主要行业中排到了第二。从行业的从业者规模来看，澳门水电及气体生产供应业从业人员约有 11000 人，占澳门总就业人口的 0.28%，是澳门从业者规模最小的行业。从行业性质来看，水电及气体生产供应业通常被认为是垄断行业，垄断行业因其垄断地位而能获取超额利润，垄断行业的从业者往往在其工资报酬之外分享其超额利润。又如，在规模较大（约94000人）、比例较高（24.21%），特别是收入较高的文娱博彩及其他服务业的从业人员中，高达65.11%的从业者只接受过中学教育，受过高等教育的仅占21.91%。

由此可见，澳门居民的收入水平与受教育程度的关系，既存在一致的状况，也存在不一致的状况，澳门居民的收入水平并不完全与其受教育程度成正比。这种状况或许与澳门产业结构的特殊性密切相关。

关于澳门中产阶层的
若干问题探讨[*]

摘　要：本文在界定中产阶层概念的基础上，从单一标准和综合标准等不同角度讨论澳门中产阶层的规模，揭示澳门中产阶层具有淡漠、受教育程度偏低、收入差距明显等特征，提出可以通过发展经济扩大中产阶层规模、通过发展教育提升中产阶层素质、通过强化意识发挥中产阶层作用等培植中产阶层。

关键词：澳门；中产阶层；阶层意识；培植

随着以博彩业为主导的澳门经济的发展，澳门的社会结构也发生了相应变化，其表现之一就是，澳门中产阶层经历了从无到有再到逐步壮大的过程。

赌权开放的 10 年间，澳门经济得到飞速发展，在博彩业的带动下，2010 年澳门本地生产总值首次超过 2000 亿澳门元，人均 GDP 达到 51000 美元，位居亚洲第一。以博彩业为主导的澳门经济的发展推动了澳门社会结构的变化：一方面有利于小企业主等群体的资本积累，进而为他们提供了向上流动的机会；另一方面提供了大量相关行业的技术和管理职位，进而

---

　　* 本文曾在《中南民族大学学报》（人文社会科学版）2013 年第 4 期发表。

为澳门中青年群体跻身专业人士行列提供了机会。

澳门中产阶层的发展壮大，对于澳门经济繁荣、政治稳定和社会和谐具有重要意义。为此，本文将在界定中产阶层概念的基础上，对澳门中产阶层的规模、特征以及培植等问题进行探讨。

一 中产阶层的界定及澳门中产阶层的规模

澳门存在中产阶层，这已形成基本共识。谁是澳门的中产阶层？其现有规模有多大？应从哪些方面将之与其他群体区分？这就涉及中产阶层的界定和划分问题。

（1）中产阶层的界定。中产阶层的界定一向是一个有争议的话题，分歧主要体现为采用什么标准进行划分。综合目前的研究成果来看，以收入、职业、教育、消费、资源占有为指标划分中产阶层最为常用，而是单独使用还是综合使用以上指标，对中产阶层的界定可分为一元标准和多元标准。美国社会学家米尔斯在研究中产阶层时主张以职业的单一标准对其进行界定，他认为存在新、旧两个中产阶级，旧中产阶级就是小企业家，包括农场主、小生产者、大地主和大商人，新中产阶级包括管理人员、医生、律师、教授、推销人员、办公室职员等；美国国情普查局则以经济收入为标准，在收入层面对美国中产阶层家庭做出明确界定。[①] 另外，还存在居民消费水平标准以及主观认同标准等不同观点。但是，单一标准并没有消弭争议，因为不同国家和地区的职业地位、收入水准等有着显著差异，如何确定界限并不容易达成共识，且哪个标准对中产阶层的意义更为重大也是见仁见智的。随着现代社会资源的分化，越来越多的人采用多元标准对中产阶层进行界定。韦伯提出了广为人知的财富、权力、声望三位一体分层法，受其影响，许多学者倾向于将收入、教育、职业等变量结合起来进行考察。一种做法是以收入作为划分中产阶层的主要标准，再配合教育、职业，拥有住屋或生活素质等其他因素作为辅助界定的变量；也有人将职业作为主要标准，辅以其他相关指标，如陆学艺等学者在进行社会阶层划分时，提

[①] 布·罗贝：《美国人民——从人口学角度看美国社会》，董天民、韩宝成译，国际文化出版公司，1988，第237页。

出了以职业分类为基础，以组织资源、经济资源和文化资源的占有状况为标准划分的当代中国社会阶层结构理论框架，中产阶层可以从中清晰显现，此种论点被学界称为"层化论"。多元标准较一元标准更为综合和全面，但也存在采用哪些变量、变量之间是否兼容、不同变量如何设定权重等问题。在具体操作中，必须结合实际情况，充分考虑所用标准的适应性与区分度。

对澳门中产阶层的划分也在不断探索之中。澳门发展策略研究中心公布的《澳门中产阶层现状探索报告》中，建议定义中产首要考虑经济因素。按照澳门收入中位线计算，家庭月入 2 万～10 万澳门元可列入中产。以收入为标准的划分在澳门具有一定的普遍性，2012 年《澳门蓝皮书》指出，"中产阶层"在澳门几乎与"中层收入人士"画等号；也有学者主张以"房产自有"标准来划分澳门的中产阶层，认为在高房价时代，该标准可以有效整合职业、收入和学历等单一研究范式的优势，规避其不足，在一定程度上概括出澳门中产阶级群体的完整身份。[①] 但是，如前文所述，中产阶层的界定与划分是很复杂的过程，因此有意见指出，不应该把收入等单一变量当成界定澳门中产阶层的唯一或核心标准，而要结合实际情况构建界定澳门中产阶层的综合标准。大多数学者认为，从中产阶层界定的多元标准看，收入是一项主要标准，在收入的基础上，可进一步综合运用包括职业、阶级意识、消费和生活方式、教育等在内的各项指标。[②] 根据澳门的现实情况，澳门经济学会在进行"澳门中产阶层调查"时采取了分类的方式来调和这一争端。该调查将澳门中产阶层划分为两大类：一类是广义中产，主要以收入作为测算标准；第二类是狭义中产或称核心中产，是以收入为标准，同时辅以受教育程度、职业和住屋等指标。由此可见，目前对澳门中产阶层尚未形成比较统一的评估标准，但收入、职业、教育、消费是划分中产阶层的最常用指标。

（2）澳门中产阶层的规模。由于对澳门中产阶层的界定没有明确的标准，关于澳门有多少中产人士也便出现了多种说法。按上文提到的澳门发展策略研究中心制定的家庭月收入 2 万～10 万澳门元的界定标准，

[①] 秦斌：《基于住房自有范式下的澳门中产阶级身份建构》，《澳门经济》2011 年第 10 期。

[②] 邓益奋：《澳门中产阶级：界定与类型》，《澳门研究》2011 年第 3 期。

2011 年澳门约有 42% 的就业人口会被列入中产阶层；澳门经济学会则参考美国华盛顿政策研究所制定的收入标准（该标准将家庭收入中位数的一半至两倍确定为中产家庭），提出 2011 年澳门的广义中产阶层约占 48%，而综合多种因素的狭义中产比例约为 23.7%；也有调查指出，如果以主观感受为标准，居民中认为自己的家庭属于中产的比例约为 30%。① 鉴于存在以上争议，本文试图从更为符合澳门社会现实的角度明确澳门中产阶层的规模问题。

首先，收入水平是划分澳门中产阶层的重要指标，问题在于将哪个收入区间作为中产阶层的划分范围。从澳门收入统计资料来看，2011 年总就业人口的收入中位数为 10000 澳门元，以此为标准，结合澳门居民在各收入层的人数分布，我们将收入在 10000~40000 澳门元的群体界定为"收入中产阶层"。据此，澳门"收入中产"的规模约占总就业人口的 51.0%，在总人口中约占 31.2%。其次，如果以职业为标准，将那些"脱离了体力劳动的、具有某种特别技术水平的社会劳动者"归入"职业中产阶层"，② 那么，澳门"职业中产"的范围包括公务员及管理人员（含立法机关成员、公共行政高级官员、社团领导人员、企业领导人员及经理）、专业人员、技术员及辅助专业人员以及文员（含博彩业打工人员）等，其规模约占总就业人口的 50.5%，约占总人口的 30.9%。最后，如果以受教育程度为标准，将受过高等教育以上的人员作为"教育中产阶层"，澳门"教育中产"的规模约占总就业人口的 23.3%，约占总人口的 14.2%。虽然以上单一标准的划分方式不乏理论和现实依据，但本文认为，由于澳门社会存在总体收入水平较高、总体受教育程度较低及收入与职业地位不完全一致等问题，单一的划分标准不能反映澳门中产阶层的实际状况。因此，应以职业为主要指标，同时结合收入状况，将澳门中产阶层的范围界定为收入在 10000~40000 澳门元的公务员及管理人员、专业人员、技术员及辅助专业人员以及文员，据此，澳门中产阶层的规模约占总就业人口的 36.1%，在总人口中约占 22.1%（见表 1）。

---

① 澳门新视角学会：《澳门市民心目中的中产阶层调查报告》，内部资料，2010。
② 李培林、张翼：《中国中产阶级的规模、认同和社会态度》，《社会》2008 年第 2 期。

表 1　按不同标准划分的澳门中产阶层规模比较

	频次（千人）	占就业人口比例	占总人口比例
收入中产	172.180	51.0%	31.2%
职业中产	170.637	50.5%	30.9%
教育中产	78.721	23.3%	14.2%
职业及收入中产	122.025	36.1%	22.1%

资料来源：根据澳门特区政府统计暨普查局《2011人口普查详细结果》（2012）数据整理。

根据本文界定的划分标准，澳门中产阶层的构成类型十分明显。以职业为标准，可将其分为老中产阶层、新中产阶层以及边缘中产阶层三类。老中产阶层主要指小雇主、小业主和自雇人员；新中产阶层主要包括大部分公务员、一般行业的管理人员、具有一定资历的专业人士；边缘中产阶层指包括博彩业打工人员在内的文员群体，该群体在收入上达到中产阶层的标准，但在职业地位、受教育程度和专业技能上并不完全符合中产要求，因此，也有学者称其为"伪中产"①。在整个中产群体当中，以小企业主为代表的老中产阶层所占比例并不高，从2010年澳门就业调查结果来看，中产阶层中的雇主群体比例约为该阶层总人数的8%。占据主要地位的是新中产阶层和边缘中产阶层，主要从业领域以博彩、公共行政、社会服务行业为主。因此，这两类也将是我们关注的重点。具体职业类型及职业群体结构见表2。

表 2　2010年澳门的主要职业群体结构

单位：千人

职业 ＼ 受雇情况	雇主	自雇人士	雇员	无酬家属帮工	总计	百分比
公务员及管理层	4.7	0	10.3	0.2	15.2	4.78%
专业人员	0.3	0.5	10.6	0	11.4	3.58%
技术员及辅助专业人员	1.1	2.3	25.8	0	29.2	9.17%
文员	1.2	1.0	82.0	0.5	84.7	26.61%

---

① 需要指出的是，在一些研究当中，"伪中产"具有另一个指向，即在收入、职业、受教育程度等方面都属于中产阶层，但迫于高房价、高物价的压力，其生活水准与地位并不相符，是一种名义上的中产阶层。

职业＼受雇情况	雇主	自雇人士	雇员	无酬家属帮工	总计	百分比
服务、销售及同类人员	1.6	3.6	63.9	1.1	70.2	22.05%
渔农业熟练工作者	0	0.2	0.9	0	1.1	0.35%
工业工匠及手工艺工人	0.8	1.5	23.4	0.1	25.8	19.23%
机台、机器操作员	0.3	3.7	15.5	0	19.5	6.13%
非技术工人	0	0.6	60.5	0.1	61.2	19.23%
总计	9.9	13.4	293.0	2.0	318.3	100%

资料来源：根据澳门特区政府统计暨普查局：《2010 年就业调查》（2011）。转引自何曼盈《澳门中产阶级的社会特征与研究思路》，一国两制研究（澳门），2011 年第 10 期。

二 澳门中产阶层的特征

尽管对中产阶层的界定标准不同，但其基本特征是显而易见的。他们一般受过良好教育，具有专业知识和较强的职业能力，大多从事脑力劳动，经济收入保持在中等或更高水平；追求较高的生活品质，代表着社会主流的价值观和生活方式，有一套被社会推崇的阶层文化；具有共同的身份认同、良好的公民意识和相应的修养。然而，由于澳门中产阶层的崛起与澳门特殊的产业结构密切相关，发展背景及产生路径的特殊性造成该群体既具有中产阶层的一般特征，又有其自身独有的特点。

（1）阶层意识淡漠。一般情况下，中产阶层在数量上也许并不占社会的大多数，但是，他们的文化、价值观念及意识形态往往代表了社会的主流，他们通过个人努力所取得的成就和社会地位也能获得高度的自我认同和社会认可，从而在社会上形成一股不可轻视的、具有鲜明阶层特征的正向力量。香港中产阶层即因此具有香港社会"软实力"之称，他们具有较为统一的文化和价值观，拥有稳定的生活和较高的社会地位，是"香港梦"的化身，无论从内部的自我认识还是从外界眼光来看，都具有较强的阶层认同感。

与香港不同，由于澳门中产阶层的产生发展与其博彩行业发展密切相关，在许多中产人士身份塑造的过程中，外在环境比个人努力具有更为重要的作用，因此，澳门中产阶层的社会认同度和自我认知感并不高，阶层意识较为淡薄。根据对澳门中产群体自我社会地位评价的调查结果，仅有一半左右的中产人士认同自己处于社会中产阶层（其中文职及服务人员中这一比例不到40%），各职业群体中均有35%以上的人认为自己处于中下层甚至下层（见表3）。再加上其内部结构的异质性，各组成部分在经济利益、生活方式、文化程度等方面有着显著差异，这种差异使其难以形成共同的阶层意识和一致的社会行为。以社会参与问题为例，同样产生于殖民城市，香港的中产阶层由于在身份获取过程中付出的巨大努力，对社会公平正义特别敏感，在其成长过程中，也参与建立了作为开放社会所需的价值和文化规范。① 而澳门中产阶层虽然对澳门有较强的归属感，也关心澳门时事，但与香港支持民主自由的中产阶层相比，在政治上相对保守，数量少，力量也较为薄弱。由于其"分布领域广、个性差异大，处于较为松散的状态"②，在一些具体问题的看法上，如政治、赌场资本主义和政府问题等，观点均较为模糊，对本地社会的参与度也较低，并不热衷于参与社团活动、政治选举等社会事务。澳门回归后，随着中产阶层的壮大，澳门公民社会正在形成之中，一些知识人士创建公共讨论平台，以公民代言人身份，发出自己的声音。③ 但由于其政治上的保守性和力量上的分散性，在各类社会事务中，中产阶层代表所占的比例仍比较小，声音也显得较为微弱。

如汤普森所言，当人们在一个阶级结构里处于特定的位置，开始意识到他们彼此的利益关系、区别和一体性，形成一个总体，并且以阶级的名义从事他们的斗争以争取机会时，阶级便产生了。④ 高度的自我认同和社会认同、共同的阶层意识、统一的社会规范以及积极的社会参与，能有力地推动中产阶层的形成和壮大，当达到一定规模，其价值观成为社会认可的主流价值观，其文化成为社会的主导文化时，便能在社会结构中发挥"稳定剂""缓冲层"的作用。从这个角度讲，澳门中产阶层目前仍缺乏鲜明的

① 王建平：《社会变迁中香港中产阶级的形成、发展及其启示》，《广东社会科学》2008年第4期。

② 澳门经济学会：《澳门中产阶层研究》，内部资料，2011。

③ 娄胜华：《澳门立法会选举，如何重划政治版图》，2009年9月14日，http://www.zhgpl.com/crn - webapp/mag/docDetail. jsp?coluid = 0&docid = 101075978。

④ 汤普森：《英国工人阶级的形成》，钱乘旦等译，译林出版社，2001，第1页。

阶层意识，集体观念淡漠，这将影响到其社会功能的发挥。

表3　澳门中产阶层各职业的自我社会地位评价

单位：%

		比重	合计
雇主、企业主	低下阶层	5.0	100
	中下阶层	40.0	
	中产阶层	50.0	
	中上/上层/其他回答	5.0	
行政及专业人员	低下阶层	3.6	100
	中下阶层	33.3	
	中产阶层	54.5	
	中上/上层/其他回答	8.6	
文职及服务人员	低下阶层	14.3	100
	中下阶层	42.7	
	中产阶层	39.6	
	中上/上层/其他回答	3.4	

资料来源：根据澳门经济协会《澳门中产阶层研究》（2011）调查数据整理。

（2）受教育程度偏低。一般来说，中产阶层的收入水平与职业声望、受教育程度是呈高度正相关的，无论以哪一项指标为标准，阶层成员的其他指标都应处于相同或相近的水平线上。如在香港中产阶层的研究中，不少学者对其界定并不以经济收入作为主要的标识，也不将中小企业的东主、老板列入其中，而是按职业群体划分，并十分强调其教育背景。① 这种严格的划分标准使香港中产阶层的内部构成相对单纯，成员间的收入、职业和受教育程度较为一致。而澳门在产业结构和就业政策方面有自己的独特性，赌权开放的 10 年间，博彩业的井喷式发展创造了大量就业岗位，再加上澳门政府为保障本地居民就业而采取的限制外劳政策，相当于人为设置了一套"社会排他机制"，大大提升了澳门居民进入高薪行业的机会。由于荷官、巡场等岗位对技能要求较低，即使是学历不高的本地居民也被收入博

---

① 单光鼐：《香港中产阶级：香港社会的中坚力量》，《广东社会科学》2008 年第 4 期。

彩行业，获取相对其他职业更为丰厚的收入。良好的就业环境及较低的入职门槛，令许多受教育程度不高的本地居民晋身澳门中产阶层的行列，一些年轻人甚至为此放弃学业，提前走上社会。以上种种因素导致澳门中产阶层受教育程度总体偏低，且不同职业的教育水平差异明显。

表 4　澳门中产阶层各职业的受教育程度

职业	受教育程度	比例（%）
公务员及管理人员	小学及以下教育	11.2
	中学教育	47.3
	高等教育	41.5
专业人员	小学及以下教育	0.5
	中学教育	10.0
	高等教育	89.5
技术员及辅助专业人员	小学及以下教育	6.4
	中学教育	41.0
	高等教育	52.7
文员（博彩）	小学及以下教育	11.9
	中学教育	80.1
	高等教育	8.0

资料来源：根据澳门特区政府统计暨普查局《2011 人口普查详细结果》（2012）数据整理。

整体来看，澳门中产阶层的受教育程度普遍偏低。根据澳门特区政府统计暨普查局《2011 人口普查详细结果》（2012）数据，受过高等教育的人员仅占中产阶层总人数的 38%，有一半以上（53%）人群的受教育程度为中学水平，还有 9% 的人仅受过小学及以下教育。再从类型上看，澳门中产阶层除包括具有广泛共识的老中产阶层和新兴中产阶层之外，还有大量以"荷官、巡场、筹码兑换员等"为代表的边缘中产阶层。该划分主要出于对经济和职业的双重考虑，但如果考虑到受教育程度，群体间则显现较大的差异性。中产人士所从事的各职业当中，教育水平呈现明显的分化，其中"专业人员"的受教育水平最高，接受过高等教育的比例将近 90%，而博彩业文员的受教育水平最低，92% 的人仅受过中学及以下教育（见表 4）。

（3）收入差距明显。澳门中产阶层内部的收入水平也存在显著差异。

在各职业群体中，月收入中位数最高的为公务员及管理人员，达到 26000 澳门元，其次是专业人员，月收入中位数为 25000 澳门元。与之相比，技术员及辅助专业人员、文员的收入水平明显较低，分别为 16000 和 13000 澳门元（文员中的博彩业打工人员月收入中位数为 15000 澳门元，其他文员为 10000 澳门元）。如果具体到各职业群体内部，会发现不同职业的收入分布也有明显区别。公务员及管理人员、专业人员、技术员及辅助专业人员的收入主要集中在 20000～39999 澳门元组，而文员的收入分布比例最高的为 14000～19999 澳门元组。该收入分布与其职业地位大致统一，社会声望较高的公务员及管理人员以及受教育程度较高的专业技术人员，其收入水平也较高（见表 5）。

表 5　澳门中产阶层各职业的收入分布

职业＼收入	10000～11999	12000～13999	14000～19999	20000～39999	总计	中位数（澳门元）
公务员及管理人员	11.8%	4.2%	19.2%	64.8%	100%	26000
专业人员	7.7%	6.5%	23.8%	62.0%	100%	25000
技术员及辅助专业人员	13.4%	10.4%	28.8%	47.4%	100%	16000
文员（博彩业打工者）	10.9%	18.6%	48.9%	21.7%	100%	15000
其他文员	30.0%	18.5%	32.1%	19.4%	100%	10000

资料来源：根据澳门特区政府统计暨普查局《2011 人口普查详细结果》（2012）数据整理。

收入水平的落差往往带来社会境遇的巨大差异。对收入较低的中产阶层来说，在生活处境及利益诉求上都面临比阶层中其他人群更为严重的问题，他们生活压力较大、竞争能力较弱，随时面临"下流"危机。因此，这部分群体也更加关注社会及经济的发展，希望通过社会发展使自己达到中产的生活标准，不会因健康或经济出问题流入弱势群体。[①]

可见，在思想观念上，澳门中产阶层的自我认知和阶层意识较为淡薄，在群体结构上，澳门中产阶层也有较大的差异性，主要表现为受教育程度偏低、收入分布差异显著等。这导致澳门中产阶层在结构上呈现较高的分裂性和异质性，不利于其社会功能的发挥。

---

① 《澳门社会机构不健康，中产定义清晰利发展》，《正报》（澳门）2011 年 11 月 12 日。

三　澳门中产阶层的培植

亚里士多德说，中产阶层不发达，国家就会分裂为穷人和富人，而穷人和富人是天然的敌人，必然互相排斥，导致社会不稳定。由此可见，中产阶层是协调各阶层之间关系、维护社会稳定的关键力量。在政治上，中产阶层既倾向于通过推动社会变革、创造公平开放的社会环境来实现个人的进步，同时由于其保守性，也不会采取过于激烈的行为来达到这一目的。在经济上，中产阶层既是创造社会财富的重要力量，又是促进消费的主要群体。在意识形态上，中产阶层奋发向上、团结温和的社会心态能得到大部分民众的认可，成为社会的主流意识，发挥积极的导向作用。基于中产阶层对社会稳定、社会和谐和社会发展的重要作用，培植一个强大的中产阶层，对澳门社会具有重要意义。

要实现培植中产阶层的目标，首先应该明确的是未来澳门中产阶层的发展方向，其次应该清楚澳门中产阶层的发展困境，从而有重点有策略地给予支持。对澳门而言，一个稳定而庞大的中产阶层的形成至少需要从以下三个方面努力。

（1）通过发展经济扩大中产阶层规模。从统计数据来看，无论根据何种标准划分，澳门中产阶层的规模都不算低。但是，对于划分中产收入标准的设定是否合理，以及其中相当部分的"伪中产"能否算真正的中产阶层等问题，社会上还存在较大的争议，有观点认为，事实上澳门中产阶层的数量并没有公布的那么高，在规模上仍有扩充的必要。在西方国家，中产阶层约占人口的80%，"大众"几乎就是中产阶层的代名词，澳门还远没有达到这一标准。要实现扩大澳门中产阶层规模的目标，最首要的任务是发展澳门经济，解决财富分配失衡及产业结构单一的问题。

首先，扩大澳门中产阶层的规模，必须解决财富分配失衡问题。尽管赌权开放10年来澳门在经济上取得的成就有目共睹，但贫富差距问题亦从中凸显，经济增长的成果并没有使大多数普通民众受惠。澳门统计暨普查局的调查显示，2008年澳门的基尼系数约为0.37，但根据联合国2008～2009年度世界城市状况调查，这一数据实际应为0.46，可见澳门贫富差距十分严重。处于社会底层的人不仅收入增长缓慢，而且要面对高物价、高房价的压力，很难实现向中产阶层的流动。面对这一现实，仅仅通过"派糖"等短期政策是不能从根本上解决问题的，最有力的手段在于，一方面从增量的角度做大经济蛋糕，提高中下层人士的收入；另一方面，通过调整税收和转移支付等手段，实现公共利益的重新分配。而如何既通过收入的再分配缩小贫富差距，又保障赌场资本家及现有中产等资本阶层的利益，维护社会稳定，是当前特区政府需要思考的问题。

其次，扩大澳门中产阶层的规模，必须解决产业结构单一化问题。一个合理的经济和社会结构应该让各行各业能够提供更多职业发展的机会，包括更多元化的职业选择以及大量高薪职位，但澳门博彩业的一业独大，已大大限制了中产阶层的生长渠道。年轻人要想找份收入高的工作，除了进入博企，就只剩下做专业人士和进入政府机构了。然而，在澳门这个"弹丸之地"，专业人士就业空间十分狭小，政府机构的招聘则名额有限。[①] 面对博彩行业的高薪吸引，以及有限的就业渠道的挤压，大量就业人口投入到了博彩行业当中。与之相比，其他行业的管理和技术岗位则十分有限。很显然，澳门单一的产业结构对中产阶层的产生十分不利，为此，政府可通过加强对新兴产业的扶助及对传统产业转型升级的支持，为高素质人才提供适量管理技术岗位，使更多行业成为中产阶层产生的渠道。此外，还需大力培植中小企业，通过中小企业的发展推动澳门产业结构转型，进而促进中产阶层的发展。

（2）通过发展教育提升中产阶层素质。对一个处于快速发展和转型中的社会来说，培育一定规模的中产阶层固然重要，但要使其有效发挥作用，还要在培育的基础上考虑其发展问题，尽可能提高其整体素质，在收入、职业、教育等多项指标上达到高度一致，改变"虚名之下其实难副"的现状。提高澳门中产阶层的素质，关键在于对其整体技能和竞争力的培养。调查结果显示，澳门整体劳动人口素质偏低，如小学或以下学历的就业人口，长期占总体就业人口的约1/5。此问题也体现在中产阶层上，如前所述，由于荷官等博彩业中下层岗位对学历和技能的要求不高，该行业带动了大量"伪中产"阶层的产生，使得"澳门中产阶层拥有较高收入，有中

---

① 秦斌：《中产幻觉的政策困局》，《澳门月刊》2012 年第 1 期。

产的生产力，却欠缺中产应有的竞争力"①。由于该群体人力资源素质相对欠缺，达不到更高职位的要求，稳定性和流动性不强，一旦博彩业发展收紧放缓，将随时面临"下流化"的危险。可见，中产阶层真实化是打造澳门中产社会的重要任务，关键手段是加强各类形式的教育，提高中产阶层的竞争意识和竞争能力。一是通过加大投入、提高教师待遇、增强学习意识等手段大力发展学校教育。二是根据澳门服务型经济的特点，完善专业认证制度，优化职业培训内容。三是注重综合技能的锻炼，在大学和培训机构中设置职业学习项目，加强产学合作，并注意多专业的通才能力培养。四是营造终身学习的氛围，各行业设置定期进修和培训，使从业人员不断进行知识吸收和技能更新。同时，政府还应尽可能广泛开展高收入行业的入职培训，并以此为契机宣扬社会地位不单以财富收入为指标的思想，在澳门居民尤其是年轻人中塑造正确的价值导向。

（3）通过强化意识发挥中产阶层作用。中产阶层社会作用的发挥受很多因素的制约，不仅与社会结构、历史发展阶段、文化传承、制度环境等宏观因素有关，还与个人心态、个人情绪等微观因素有关。② 由于澳门中产阶层的阶层意识淡漠是影响其作用发挥的重要原因，因此，强化其阶层意识特别是强化其阶层社会责任意识，是充分发挥澳门中产阶层政治参与和社会管理作用的重要途径。

首先，改善中产阶层的社会心态，提高其心理满足感。阶层意识淡漠是由多种因素造成的，而由生活压力大、流动渠道少、竞争力不足及内部结构松散等导致的对自身社会地位的不认可及焦虑情绪是其中非常关键的原因。对澳门社会来说，要改变这一现状，当务之急是缓解中产阶层的生活压力，使其保持较为积极平和的心态，从而强化阶层意识，并积极参与社会事务。当前澳门中产阶层普遍面临赋税高、通货膨胀以及房价上升的压力，生活水准与其中产身份并不相符，成为幸福感被稀释最严重的群体。根据澳门经济学会的调查结果，中产阶层目前最希望政府为他们做的事情中，控制房价、减税/退税名列前两位。生活的负担及对未来生活的焦虑迫

---

① 邓益奋：《澳门中产阶层的核心诉求与政策选择》，郝雨凡、吴志良《澳门经济社会发展报告 2011～2012》，社会科学文献出版社，2012，第 113～120 页。

② 李友梅：《社会结构中的"白领"及其社会功能——以 20 世纪 90 年代以来的上海为例》，《社会学研究》2005 年第 6 期。

使部分市民以获取财富作为生活的目标，而未能有效发挥其社会功能。对此，政府在制定措施扶持和照顾弱势人士的同时，也需留意中产阶层所面临的问题和提出的诉求，尤其考虑到住房已成为澳门中产阶层核心诉求的现实，应积极调整住房政策。在澳门特区政府 2011 年施政报告中，已明确提出将"研究协助有一定经济能力，但在私人市场上购买房屋有困难的首次置业家庭自置居所。大幅度调整购买经济房屋的相关条件，包括设定收入上下限、定价机制、准入条件、延长不可转让的机制"，但该政策将如何落实，以及如何保证实施效果，尚需进一步探索。

其次，构建顺畅的社会参与渠道，引导其积极进行政治参与及社会管理。香港等地区的发展经验告诉我们，中产阶层对政治和社会参与具有较高的热忱，再加上其参与方式较为理智和有建设性，是社会治理非常重要的力量。但由于澳门中产阶层分布领域广、个体差异大、状态松散等特点，其对政治活动和社会事务参与率较低，因此，构建政治权利平等与政治机会分享的制度保障体系是必要且迫切的。政府可利用中产阶层对社会建设和社会管理问题的关注，在政治选举等重要活动中提高中产阶层的参与比例，并尊重其共同利益和发展诉求，提高其参与的积极性；学习各地实践经验，加强与中产阶层的沟通，通过网络、咨询组织等平台吸引澳门中产阶层的社会参与；营造公平公正的社会参与氛围，规范利益表达渠道，增强中产阶层的参与信心。

澳门经济结构与教育
结构失衡研究[*]

摘　要： 本文首先分析了澳门教育失衡的现状，认为澳门同时存在纵向的层次结构失衡和横向的专业结构失衡；然后探讨了澳门博彩业对其教育结构失衡的影响，认为博彩从业人员的薪酬较高、数量需求较大、学历要求不高是导致其教育结构失衡的原因；最后从教育发展规律的角度提出了调整澳门教育结构的相关对策。

关键词： 澳门；教育；博彩业

澳门博彩业不仅决定澳门的经济命脉，而且影响澳门的教育发展。那么澳门博彩业是如何影响澳门教育发展的呢？本文将从经济结构与教育结构相互关系的角度来探讨这一问题。

一　澳门教育结构失衡的现状分析

教育结构是指一个国家或区域内教育总系统中各种子系统、各组成部分之间的排列、组合和结合方式。一般来说，教育结构主要包括纵向（层

---

* 本文曾在《亚太经济》2012 年第 5 期发表。

次）结构和横向（专业）结构两大部分。① 纵向结构主要指构成教育总体系的各子系统、组成部分中级与级之间的比例关系；横向结构则指类与类之间的比例关系和相互衔接。② 虽然澳门回归后，教育得到了一定程度的发展，但现有教育结构仍存在一定程度的失衡。横向专业结构失衡表现为，澳门高等教育的学科单一化倾向严重。在博彩业"一业独大"的背景下，澳门高校在以往的发展中重视教育与产业的接轨，强调学科应用价值，强化学科建设的市场机制，按社会需求办学。③ 从表1可以看出，2010～2011年度澳门共有17259名本地生就读高等学府。其中和博彩业没有直接关联的"理学"仅有471名本地学生注册，"教育"专业也只有996名，"人文及艺术"专业的本地生较多，也只有1686名，不到10%。而和博彩业直接相关的"旅游及娱乐服务"专业有4010名本地学生注册，"管理"专业有5492名。很明显，在澳门高等教育的26门专业中，这两类学科教育在社会需求的影响下发展很快；修读这两门课程的本地学生也最多，占该年度澳门所有高校本地注册学生的55.06%。

纵向的层次结构失衡表现为，澳门接受过高等教育的就业人口比例偏低。就业人口中高素质人才缺乏，不仅难以满足经济发展对高层次人才的需求，还会在一定程度上制约其在高科技领域赶超世界先进水平的进度。

一般来说，第三产业比例较大，那么就业人口中接受高等教育的比率较高，反之则较低。博彩业占绝大份额的澳门第三产业从1991年开始便一直占据澳门GDP超过80%的份额。而从表2可以看出，在2000～2010年澳门就业人口当中，接受过高等教育的就业人口虽然基本逐年增加，但是增长速度较为缓慢，最高也只占23.21%；接受过小学教育或以下的就业人口比例逐年减少，从最高的38.15%下降至21%左右；接受过中学教育（包括初中教育和高中教育）的就业人口比例居高不下，在劳动力总数中占绝大部分，占总体的比例在50%左右。也就是说，澳门就业人口中接受过高等教育的只有两成左右，就业人员的受教育程度仍以中学学历为主。

---

① 王志平：《试论教育结构配比与教育重心相协调的教育发展原则》，《教育理论与实践》1998年第5期。
② 靳希斌：《教育经济学》，人民教育出版社，2001，第148页。
③ 周红莉、冯增俊：《回归十年来澳门教育发展的回顾与前瞻》，《比较教育研究》2009年第11期。

表1 2010～2011年度澳门本地生注册人数（按课程范畴分）

课程范畴	专业类别	博士学位	硕士学位	学位后文凭	学士学位	高等专科	文凭课程	总数
教育	—	16	181	63	658	78	—	996
人文及艺术	—	17	177		1232	260	—	1686
理学	—	8	57		374	32	—	471
建筑及工程	—	16	108		309		—	433
健康及社会福利	—	10	103	29	912	173	—	1227
服务	旅游及娱乐服务	2	78	17	2977	777	159	4010
	其他				73			73
社会科学、管理及法律	管理	46	522	43	4370	493	18	5492
	其他	27	412	70	2204	194	—	2907
总数		142	1638	222	13109	2007	177	17295

资料来源：澳门高等教育辅助办公室，澳门高等教育资料库，http://www/gaes/gov/mo/index.html。

表2 澳门就业人口受教育程度统计

单位：%

年份	小学教育及以下	初中教育	高中教育	高等教育
2000	37.61	33.13	16.65	12.61
2001	38.15	32.46	17.01	12.34
2002	35.89	32.77	17.76	13.56
2003	34.81	31.89	17.71	15.56
2004	33.48	30.91	20.04	15.52
2005	30.23	31.63	22.47	15.66
2006	27.80	31.51	23.78	16.90
2007	26.13	30.26	24.40	19.21
2008	21.42	30.06	27.46	20.99
2009	21.95	27.31	27.50	23.21
2010	21.77	27.18	28.40	22.62

注：为便于比较，将2007年前的高等专科和大学合并为高等教育计算。

资料来源：澳门特别行政区政府统计暨普查局，http://www.dsec.gov.mo/default.aspx。

二 澳门教育结构失衡的原因分析

澳门教育结构失衡的成因极其复杂，涉及许多深层次的因素，不宜片面化地加以解释。受篇幅所限，这里着重探讨澳门博彩业对其教育结构失衡的主要影响因素。

（一）澳门博彩从业人员的薪酬待遇较高

根据英国经济学家亚当·斯密（Adam Smith）提出的"经济人"假设，人的行为动机根源于经济诱因，这是人的基本行为特征。人都要争取最大的经济利益，实现个人利益最大化，工作也就是为了获得经济报酬。澳门博彩从业人员拥有高额的薪水，这吸引了当地很多学生放弃学业，直接投奔博彩行业；而正在接受高等教育的学生也纷纷就读和博彩相关的课程。

表3 2000～2011年澳门各行业每月工作收入中位数比较

单位：澳门元

年份	总体	行业												
		制造业	水电及气体生成供应	建筑业	批发及零售业	酒店及饮食业	运输、仓储及通信	金融业	不动产及工商服务	公共行政及社保事务	教育	医疗卫生及社会福利	文娱博彩及其他服务业	家务工作
2000	4822	2960	11631	4351	4533	4099	5649	7726	3957	13742	9095	9137	6156	2816
2001	4658	2758	9955	4300	4445	4005	5630	7696	3823	13805	8672	9831	6187	2846
2002	4672	2758	12648	4145	4430	4054	5851	7923	3731	13745	8690	7756	5965	2813
2003	4801	2834	11010	4593	4355	4074	5802	8588	3700	14019	9084	7904	6466	2752
2004	5167	2983	11546	4967	4550	4272	5958	8159	3712	13895	8975	9669	7080	2674
2005	5773	3101	12969	5922	4888	4468	6455	8691	4198	14521	9503	9705	7837	2609
2006	7000	3400	14000	7600	6000	5000	7000	9000	5000	15000	10000	8200	10000	2700
2007	8000	5000	14000	8000	6000	6000	8000	10000	6000	15000	10000	10300	12000	2800
2008*	8000	4000	15000	10000	7000	6000	8500	11000	5500	18000	12000	10000	12000	2700
2009*	8500	5000	15000	9000	7000	6500	8500	12000	6000	19500	13000	10300	12000	2800

续表

年份	总体	行业												
		制造业	水电及气体生成供应	建筑业	批发及零售业	酒店及饮食业	运输、仓储及通信	金融业	不动产及工商服务	公共行政及社保事务	教育	医疗卫生及社会福利	文娱博彩及其他服务业	家务工作
2010*	9000	5700	16000	9500	7500	7000	8500	13000	6500	19500	14000	10000	12000	2900
2011*	10000	6500	17500	10100	8000	7500	10000	12000	7000	20700	15000	12000	13000	3000

注：*为配合劳动关系法对订立劳动合同者的最低年龄调升为 16 岁的修订，澳门统计暨普查局将界定劳动人口的年龄下限由 14 岁调升至 16 岁。2008 年 11 月至 2009 年 1 月的数据是按照新的年龄下限计算的。

资料来源：澳门特区政府统计暨普查局官网 www.dsec.gov.mo。

从表 3 可以看出，澳门博彩从业人员的收入较高。2000 年澳门各行业月收入中位数最高的依次是公共行政及社保事务、水电及气体生产供应、医疗卫生及社会福利、教育、金融业、文娱博彩及其他服务业等。文娱博彩及其他服务业的月收入中位数名列第六，为 6156 澳门元，比总体平均收入的 4822 澳门元，高了 1334 澳门元。随着澳门赌权的开放，自 2003 年起，博彩业的月收入中位数持续增长。到 2009 年底其月收入中位数达到 12000 澳门元，在各行业月收入中位数的排名上升为第四名，排在公共行政及社保事务、水电及气体生产供应、教育之后。

（二）博彩从业人员的数量需求较大

博彩业在澳门产业结构中处于绝对重要的地位。特别是赌权开放后，该行业的急速扩张需要大量的劳动力，为澳门提供了很多就业岗位，使澳门的失业率下降到历史最低点，人力资源出现短缺。这从招生规模上减少了接受高等教育的人数，对澳门的教育事业产生巨大冲击，高等院校入学率开始下降。澳门统计暨普查局的数据显示，博彩业所在的第三产业增加值占 GDP 的比重，除少数年份有所回落之外，整体呈现上升的态势，由 1989 年的 75.14% 增长到 2010 年的 95.05%，上升了近 20 个百分点。同时，第三产业中博彩业所属的"公共行政、社会服务及个人服务"行业增加值的比重最大，基本撑起半壁江山。2010 年博彩业占该行业的 75%，占澳门

GDP 的 40.87%。① 也就是说，第三产业已经高度博彩业化，占据第三产业半壁江山的公共行政、社会服务及个人服务业，其产业增值主要来源于博彩业。

博彩业规模增大，需要的从业人员也大幅增加。表 4 的数据显示，2004 年博彩业就业人口仅为 22.9 千人，占总就业人口的 10.49%。随着澳门博彩业牌照由 1 个增加到 6 个后，从业人员数量急剧增加，2008 年达到 66.6 千人，占总就业人口的 20.65%，比 2004 年增加了 43.7 千人。随后的经济危机对博彩业的发展造成了一定的冲击，但是博彩业的就业人口占总就业人口的比例一直维持在 20% 左右。

表 4 2004~2010 年澳门产业结构就业人数

单位：千人，%

年份	劳动人口总数	就业人口总数	博彩业就业人口	博彩业就业人口占就业人口比例
2004	230.3	218.4	22.9	10.49
2005	247.7	236.7	30.8	13.01
2006	275.5	264.3	42.6	16.12
2007	309.8	299.9	58.7	19.57
2008	333	322.5	66.6	20.65
2009 *	329.2 *	317.5 *	62.7 *	19.75 *
2010 *	330.9 *	321.9 *	64.4 *	20.01 *

注： * 为配合劳动关系法，澳门统计暨普查局将劳动人口的年龄下限由 14 岁调升到 16 岁。
资料来源：澳门特别行政区政府统计暨普查局，http://www.dsec.gov.mo/default.aspx。

（三）博彩业对从业人员的学历要求不高

博彩业的快速发展本来就使澳门人力资源出现短缺，而澳门特区政府对博彩业的从业人员又有许多特殊的规定，例如博彩业中的庄荷、赌场的经销等职位只能由澳门当地居民担任等。这使得澳门博彩业劳动力短缺的问题更加严峻。

---

① 数据来源于澳门特区政府统计暨普查局官网 www.dsec.gov.mo。

　　因此，各博彩公司为了能够招到更多的人，满足博彩业对劳动力的迫切需求，纷纷降低了就业准入门槛，减少了对从业人员教育的需求。各个赌场都使出浑身解数，贴出招聘广告，调高工资，降低从业者的年龄、学历等。有些赌场甚至将招工的标准由过去一般要求的具有高中学历降低到只要小学毕业，年满 18 岁就可以到赌场就业。面对巨大的利益诱惑，大量初高中毕业生放弃接受高等教育的机会而进入了博彩业；甚至未毕业的高中生基于博彩业丰厚的工资，也纷纷辍学投入博彩业。图 1 显示以博彩业为主的澳门第三产业中，只有中学学历的从业人员逐年增加，到 2010 年将近一半的第三产业就业人口只有中学学历；而接受高等教育的人员逐年增加，但增幅不大，仅 10% 左右。到 2010 年为止，只有 20% 左右的第三产业从业人员接受过高等教育。

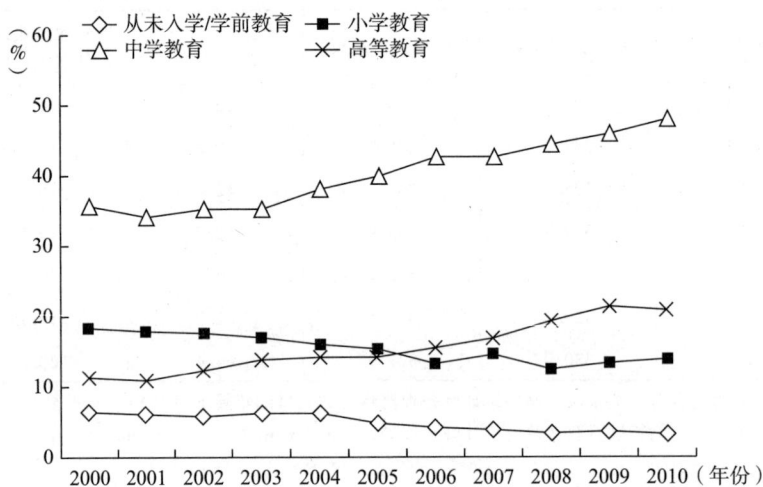

图 1　第三产业就业人员受教育程度统计

资料来源：澳门统计暨普查局官网 www.dsec.gov.mo。

　　上述分析表明，博彩业的快速发展，使澳门社会形成了一种"高经济收入、低学历要求"的现象。这种现象不仅使大量学生弃学从工，降低了澳门高等教育入学率，从而导致其教育纵向结构的失衡；也吸引大量学生弃理从文，降低了澳门高等教育中理工专业的入学率，从而导致其教育横向结构的失衡。

三　调整澳门教育结构的对策分析

教育结构与经济结构既相互联系，又相互区别。从其相互联系角度看，教育结构深受经济结构的制约和影响，因此，要解决教育结构的失衡，必须先解决经济结构的失衡，即改变博彩业一业独大的产业格局，实现产业结构的多元化。对此，学术界特别是经济学界探讨较多，这里不再赘述。从其相互区别角度看，教育因具有传承社会文化、提升人文素质等功能而有其自身发展规律，加之教育结构的调整也会反作用于经济结构的改变。为此，下面仅从教育发展规律的角度探讨如何调整教育结构问题。

第一，针对横向的专业结构失衡，要积极进行学科调整。

澳门高等教育的学科建设目光局限于少数热门专业，着重单一学科发展，这种模式在特定阶段有其必要性。但是，各学科的协调发展才是真正的归宿。

澳门特区政府要在遵循教育发展规律的基础上，配合澳门产业多元化的需求，调整高等教育学科结构。各高校要开设各种专业课程和学位，加强对制造业、会展业、高科技产业等行业人才的培养。通过教育多元化促进产业多元化，克服博彩业对高等教育协调的制约作用，并从根本上解决博彩业对外高度依存的风险问题，增强其抵御风险的能力，推动澳门走上经济适度多元的发展道路，实现经济社会的健康、全面、协调、安全和可持续发展。[1]

此外，在考虑教育市场化的同时，澳门还应兼顾其历史文化特点，发挥东西方文化融合的优势。[2]澳门是一座中西文化交融的历史名城，是难得的人文及社会科学的研究对象。400多年中国和南欧历史文化的融合，形成了澳门独特的文化底蕴。所以，要充分利用澳门的中西特色资源，加强人文专业整合，切合打造国际旅游休闲城市的定位，淡化博彩业的负面影响，

---

[1] 袁长青、杨小婉：《经济视角下澳门高等教育发展的历史与现状》，《国际经贸探索》2011年第2期。

[2] 王志胜：《多元化还是一元化——后殖民语境中的澳门教育现状思考》，《青海师范大学学报》（哲学社会科学版）2011年第2期。

以人文带动产业发展提升城市健康形象。① 此外，人文学科具有重大人文意义和社会品位意义，要在尊重院校建设自主的前提下，投入充足、优质的资源，鼓励历史、政治、哲学等人文学科的发展，赋予它们独特的战略地位。通过平衡人文学科和自然学科的建设，支持"冷门"学科建设，促进澳门高等院校知识结构的完整，改变学科失衡的局面，构建一个健全的现代化知识体系和教育体系。

第二，针对就业人口受教育程度不高的现状，要建立灵活的教育体制。

要实现产业升级就要求劳动人口具有较高的从业素质。澳门就业人口的受教育程度仍以中学学历为主，各种高学历、高素质人才缺乏，这将成为制约澳门经济发展的瓶颈。因此，提高人力资本质量是澳门实现经济可持续发展所面临的重大而紧迫的战略任务。笔者认为，如下措施对于提升澳门就业人口受教育程度具有重要意义。

一是发展成人教育和职业教育。澳门特区政府不仅要在保证基础教育水平和质量的同时着力发展高等教育，培养社会上紧缺的高学历、高素质、高能力的科技和商业优质人才；还要大力发展成人教育和职业教育，提高就业人口的劳动技能和综合素质。要使全日制教育及成人教育和职业教育之间形成良性互动，协力推动劳动者综合素质的提高。

二是实行灵活的弹性学制。为了让更多的就业人口有机会接受高等教育，可以针对在职人员实行低门槛入学考试、开放性的学分制和严格的学分制管理相结合的学历和文凭管理体系。在职人员只要通过基本的入学考试，便获得了高等学校的学习机会，但并不规定其学习年限。可以自由安排时间选课，等学分修满就可以毕业。②

三是建立多样化的教育培训体系，加强对就业人口的培训。人力资源的开发离不开培训。持续的人力资本培训，将促进人力资本的不断提高，对澳门经济社会发展必将产生巨大推动作用。政府需要根据市场需求，加强劳动者对再培训重要性的认识，引导劳动者增加对人力资本的投入。而且，政府要根据实际情况制订培训计划、内容及目标，通过建立健全覆盖所有劳动力的在职教育培训体系，不断提高劳动者的知识、技能和素质。

---

① 梁华：《文化产业可为澳门经济适度多元辟蹊径》，新华网，2009 年 3 月 9 日。
② 辜胜阻：《高等教育的结构失衡必须引起高度重视》，《中国高等教育》2001 年第 7 期。

　　四是加大对教育的投入。可以通过对就业人口的继续学习减免学费、提供奖学金等经费补贴配套措施，激发其再学习的热忱，减轻其经济压力。而博彩税是澳门政府财政收入的主要来源，博彩业的财政支持是教育发展的前提。所以，要增加教育投入，使教育发展水平与经济发展水平相协调，就必须维持博彩业的快速发展。[1] 澳门博彩业要寻找准确的市场定位，通过结合会议展览业、文化产业、航空运输业等，积极发展综合性旅游业，使澳门发展成为一个高水平的综合性世界一流赌城。[2]

---

[1]　左连村、刘静：《实施适度多元化战略推进澳门经济可持续发展》，《粤港澳经济》2009 年第 9 期。

[2]　封小云：《经济适度多元化的路径思考——引入一个新的分析视角》，《广东社会科学》2008 年第 6 期。

澳门的贫困援助及其
对内地的启示[*]

摘　要： 即便是经济发达的国家和地区，也深受贫困问题的困扰。澳门的贫困既表现为绝对贫困，也表现为相对贫困。澳门贫困援助的基本形式是经济援助和住房援助，这两种援助不仅为澳门的经济繁荣和社会和谐做出了贡献，而且为中国内地的贫困救助提供了重要启示。

关键词： 澳门；贫困援助；内地；贫困问题

贫困问题是当今世界面临的重大挑战之一，即便是经济发达的国家和地区，也深受贫困问题的困扰。在关注澳门经济飞速发展的同时，我们也应将目光投向生活在社会底层的贫困群体。对于澳门的经济繁荣和社会稳定来说，澳门的贫困援助不可或缺。贫困援助的基本手段通常是现金援助与实物援助，而澳门社工局的经济援助和房屋局的住房援助则是贫困援助的基本形式。为此，本文仅对澳门的贫困现状、经济援助和住房援助问题进行探讨。

一　澳门贫困现状

贫困是一个复杂的社会现象，不同国家、地区、群体在不同时期对贫

＊　本文曾在《中南民族大学学报》（人文社会科学版）2015 年第 5 期发表。

困的理解和界定大不相同。① 贫困通常可以分为绝对贫困和相对贫困，下面仅从这两个角度探讨澳门贫困现状。

（1）绝对贫困标准与澳门贫困现状。绝对贫困是依据客观现实判断某些人的生活水平是否低于一个确定的最小值，测定途径有确定贫困线和编制贫困指数两种，具体方法有"热量支出法""基本需求法"和"恩格尔系数法"等。世界银行制定的"每日一美元"（按购买力评价计算）标准也是绝对贫困标准。

到目前为止，澳门并不存在一条官方认定的贫穷线，但"最低维生指数"作为澳门特区政府编制的扶助贫困和弱势人群的指标，实际充当着贫穷线的角色，"维生"二字凸显出这是一条划定绝对贫困的界线，规定了维持人们基本生活所需的最低标准。澳门回归以来，截至2011年，平均每年有6000多个个人或家庭获得社会工作局的经济援助，也就是说，澳门有6000个左右的贫困家庭生活在最低维生线以下。除去某些特殊年份，澳门社会工作局的经济援助每年惠及的家庭成员人数在1万至2万。如果仅将获得经济援助的人群视为澳门的贫困群体，那么澳门便有1万至2万的贫困人口，或者说是赤贫人口。由于援助金的申请条件要求受助者必须持有澳门特区居民身份证且最近18个月连续居住在澳门，所以新移民群体中的一些贫困人士并不包括在内。

（2）相对贫困标准与澳门贫困现状。相对贫困是依据客观现实判断某些人的生活水平是否较社会上其他人低，具体方法如下。一是"收入等份定义法"，把国民按收入分成五等份或十等份，辅以基尼系数进行差异比较，从而确定贫困人口在总人口中所占的比例。二是"收入平均数法"，把居民人均收入按不同水平进行分组，以全体居民人均生活费用的1/2或1/3作为最低生活费用标准，再从不同收入水平分组中得出贫困率。三是"商品相对不足法"，与选定的标准消费模式相比，一个家庭缺少的东西越多、不足程度越高，越是贫困。

被广泛运用的国际贫困标准是以一个国家或地区社会中位收入或平均收入的50%作为这个国家或地区的贫困线。香港特区政府于2013年9月公布的香港首条贫穷线就是以国际贫困标准划定的，即以住户平均月收入中

---

① 童星、林闽钢：《我国农村贫困标准线研究》，《中国社会科学》1993年第4期。

位数的 50% 划线。按住户人数制定的 2012 年贫穷线，一人住户为 3600 港元、二人为 7700 港元、三人为 11500 港元、四人为 14300 港元、五人为 14800 港元、六人或以上为 15800 港元。依此标准，香港的贫困人口为 101.8 万人，贫穷率达 15.2%（此数据为政府政策介入后的贫穷率，政府政策介入前的贫穷率为 19.6%）。[①]

与香港隔海相望的澳门，回归以来在经济方面取得的成就有目共睹。2013 年，澳门博彩业收益突破 3600 亿澳门元，将拉斯维加斯远远甩在身后，人均 GDP 更是高达 91376 美元，位居全球第四。[②] 在香港与澳门这类物质并不匮乏的地区，贫困主要是一个相对的概念，体现在社会的分配不均与收入差距上。财富分配比率（即最高五分位住户与最低五分位住户的收入的倍数）直观地反映出澳门贫富差距的变化情况。从澳门统计暨普查局历次住户收支调查的结果来看，回归后，2002/2003 年度贫富悬殊最为严重，最高五分位的住户收入为最低五分位住户的 11.4 倍，高于此前 1998/1999 年度的 10.3 倍。2007/2008 年度与 2012/2013 年度，最高五分位住户收入与最低五分位住户收入的比值分别为 8.17 和 7.25，贫富差距问题虽然有所缓和，但依然严峻。参照国际贫困线的界定方式，如果以住户平均月收入的 50% 作为澳门贫困线，那么收入水平最低的 1/5 人口均生活在贫困线以下，也就是说，澳门至少有 20% 的人口处于相对贫困状态。贫困群体主要由低收入人士、单亲、失业人士、严重疾病患者、残疾人士与新移民组成。[③]

二 澳门的经济援助

这里的经济援助，仅仅是指发放现金的经济援助方式。1989 年澳门制定社会保障制度、成立社会保障基金（第 84/89/M 号法令）以来，在相当长的一段时间内，澳门经济扶贫主要由两部分构成，一是澳门社会工作局提供的经济援助，二是社会保障基金提供的社会救济金。2007 年，在第 6/2007 号行政法规推出后，过往由社会保障基金发放的救济金个案改为由社

---

① 新华网：《香港公布首条贫穷线 贫穷率 15.2%》，2013 年 9 月 28 日，http://news.xinhuanet.com/gangao/2013 - 09/28/c_117548657.htm。

② 数据来源：澳门特别行政区政府博彩监察协调局、世界银行。

③ 谭兵：《香港、澳门、内地社会援助比较研究》，北京大学出版社，2009，第 57 ~ 59 页。

会工作局发放，至此，澳门"社会保障"与"社会救济"两个概念得以明确界定。下面仅对社会工作局负责的经济援助立项、标准和效果进行具体分析。

（1）经济援助立项。向缺乏维持生活之条件，且基于疾病、残疾、非自愿性失业、残废或年老而无法取得维持生活之条件者提供帮助，是澳门社会工作局的主要职责之一（第 24/99/M 号法令）。澳门社会工作局提供的经济援助属于非供款式社会救济性质，它是在最低维生指数基础上制定出的一套贫困援助标准及甄别体系，针对不同贫困群体制定相应的援助项目、援助标准及实施办法。

澳门社会工作局的经济援助项目分为三类：一般援助金、偶发性援助金和特别生活津贴。一般援助金又称定期援助金，其受益对象是收入低于社会工作局规定的最低维生指数的人士，或因患病及缺乏工作能力的人士、失业人士，或经社会工作局确认为有经济困难的个人或家庭。这些人士或家庭经社会工作局的家计审查或有关部门提供证明，可获得定期津贴。津贴期最长为 12 个月，但可续期。偶发性援助金是发给因突发事故或有特别需要而使其经济陷入贫乏状况或使该状况恶化的个人或家庭。援助类型包括殓葬费、紧急援助金、灾难性援助金等。特别生活津贴是向三类弱势家庭，包括单亲、残疾人士及长期病患者提供的特别援助。社会工作局除了向正接受定期经济援助的三类弱势家庭发放每年 2 次的特别生活津贴外，还通过民间社会服务机构或社团的协助，向经济收入低于或稍高于最低维生指数的三类弱势家庭提供特别生活津贴。

（2）经济援助标准。最低维生指数是澳门经济援助的主要依据或基本标准。社会工作局向贫困个人或家庭发放援助金时，以最低维生指数作为接受申请的收入限额和援助金额的计算标准，采取"补差"的形式，并按照家庭成员人数的多少来确定。2000 年即回归伊始，1 人家庭为每月 1300澳门元，2 人家庭为每月 2470 澳门元，3 人家庭为每月 3510 澳门元，社会工作局甚至对 15 人家庭的最低维生指数也做了明确规定，为每月 11700 澳门元。2000 年制定的社会援助标准一直沿用至 2006 年。随着社会发展与物价指数的上升，社会工作局根据澳门理工学院社会经济研究所对"澳门贫穷人士生活状况及援助"的调查结果，在 2006 年初制订了调升最低维生指数的方案，并咨询了社会工作委员会的意见，于 2006 年 4 月开始按照新的最低维生指数标准向经济困难的个人及家庭发放援助金，1～2人家庭增加300澳门元，3～4人家庭增加400澳门元，5人以上家庭增加500澳门元，平均增幅为10.1%。[①]

表1　2007～2014年澳门最低维生指数[②]

家庭成员人数	最低维生指数（澳门元）								
	2007年7月1日起	2008年1月1日起	2008年11月1日起	2011年4月1日起	2012年1月1日起	2012年7月1日起	2013年1月1日起	2014年1月1日起	2014年7月1日起
1	2000	2400	2640	3000	3200	3360	3450	3670	3800
2	3470	4160	4580	5210	5920	6200	6360	6760	6990
3	4890	5870	6460	7340	8160	8550	8770	9320	9630
4	6030	7240	7970	9060	9920	10390	10660	11330	11710
5	7130	8560	9420	10710	11200	11730	12030	12780	13210
6	7940	9530	10490	11920	12480	13070	13410	14250	14730
7	8750	10500	11550	13130	13760	14410	14780	15710	16240
8人或以上	9570	11480	12630	14350	15040	15750	16150	17160	17730

　　2007年4月2日，澳门特区政府颁布第6/2007号行政法规《向处于经济贫乏状况的个人及家团发放援助金制度》，首次在澳门特别行政区公报中公布最低维生指数。此次公布的最低维生指数按照家庭成员人数共分为八档，在2006年的基础上有了新的提升，从2007年7月1日起开始实施。同年11月26日，政府颁布第322/2007号行政长官批示，决定从2008年1月1日起再次调升最低维生指数，各档平均增幅约为20%。2007年首次在政府公报中公布最低维生指数以来，截至目前，最低维生指数共进行了8次调升，其中，2007年、2011年、2012年更是同年内两次对原有标准进行修订。1人家庭从2007年的每月2000澳门元提升至2014年的3800澳门元，

---

① 澳门社会工作局：《2006年工作报告》，2015年6月29日，http://www.ias.gov.mo/tw/publications - statistics/publications - research/annual - report。

② 此表数据由作者根据澳门特别行政区第6/2007号行政法规、第322/2007号行政长官批示、第277/2008号行政长官批示、第57/2011号行政长官批示、第380/2011号行政长官批示、第151/2012号行政长官批示、第389/2012号行政长官批示、第355/2013号行政长官批示、第148/2014号行政长官批示整理得出。

各档均有大幅度提升，平均增幅约为90%，其中2人家庭增幅最大，当前标准已达到2007年标准的2倍。

（3）经济援助效果。回归以来，截至2011年，澳门平均每年有6000多个个人或家庭获得社会工作局的经济援助。其中，2005年受助个人或家庭数目最多，达到10285个，涉及家庭成员人数多达37369人。2004年次之，共8196个个人或家庭获得经济援助，涉及家庭成员人数24722人。其余年份，经济援助所惠及的家庭成员人数均在1万至2万。经济援助的覆盖率在2001年至2005年期间呈现总体上升的趋势（从2001年的3.18%增至2005年7.72%），2005年以后，经济援助的覆盖率开始下降。最低维生指数在2001年至2005年这段时间内一直保持不变，直接导致了接受经济援助的个人和家庭数量的增加。然而，2005至2011年，最低维生指数虽有多次提升，经济援助涉及的贫困人口无论从绝对数还是在总人口中所占的相对比例在整体上却呈下降趋势。到2011年，经济援助涉及人口只占澳门总人口的1.99%。值得注意的是，2007年、2008年和2010年经济援助受惠人数虽较上一年有所减少，但总援助金额有所增加，这是由调升最低维生指数或发放一次性特别补助所致。在受助家庭当中，经济贫乏及单亲的家庭数目较多。①

三　澳门的住房援助

澳门面积仅32平方公里，却有60多万常住人口，人口密度世界第一。2014年第三季度的统计数据显示，澳门住宅单位每平方米实用面积平均价格已达到100024澳门元，② 较10年前上涨了10倍有余。住房是人类生存所需的重要资源，也是民众最为关注的问题之一。回归以来，澳门特区政府制定了"居有其所，安居乐业"的公共房屋政策目标，提出了优先照顾弱势及核心家团的"社屋为主、经屋为辅"的公共房屋发展方针。社屋即社会房屋，是由政府资助兴建，或由政府提供土地给予发展商投资兴建完工

---

① 以上数据由作者根据澳门社会工作局历年工作报告整理得出。

② 澳门统计暨普查局：《私人建筑及不动产交易》（2014年第3季），2015年6月29日，ht-tp://www. dsec. gov. mo/Statistic. aspx？NodeGuid = b30c42e3 - 8b14 - 40c4 - 902c - fe79cec dc3b3。

后回报给政府，用以出租的住宅单位。社会房屋的援助对象是低收入或有特殊困难的家庭。经屋即经济房屋，是以低于市场价格的标准出售给收入较低、无法承担私人楼宇价格而又想自置居所的家庭。

近年来，公共房屋在澳门房屋单位总数中所占比例持续上升，由 2010 年的 16.9% 增长至 2013 年的 21.7%，截至 2013 年底，澳门已建成公屋 45573 个，其中社屋 12810 个，经屋 32763 个。由于部分社会房屋被拆除重建，导致 2011 年和 2012 年社会房屋数量有所减少，但从 2013 年的数据来看，社会房屋单位占比有了大幅提升，从 2010 年的 4.3% 增长至 2013 年的 6.1%，有越来越多的住房困难家庭得以入住社会房屋。与此同时，经济房屋单位数量持续增长，2010 年在澳门房屋单位总数中所占比例为 12.6%，2013 年增至 15.6%。

如果说社会房屋是保障"有房住"，那么经济房屋则是保障"有房产"。通常我们认为，住房保障的目标是保障"有房住"而不是"有房产"。保障"有房住"是住房保障的根本要求。无论是社会保障还是住房保障，都是解决生存性问题，而不是满足发展性甚至享受性需求。如果保障"有房产"，就超出了保障的本来含义，同时也会带来新的社会不公。当然，虽然不能保障有房产，但可以帮助有房产。① 与经济房屋相比，社会房屋更具救助性质，因此，下面主要讨论澳门的社会房屋制度。

澳门的社会房屋最初是以救济灾民为目的的。1928 年澳门台山区贫民屋邨发生大火，为了应付急需、安置灾民，政府在原址兴建的一系列矮小平房成了澳门第一批社会房屋屋邨。从发展历程来看，20 世纪 60 年代，澳门社会房屋主要由援助性质的组织、私人慈善机构或宗教及社会援助团体等资助兴建；20 世纪 70 年代至 90 年代初，社会房屋由政府直接通过其公共工程及社会辅助部门推出；1984 年起，政府开始通过房屋发展合同的签署简介推广社会房屋（房屋发展合同的回报单位，处于经济房屋楼宇内），此类社会房屋已成为澳门社会房屋的主要来源。②

在住房空间结构上，社会房屋以一至二房单位为主，无房间间隔的单

① 刘祖云、毛小平：《中国城市住房分层：基于 2010 年广州市千户问卷调查》，《中国社会科学》2012 年第 2 期。

② 澳门理工大学社会经济研究所：《"澳门贫穷人士生活状况及援助"研究报告》，澳门社会工作局，2006。

位也占有较高比例，直到 1980 年以后，三房、四房等较大的住房单位才开始出现。① 截至 2012 年底，澳门 8138 个社会房屋单位多在 1980 年以后兴建，此前修建的房屋由于年久老化等原因多数已停止使用。在这些社会房屋中，二房单位数量最多，已接近半数（47.3%）；其次是一房单位，占社会房屋单位总数的 28.8%；仍有 18.7% 的单位是条件相对较差的无房间间隔单位；三房和四房及以上单位在社会房屋单位总数中占比较小，分别为4.8% 和 0.4%。②

值得注意的是，社会房屋住户老龄化趋势日益凸显。澳门 65 岁及以上的人口占总人口的比例，由 1999 年的 7% 增长至 2013 年的 8%，③ 人口老龄化程度加剧。在社会房屋的住户中，同样呈现明显的老龄化趋势。截至2014 年 1 月底，居住社会房屋的 22132 人中有 3280 人年龄为 65 岁及以上，所占比例已达到 14.8%。

于 1990 年成立的澳门房屋局是统筹澳门公共房屋管理的主要政府部门，它以照顾低收入家庭的居住需要为首要工作目标。申请房屋局提供的社会房屋援助，需要符合一定的条件，申请人必须是年满 18 周岁且在澳门特别行政区居留至少 7 年的澳门永久居民。申请人所在家庭的每月总收入及总资产净值不得超过相关法例所规定的限额。一般而言，租金在家庭每月收入中所占比例为 5% 至 15%，家庭收入若是低于或等于最低维生指数，其租金可低至家庭每月所得的 2.5%，家庭收入若是高于可被视为经济状况薄弱的标准，租金相应也会高至家庭每月收入的 17.5%。④

社会房屋的申请和分配途径有三种：一般性竞投（申请）、限制性竞投和例外情况。一般性竞投是指任何符合一般要件的个人或家庭均可参与的竞投；而限制性竞投则是为居住于澳门某区域，或符合法律所规定的特定条件的个人或家庭而开展的竞投（如因旧区拆建而特定安置）；例外情况是

---

① 无间隔是指单位内设有厨房、厕所及一无间隔之空间；一房至四房或以上是指单位内拥有厨房、厕所、客厅及一至四间或以上之房间。

② 澳门统计暨普查局：《建筑统计》（2012），2015 年 6 月 29 日，http://www.dsec.gov.mo/Statistic. aspx?NodeGuid = 9dcc96f4 - 8c2c - 4492 - 873d - f5628d7f7ea2。

③ 澳门统计暨普查局：《"按岁组统计之期末人口"报表》，2015 年 6 月 29 日，http://www.dsec.gov.mo/PredefinedReport. aspx?ReportID = 3。

④ 张泽民：《澳门住房保障及其政策效率研究》，中山大学硕士学位论文，2011。

指，根据法律规定，面临严重的社会、身体或精神危机，或遭受灾难急需安置的个人或家庭，经有关机构发出报告及许可可免除竞投所需的要件。申请人竞投之后，政府根据家庭的成员人数、居住情况、经济条件等指标对申请家庭做出评分与排名，依次安排"上楼"。获甄选的家庭将以书面形式订立租赁合同，社会房屋的租赁期为 6 个月，可续期。获得社会房屋的住户还须履行相应的权利和义务。

四　澳门贫困援助对内地的启示

（一）澳门的经济援助对内地的启示

在内地，城市居民最低生活保障制度是政府对城市贫困人口按最低生活保障标准进行差额救助的一项社会救济制度，在整个社会救助体系中占有举足轻重的地位，被称为"社会最后一道安全网"。经过多年的发展，该制度日益完善，同作为针对城市贫困群体的救助制度，从澳门经验中我们仍能找到值得学习和借鉴之处，特别是在建立科学合理的分类救助体系方面，澳门经济援助显得更为成熟。

第一，根据家庭规模实施分类救助。与澳门经济援助类似，内地城市最低生活保障制度也是以家庭为单位实施救助的，主要以家庭人均收入作为考察标准，实行差额补助。然而，澳门经济援助在家庭规模上有着更细致的考量，即对 1 至 8 人及以上规模家庭都有明确规定。与澳门最低维生指数相比，内地城市最低生活保障标准则稍显简单，未依据家庭成员人数进行更为细致的划分。家庭规模不同，其家庭需求必然相异，其保障标准也应有别。以家庭人均收入来衡量贫困与否和贫困程度，虽然操作相对简易，但从长远看来，纳入家庭规模指标，构建更加人性化、更具灵活性的救助标准乃是大势所趋，也是进一步完善城市居民最低生活保障制度需要考虑的问题。

第二，根据特殊需求实施分类救助。澳门社会工作局除了每月向处于最低维生指数以下的个人或家庭发放一般性援助金外，还向有特殊需要的三类弱势家庭发放特别援助金，更具针对性地帮扶单亲家庭、残疾人士家庭和长期患病者家庭。特别援助包括对单亲家庭子女的学习活动补助、对残疾人士的残疾补助和对长期病患的护理补助。其中，学习活动补助金额又根据就读幼稚园及小学、中学、大学有所不同，残疾补助和护理补助也依据受助者在澳门是否有亲属而采取不同的援助标准。近年来，内地各城市相继出台并不断完善分类救助制度，在低保标准上适度提高对城市"三无"人员、未成年人、老年人、重大疾病和重残人员等特殊困难人群的救助标准。但就当前大部分地区的救助分类而言，仍稍显笼统。例如，城市"三无"人员还可细分为生活能自理、生活半自理和生活不能自理几类，70岁以上的老人也可分为身体健康与身患疾病两类，重病、重残人员也有着不同的疾病种类和伤残程度，再考虑是否有亲友照顾，他们的生活成本显然存在差异。①

第三，适时且规范的临时救助。澳门社会工作局向因遭遇突发事件或遇特别需要而陷入经济贫乏状态的个人或家庭发放偶发性经济援助。这些突发事故或特别需要包括：支付殓葬费、公共灾难或灾祸、取得残疾者或病患者的各类辅助设备、为住所进行必要的工程、取得基本的家具及家居设备、照顾处于危机状况的未成年人、入住社会服务社会设施、取得护理物料、取得必要的交通服务及其他紧急援助等（第6/2007号行政法规）。在澳门颁布的《向处于经济贫乏状况的个人及家团发放援助金的制度》的行政法规中，偶发性援助金作为经济援助的一种被清晰地界定。相比较而言，内地虽然于2014年10月为解决困难群体的突发性、紧迫性、临时性生活困难颁布了《关于全面建立临时救助制度的通知》，但其制度化、规范化和程序化程度有待提高。

（二）澳门的社会房屋制度对内地的启示

在住房保障方面，内地的廉租房和经适房分别对应澳门的社会房屋和经济房屋，而廉租房和社会房屋的社会救助性质更加凸显。澳门社会房屋制度的某些方面值得内地借鉴或参考。

第一，住房救助与经济救助相区别。在澳门社会房屋的申请标准方面，只要家庭每月总收入和总资产净值不超过一定的限额，均可申请社会房屋。

---

① 李迎生等：《超越统合救助模型：城市低保制度改革中的分类救助问题研究》，《学海》2007年第2期。

以三人家庭为例，如果每月总收入不足 17010 澳门元，且总资产净值在 367500 澳门元以下，就可申请社会房屋，而三人家庭的最低维生指数为 9630 澳门元，远低于申请社会房屋的收入限制。可见，澳门住房救助范围宽于经济救助范围，不仅覆盖了澳门经济贫困人群，还将收入略高于最低维生指数但有住房困难的家庭纳入救助范围。澳门的这一做法值得我们在住房保障的推进过程中予以适时考虑。

第二，根据特殊人群的特殊需要设计住房结构。澳门的长者社屋就是专门为长者而特别设计的住屋单位，对内地具有良好的示范价值。以澳门筷子基社屋为例，第二期修建的两栋大楼中就有一栋为长者社屋，30 层的长者社屋大楼中，6 楼为智障人士、精神病康复者辅助宿舍，7 楼为长者日间中心，8 至 29 楼为长者社屋单位。长者社屋大楼设有平安监控中心及无障碍设施，各社屋单位均采取全屋无门槛设计，加铺防滑地砖，并在浴室内加装扶手及方便沐浴的座椅。此外，屋内均设有平安钟及烟雾感应器、固定及无线求助器、大门外蜂鸣闪灯，为独居长者提供 24 小时不间断的紧急支持。[1] 不管是修建诸如长者社屋这样供老年人集中居住的公共租赁房屋，还是将老年住户与普通住户混合安排，都应充分考虑老年人的现实需要，使房屋设计与设施建设更加人性化、合理化。

---

[1]　中国新闻网：《澳门筷子基社屋 9 月落成助贫困家庭解决住房问题》，2009 年 5 月 11 日，http://www.chinanews.com/ga/ga - cjxw/news/2009/05 - 11/1685242.shtml。

个案研究

澳门社团政治功能的
个案研究[*]

　　摘　要：本文以澳门中华总商会、工会联合总会、街坊会联合总会三个社团为个案研究澳门社团的政治功能。本研究首先探讨了澳门社团政治功能的表现形式，认为推选议员、政治动员、参与决策、利益表达是其政治功能的主要表现；其次从静态和动态两个角度探讨了澳门社团政治功能的特点，认为社团政治功能的强弱与社团规模大小相关，社团政治功能的表现与社团界别相关，社团政治功能经历了从无到有、从弱到强的发展过程。

　　关键词：澳门；社团；政治功能；个案研究

　　从一定意义上讲，澳门社会就是一个社团社会，因此，研究澳门社团成为研究澳门社会的热点和重点。然而，关于澳门社团的研究，大多是历史研究而缺乏现状分析；关于澳门社团功能的研究，大多是一般功能研究

---

　*　本文曾在《当代港澳研究》2010年第1期发表。此项研究资料主要来源于三个方面：①文献资料，即吴志良等学者关于澳门政治研究和娄胜华等学者关于澳门社团研究的资料；②档案资料，即澳门有关政府部门和被调查三个社团的档案资料；③实地访谈资料。博士研究生胡蓉、刘敏、罗小锋、许涛及硕士研究生赵岳峰、王丹参与了实地调查，赵岳峰主要负责文献档案资料和实地调查资料的收集与整理。香港浸会大学的薛凤旋教授、日本阪南大学的洪诗泓教授等学者曾对此文提出宝贵意见。

而缺乏专项功能分析。为此，本文将通过个案研究来探讨澳门社团政治功能的现状与特点。

一 个案选择与个案介绍

（一）个案选择

选择个案首先必须考虑社团分类。对澳门社团的分类有多种，澳门政府身份证明局把社团分为工商金融类、劳工类、社会服务类、教育类、专业类、文化类、体育类七类；澳门基金会出版的《澳门总览》将澳门社团分为工商社团、劳工社团、专业社团、文化社团、教育社团、慈善服务社团、联谊社团及政治社团八种。为了此项研究的方便，我们在选择研究个案时同时考虑并综合采用这两种分类。

在众多澳门社团中，我们选择了澳门中华总商会、澳门工会联合总会和澳门街坊会联合总会这三个社团作为研究个案，其理由如下。一是这三个社团具有较为广泛的代表性。中华总商会是跨越整个澳门工商界各行各业的社团，工会联合总会是各行各业的工会联合组成的跨行业社团，街坊会联合总会是由各基层街坊会及大厦业主联谊会组成的社团。二是这三个社团的历史较为悠久。中华总商会成立于1913年，工会联合总会成立于1950年，街坊会联合总会成立于1983年，其前身成立于1956年。三是这三个社团的政治功能较为明显。这三个社团自成立以来就一直是各自领域的代表，一直是社团与政府之间联系与沟通的纽带和桥梁，一直是澳门社会稳定和谐发展的重要力量。

（二）个案介绍

澳门中华总商会（以下简称"商总"）是全澳门性商会综合社团。该会成立于1913年，初名为澳门商会，1916年正式定名为澳门中华总商会。商总的会员分为三类：一是团体会员，一般是行业性商会或地域性商会，如澳门地产商会、澳门旅业商会、澳门中国企业协会、澳门福建总商会等；二是商号会员，为华商公司商号，如大华行等；三是个人会员。至2008年，商总共有团体会员63家，商号会员2130家（包括直接加入的和先加入行业

性商会和地域性商会的商号会员），个人会员 1506 人（包括直接加入的和
先加入行业性商会和地域性商会的个人会员）。①

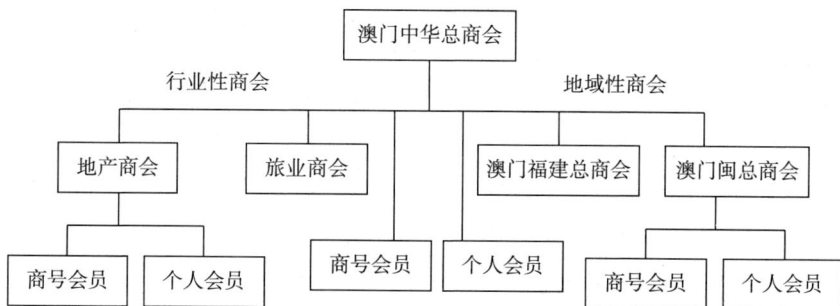

图 1　澳门中华总商会结构
资料来源：根据澳门中华总商会档案资料及相关网页资料编制。

澳门工会联合总会（以下简称"工联"）成立于 1950 年，是由木艺厂、
茶楼、鞋业等 12 个行业性工会联合组成的。之后，一些行业性工会陆续加
入，至 2008 年，工联下属基层工会发展为 64 个。工联代表参与了澳门特区
政府的社会协调委员会、社会工作委员会等 10 多个咨询机构。工联不仅拥
有较多的会员数量（近 8 万人），而且具有较强的凝聚力。② 至今，工联直
属基层工会发展为 72 个，还有 2 个名誉会员团体。属会分布行业包括制造
业、建造业、服务业、旅游业、交通运输业和公共行政部门。

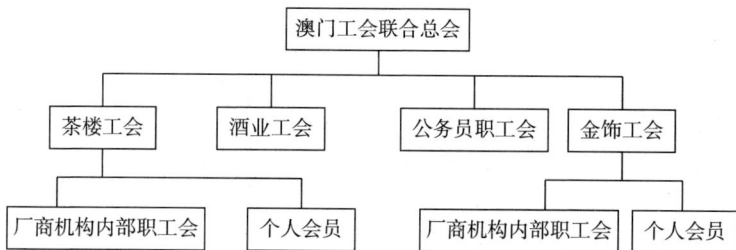

图 2　澳门工会联合总会结构
资料来源：根据澳门工会联合总会档案资料及相关网页资料编制。

澳门街坊会联合总会（以下简称"街联"）成立于 1983 年 12 月 30 日，

---

① 资料来源：澳门身份证明局、澳门中华总商会网页及对澳门中华总商会的实地访谈。
② 资料来源：澳门身份证明局、澳门工会联合总会网页及对澳门工会联合总会的实地访谈。

只有团体会员而没有个人会员，团体会员分为属会会员与联系会员两种，属会会员覆盖全澳的 26 个区域性街坊会和居民联谊会，联系会员为 50 多个大厦业主联谊会和社区组织。街联属于联合性社区组织，① 是基层社区的服务组织和管理机构。街联坚持"团结坊众，参与社会，关注民生，服务社群"的工作方针，大力拓展多元化的社会服务工作。街联采用"众"字为会徽，亦是体现街坊总会全心全意为坊众服务。②

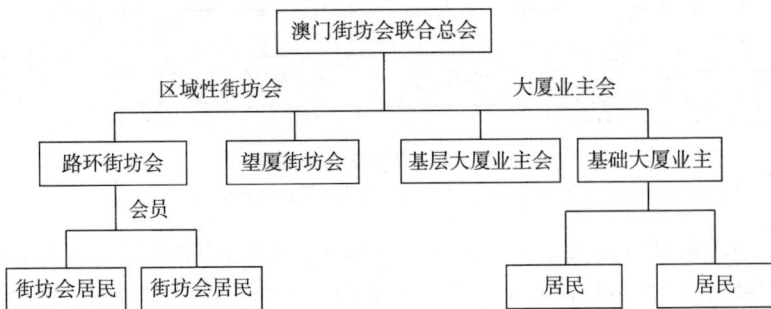

图 3　澳门街坊会联合总会结构

资料来源：根据澳门街坊会联合总会档案资料及网页资料编制。

二　澳门社团政治功能的表现

社团作为一种社会组织，主要承担着经济、政治、社会及文化四种功能。③ 澳门地区的社团不仅具有上述四种功能，而且其政治功能相对明显。为此，本文从政治社会学角度研究澳门社团及其政治功能。政治功能是指政治事务满足政治主体的公共权力和国家权力的需要而产生的一种作用过程及其表现形式。从这一定义出发，通过实地访谈及相关文献分析，我们认为澳门社团的政治功能主要表现为如下四个方面。

① 澳门街坊会联合总会与澳门工会联合总会的区别是，前者以社区类基层居民组织为基础，后者以行业性基层工会组织为基础。
② 资料来源：澳门身份证明局、澳门街坊会联合总会的网页及对澳门街坊会联合总会的实地访谈。
③ 刘祖云、胡蓉著：《中国社团的历史、现状及发展趋势初探》，《学术论坛》2004 年第 1 期。

(一) 推选议员

在任何现代国家和地区，政党和选举几乎可以称得上是民主政治的一对孪生兄弟：一方面，政党伴随着选举的出现和民主政治的发展而形成壮大；另一方面，选举又在政党的推动和介入下获得进一步发展。[①] 有关研究[②]认为，香港政党对选举活动的参与和推动表现在三个方面：一是提名候选人竞选立法会和区议会的议席，二是发表政纲吸引选民注意，三是各个政党之间形成不同类型的政党联盟以更有利于竞选。与香港相比，澳门没有政党，提名候选人参加选举的工作则由社团承担，具体表现为如下三个方面。

1. 提名候选人参加立法会直接选举

在澳门的政治选举中，立法会议员选举是具有广泛影响的选举活动，此项选举分为直接选举和间接选举。

1976 年《澳门组织章程》颁布后，立法会的组成改变了过去葡人的绝对地位（1 名华人，其余皆为葡人），开始实行选举和任命相结合，其中 5 名由总督任命，6 名以直接选举产生，此项法律条款开启了澳门华人民间社团参选立法会的帷幕。[③]

从 1992 年立法会选举开始，商总、工联、街联就开始提名候选人（见表 1）。由表 1 可见，商总、工联、街联三大社团提名参选议员的候选人数在逐步增加。

表 1　商总、工联、街联提名候选人参加立法会直选人数统计

单位：人

社团	1992 年	1996 年	2001 年	2005 年
商总	5	7	10	12
工联	5	5	8	9
街联	4	5	9	12

资料来源：澳门 1992 年、1996 年、2001 年和 2005 年立法会选举报告书。

---

① 郑楚宣：《英国国家政策的制定和执行》，《国家行政学院学报》2001 年第 4 期。

② 陈丽君：《香港政党现状与发展前景探讨》，《中共福建省委党校学报》2006 年第 3 期；范前锋：《参政党刍议》，《山西社会主义学院学报》2002 年第 3 期；孙晓晖：《香港政党政治的发展现状及其政治影响》，《桂海论丛》2007 年第 6 期。

③ 吴志良编《澳门政制》，中国友谊出版社，1996。

街联的一位工作人员告诉我们：

> 我们很早就参与立法会选举了。1988 年，我们提名刘光普等人为候选人参与选举。之后，每一届立法会选举，我们会在内部通过各种方式提名候选人，并全力支持他们参与立法会的选举。2005 年的选举，我们就提名了 12 个候选人，达到了法定上限。我们会长（梁庆庭）非常鼓励青年一代参与立法会选举，我们有越来越多的年轻人参与选举……（B35—TDX）

澳门立法会选举，没有政党的参与，议席往往由各大社团占据。表 2 表明，具有社团背景的当选议员占该届立法会直选议席的近一半。[①]

表 2　商总、工联、街联提名的候选人在澳门立法会（直选）当选情况

立法会	当选议员社团背景	总议席	所占议席
第五届 （1992～1996 年）	梁庆庭（街联）、唐志坚（工联）、高开贤（商总）、吴国昌（新澳门学社）、崔世安（镜湖医院）、曹其真、罗拨度、何思谦	8	3
第六届 （1996～2000 年）	梁庆庭（街联）、唐志坚（工联）、高开贤（商总）、吴国昌（新澳门学社）、陈继杰、冯志强、廖玉麟、周锦辉	8	3
第二届（特区） （2001～2004 年）	关翠杏（工联）、梁玉华（工联）、梁庆庭（街联）、容永恩（妇联）、周锦辉（商总）、郑康乐（娱乐联谊会）、Jarge Manuel Fao、吴国昌（新澳门学社）、张立群、区锦新	10	4
第三届（特区） （2005～2009 年）	关翠杏（工联）、梁玉华（工联）、梁庆庭（街联）、容永恩（妇联）、吴国昌（新澳门学社）、吴在权（地产商会）、周锦辉（商总）、陈明金（商总）、冯志强、高天赐、梁安琪、区锦新	12	5

资料来源：澳门立法会的历届选举报告书。第六届立法会在 1999 年转化为澳门特区政府第一届立法会。

为了获得更多议席，澳门社团也会联合起来，形成一些参选组别或提

[①] 随着第五届议员马万祺、彭为锦等被选为全国政协委员，到第六届立法会选举，具有社团背景的参选议员占该届立法会直选或间选的议席数稍微减少一些，往后几届立法会的选举，具有社团背景的议员仍较多。随着澳门回归，2000 年立法会议席由 23 个增加到 27 个，并于次年澳门回归之后开始第一次正式立法会议席选举。2005 年立法会选举，直选议席数目再次增加，同时具有社团背景的直选议员人数增加到 8 个。

名委员会,① 增强政治影响力以利于竞选。我们可以从表 3 看出,在 2001 年和 2005 年的立法会直选中,商总、工联、街联纷纷组成自己的参选组别参与立法会直选。

表3　商总、工联、街联组成参选组别参与立法会直选的情况

年份	社团名称	组成的参选组别	联合的主要社团
2001	商总	繁荣澳门同盟	商总、厂商联合会
	工联	同心协进会	工联、制造业总工会
	街联	群力促进会	街联、妇联
2005	商总	繁荣澳门同盟	商总、厂商联合会
	商总	澳门民联协进会	商总、青年商会
	工联	同心协进会	工联、制造业总工会
	街联	群力促进会	街联、妇联

资料来源:澳门立法会的历届立法会报告书。

街联的一位负责人告诉我们:

> 1990 年《澳门组织章程》修改,立法会议席由 17 个增加到 23 个,并于次年举行立法会议员补选。街坊总会与中华总商会的青委组成群力促进会参加直选,我们推派的候选人梁会长(梁庆庭)与有中华总商会背景的高开贤成功补选为立法会议员。2001 年街坊总会与妇女联合会组成群力促进会参与选举。之后在 2005 年仍和妇女联合会组成群力促进会参与选举。现正筹备参与立法会的选举,并将继续与妇联等社区服务团体组成群力促进会,参与立法会选举。(B32—QYX)

2. 提名候选人参加立法会间接选举

凡在澳门注册并满 3 年的社团均可申请参加间接选举。立法会间接选举法规定各类利益团体的间选议员议席,如规定雇主利益团体 4 席、劳工利益团体 2 席、专业利益团体 2 席、慈文教体利益团体 2 席,分别由相关利益团

---

① 这些组别只是临时性质,没有类似于政党的政治纲领和日常活动。当立法会选举结束时,这些组别的活动基本结束。

体的法人社团的代表选民投票选出。由各类利益团体组织提名委员会提名候选人参选，有关之利益团体中每个社团拥有一份提名权，各提名委员会必须取得本利益团体全数提名权的1/5才有资格提名1名候选人参选。

表4和表5为商总、工联和街联提名候选人参加间接选举的参选和当选情况。

表4 商总、工联、街联提名候选人参加立法会间选的人数情况

	1992 年	1996 年	2001 年	2005 年
商总	2	2	3	3
工联	2	2	2	2
街联	1	1	1	1
间选提名的总候选人数	8	8	10	10

资料来源：澳门1992年、1996年、2001年和2005年立法会选举报告书。

表5 商总、工联、街联提名候选人在澳门立法会间选中的当选情况

立法会	当选议员社团背景	总议席	所占议席
第五届 （1992～1996 年）	马万祺（商总）、何厚铧（商总）、彭彼得（厂商会）、吴荣恪（出口商会）、刘焯华（工联）、彭为锦（工联）、欧安利、林绮涛	8	4
第六届 （1996～2000 年）	许世元（商总）、何厚铧（商总）、关翠杏（工联）、刘焯华（工联）、曹其真、欧安利、林绮涛	7	4
第二届（特区） （2001～2004 年）	许世元（商总）、高开贤（商总）、刘焯华（工联）、唐志坚（工联）、崔世昌（商总）、欧安利、曹其真、郑志强、陈泽武、冯志强	10	5
第三届（特区） （2005～2009 年）	贺定一（商总）、高开贤（商总）、刘焯华（工联）、李从正（工联）、崔世昌（商总）、欧安利、曹其真、郑志强、陈泽武、张立群	10	5

资料来源：澳门立法会历届选举报告书。第六届立法会在1999年转化为澳门特区政府第一届立法会。

当我们访谈参与立法会间接选举的情况时，商总的一位工作人员谈道：

> 间接选举实行的是等额选举，我们社团提名候选人会更认真。提高参选及当选人数对于我们社团非常重要……从立法会有选举开始，我们就非常关注。我们会根据自己社团的实际情况，推选本社团最合适的候选人参与间选。（B15—LMH）

工联的一位负责人告诉我们：

> 我们是代表劳工利益的社团，为了广大劳工的利益，无论是立法会直选还是间选，我们都会积极提名本社团的候选人参与选举。（B23—LYN）

3. 提名候选人参加市政议会选举

澳门回归之前，在澳门市政制度安排中，除了立法会外，还有市政议会。澳门地区设有两个市政区：澳门市政区与海岛市政区。每个市政区有两个管理机关——市政议会与市政执行委员会（市政厅），其中组成市政议会的议员以选举方式产生。[①] 部分市政议员产生方式采取有限民主制度后，澳门社区类社团以及从事社会服务的民间社团积极投入市政议员的选举活动。[②]

与立法会一样，市政议会的多数议员有社团背景。从表6可以看出，在澳门地区第三届市政议会选举中，商总、工联、街联都有人参选并当选。

表6　澳门地区第三届市政议会议员社团背景（1996～1999年）

市政议会		议员社团背景
澳门市政议会	直选	温泉（工联）、梁庆球（街联）、周亦强（中华新青年）、区锦新（新澳门学社）、黄树森（商总）
	间选	李康（街联）、姚汝祥（商总）、冼志耀（澳门日报基金会）、唐坚谋（市贩会）、何玉棠
海岛市政议会	直选	岑玉霞（街联）、莫德岳（公务员）、何锦培（福利会）
	间选	梁少佳（街联）、卓永生（工联）、阮子荣（街联）

注：澳门回归之后，市政议会被取消，改设行政委员会。

资料来源：吴志良、黄汉强：《澳门总览》，澳门基金会，1996，第126页。

商总、工联、街联等社团推选其代表参加各类选举的事实表明，在没有政党的澳门社会，社团扮演着政党的角色。

---

① 黄汉强、吴志良：《澳门总览》，澳门基金会，1996。
② 澳门市政议会由13名议员组成，其中直接选举和间接选举议员各5名，总督委任议员3名，每4年举行换届选举。议员任期4年，连选可以连任。海岛市政议会由9人组成，直接选举、间接选举和总督委任议员各3名，每4年举行换届选举。议员任期4年，连选可以连任。

（二）政治动员

由于历史原因，澳门居民特别是其华人居民的政治参与热情不高，随着澳门回归并实行高度自治，澳门的政治氛围开始升温。在这种背景下，澳门社团在动员澳门居民参与政治活动方面发挥了重要作用。

1. 动员选民参与立法会选举投票

根据澳门立法会章程，澳门立法会的选举分为直接选举和间接选举。直接选举是指由登记的自然人投票选举，自然人选民是指凡在本地区连续居住最少 7 年，年龄在 18 岁以上，并已进行选民登记的居民，享有直选选民资格。

表 7　澳门立法会直选（AL）自然人选民投票率情况

投票情况	1992 年	1996 年	2001 年	2005 年	2009 年
总登记选民数（人）	48137	116445	159813	220653	249885
已投票数（票）	28526	75093	83644	128830	——
投票率（％）	59.26	64.49	52.34	58.39	——
当年澳门人口数（人）	377983	415172	436686	485749	——
自然人登记率（％）	12.735	28.047	36.597	45.425	——

资料来源：澳门立法会提供的历届立法会选举报告。2009 年的选民登记数据来自澳门特区政府网，由于还没进行正式直选，2009 年的澳门人口数也还没公布，后 4 个数据暂无；当年澳门人口数是指当年澳门登记的人数，1992 年和 1996 年的数据来源于古万年、戴丽敏编写的《澳门及其人口演变五百年》，2001 年及 2005 年的数据分别来自澳门统计暨普查局的《统计年鉴（2001 年）》、《统计年鉴（2005 年）》；自然人登记率是指当年参与选举进行登记选民数除以当年澳门人口数。

从表 7 来看，澳门居民参与选举投票的人数在增加。商总的一位工作人员认为：

> 这一方面要归功于大的社会环境的变化，另一方面还有其他原因。总的来说，社团在这方面投入了很多时间和精力。（B14—XSQ）

街联的一位工作人员也告诉我们：

> 街坊总会覆盖了澳门三大岛屿的各个基层坊众，有广泛的居民联系网络。在动员选民参与立法会选举投票时，我们街坊总会所做的事情可多啦！

在每次立法会选举之前，我们会组织专门人员负责动员选民参与立法会投票。我们会邀请一些专家给居民宣讲并交流选举事项，同时会派发宣传资料到每个基层坊众。到了选民的登记时间，我们会派更多人员去动员居民参与选民登记。我们也很愿意去做这些事情。（B33—ZYQ）

当被问到为什么要这样做时，他们的答案是为了使他们的候选人获得更多选票。① 商总、工联、街联动员选民参与投票的努力在选举中有明显的体现，表 8 表明，其候选人的得票数在逐步增加。

表 8 商总、工联、街联在立法会直选中候选人的得票情况

社团名称	参选组别	1996 年得票	2001 年得票	2005 年得票
工联	同心协进会	10525	12990	16596
街联	群力促进会	11045	11276	11989
商总	繁荣澳门同盟	7439	10016	6081
商总	澳门民联协进会	—	—	20701

注：自 2005 年起，有澳门商人以民联协为挂靠组织参与立法会选举。
资料来源：澳门历届立法会选举报告。

按照立法会章程规定，这三个社团还动员选民参加立法会的间接选举投票。间选是指由间接选民参加的选举。按选民登记法登记，享有 3 年以上法律人格而按法律被承认代表第十四条所指利益的社团或机构，在间接选举时具有选民资格。表 9 为三大社团间选投票情况。

表 9 商总、工联、街联在立法会间选中动员选民投票情况

选举组别	雇主利益	劳工利益	慈善、文化、教育及体育利益	专业利益	总数
主要代表性社团	商总	工联	街联	职业协会	
2001 年选民总数（人）	53	54	474	44	625
2001 年有权投票数（票）	583	594	5214	484	6875
2001 年具证明书数（票）	423	343	2344	305	3415

---

① 由个案 B13（ZJJ）、B33（ZYQ）、B24（QLL）、C12（FQH）、C22（CTP）五个访谈资料整理所得。

续表

选举组别	雇主利益	劳工利益	慈善、文化、教育及体育利益	专业利益	总数
主要代表性社团	商总	工联	街联	职业协会	
2001 年实际投票数（票）	292	277	1443	212	2224
2001 年投票率（%）	69.03	80.76	61.56	69.51	65.12
2005 年选民总数（人）	91	65	690	59	905
2005 年有权投票数（票）	1001	715	7590	649	9955
2005 年具证明书数（票）	571	567	2818	409	4365
2005 年实际投票数（票）	477	426	1513	288	2704
2005 年投票率（%）	83.54	75.13	53.69	70.42	61.95

资料来源：澳门立法会提供的历届立法会选举报告。

间接选举中，选民是指法人选民，即具有法人资格的社团组织，每个法人有最多 11 票的投票权。商总、工联、街联作为雇主界、劳工界、社会服务界的代表性社团，它们积极引导该界别社团参与投票。从雇主类、劳工类、社会服务类在立法会间接选举选民的投票情况来看，三个类别在2005 年立法会间接选举的投票人数比 2001 年都有明显增多，特别是雇主类的投票率从 2001 年的 69.03% 提高为 2005 年的 83.54%。

2. 动员居民参与其他政治活动

澳门居民政治热情的升温，不仅表现在参与立法会的选举投票方面，还体现在其他政治参与方面，如评议行政长官的选举及履职情况，评议议员选举及履职情况，积极参与社区问题的协商和解决，关注和收听大众媒体的政治信息，与政府官员及议员沟通与交流。

街联的一位职员告诉我们：

在较早之前，澳门居民除了偶尔参加选举投票之外，基本不参加其他政治活动。现在情况有较大不同，居民会评论行政长官、议员选举及其履行职能等情况。为了动员居民参与到政治事务中，我们街坊总会经常组织居民参与社区问题的协商和解决，还在社团网站上开辟了议员与民众议事论事专栏，邀请民众与议员一起讨论政事。（C32—HAC）

被访问的居民回答说:

> 我们参与一些政治活动，是因为这些活动能够反映和表达我们的利益和要求。(D3—TJM)
>
> 街坊总会让我们了解到很多政治知识和政治信息，也经常了解我们的需求、意见和愿望。(D2—XZR)

工联的一位职员告诉我们:

> 为了让更多居民积极参与投票或其他政治事项，我们会通过各种途径，如报纸、电台、电视、互联网等大众媒介，向居民传输有关政治制度、选举制度等方面的情况、动态和消息。在立法会选举之前，我们都会进行多次动员，同时还会向全澳居民发布信息，鼓励居民积极参与。(B24—QLL)

由此可见，商总、工联、街联等社团虽然不是政党，但它们在动员居民参与政治事务、升温政治氛围方面扮演了政党角色，发挥着重要作用。

（三）参与决策

在参与政府决策方面，三大社团也发挥着重要作用，它们主要通过立法、咨询及直接参与等渠道来参与政府决策。

1. 通过立法参与决策

通过立法参与，是指社团通过他们的代表即他们在立法会的议员来参与政府决策。下面以商总、工联、街联三个社团的议员对政府政策的质询辩论为例来进行分析，见表10。

表10 商总、工联、街联的议员在立法会的会议上对政府政策的质询情况

议员	社团背景	在立法会的会议上部分议员对政府政策的质询辩论情况（次）						
		2001年	2002年	2003年	2004年	2005年	2006年	2007年
梁庆庭	街联	14	9	7	10	12	24	21
高开贤	商总	3	7	7	6	2	5	1

议员	社团背景	在立法会的会议上部分议员对政府政策的质询辩论情况（次）						
		2001 年	2002 年	2003 年	2004 年	2005 年	2006 年	2007 年
崔世昌	商总	6	4	5	0	2	0	0
关翠杏	工联	4	6	14	20	44	49	44
梁玉华	工联	3	3	10	18	38	38	35
合计（次）		30	29	43	54	98	116	101

资料来源：澳门第二届和第三届立法会每年的活动报告。

街联的一位工作人员告诉我们：

> 澳门立法会议员大多具有社团背景，议员的很多行动往往是代表社团的立场及利益。我们梁会长在立法会的会议上对政府政策的质询，很多就是针对政府关于社区居民方面的政策。当然，也会考虑整个澳门居民的利益。事实上，间接选举议员主要是从雇主类、劳工类等四类界别社团中选举，就是为了考虑到每个界别社团的利益，让他们代表各自界别反映情况……（B34—HSS）

在访谈中，工联的一位工作人员激动地告诉我们：

> 我们的关姐①实在厉害，也很负责。她每年都会对政府的政策提出很多质询，真的是一个好议员，能够为我们澳门居民着想……（B23—ZJJ）

如在 2008 年 11 月的一次立法会会议上，金融管理局主席丁连星、退休基金会行政管理委员会主席刘婉婷分别回应了关翠杏、吴国昌等五位议员早前即 10 月提交的口头质询。

2. 通过咨询参与决策

通过咨询参与，是指社团通过推荐他们的代表参与政府决策咨询机构来参与政府决策。澳葡时期的政府咨询体系是由政治性咨询机构与政策性咨询机构两个部分组成。澳门回归之后，这一政治设置得到延续和保留。政策性

---

① "关姐"是指关翠杏议员。

咨询机构属专业性咨询机构，职责在于就政府有关重大决策提供情况与咨询意见，以便政府决策时参考。政策性咨询机构的设立扩大和加深了澳门民间社团政治参与的范围与程度，便于政府决策中的利益兼顾与利益平衡。

商总的一位负责人告诉我们：

> 社团作为外部社会力量，参与政府政策性咨询机构，不仅是为政府制定政策提供咨询，而且可以通过咨询来实现监督。（B12—BPD）

工联的一位负责人认为：

> 特区政府对于各项重大政策都会征求我们社团的意见，我们也会利用各种机会广泛参与。当我们认为政府的某些政策不符合澳门居民利益时，我们会联合其他相关社团利用咨询身份向政府提出意见。（B22—LZH）

表 11　商总、工联、街联参与政府咨询机构的情况

部分重要咨询机构名称	澳门回归之前部分社团参与情况			澳门回归之后部分社团参与情况		
	商总	工联	街联	商总	工联	街联
消费者委员会	√	√		√	√	√
社会工作委员会		√	√		√	√
社会协调委员会	√	√		√	√	√
交通咨询委员会	√	√	√	√	√	√
社会保障委员会	√	√		√	√	√
统计咨询委员会		√	√		√	√
经济委员会	√	√		√	√	√
青年委员会		√	√	√	√	√
教育委员会		√	√		√	√
旧区重整咨询委员会			√			√
土地发展咨询委员会					√	√
健康城市咨询委员会		√	√		√	√

说明：表中的"√"表明该社团参与了该咨询委员会。
资料来源：由商总、工联、街联提供。

从表 11 来看，商总主要参与了消费者委员会、社会协调委员会、经济委员会、统计咨询委员会等；街联主要参与了社会工作委员会、社会保障委员会、青年委员会、教育委员会等；工联主要参与了消费者委员会、交通咨询委员会、社会协调委员会、统计咨询委员会等。

街联的一位工作人员给我们找出一叠资料并告诉我们：

> 2008 年政府制订社会福利计划时，我们社会事务办公室总干事孔惠榕等人向政府提出了多项有关优化社区服务、弱者服务和长者服务以及加强青少年儿童服务等方面的意见和建议，敦促政府制订社会服务中长期发展规划，以保证社会服务的持续发展。（B34—HSS）

除参与政府设立的有关政策咨询机构外，有些社团还在其内部设立相关机构关注政府的政策或决策。街联的一位负责人告诉我们：

> 我们总会下设有四个关注小组：社区关注小组、交通关注小组、环保关注小组、政策关注小组。政策关注小组就是代表居民利益关注政府的政策和决策。（B31—LZR）

3. 直接参与决策

直接参与，是指社团通过直接参与政府有关政策、决策、决定及文件的指定和修改来参与政府决策。

街联在这方面发挥的作用似乎特别大。街联的一位负责人向我们举例说：

> 特区政府青委会订定的"青年全人发展策略建议稿"，内容理论性较高，但可操作性不足，并未能完全从澳门的实际出发分析及制定青年政策，有些项目亦不切实际，一些更值得关注的社会问题如赌博、滥用药品和青年人犯罪等均未被列入该研究报告中……我们街坊总会督促当局落实青年全人发展策略工作推展时间表，建议以新机制就澳门青年人面对的各方面问题、困局和需求展开系统性的调研，为政府制订和推动青年短、中、长期政策规划提供依据，令青年工作可与时

并进。（B32—QYX）

工联的一位负责人告诉我们：

> 在我们工联的敦促和全澳门职工的争取下，1984 年澳门第一部《劳资关系法》颁布实施，从而结束了澳门劳工保障法律长期以来的空白状况。此后的 10 多年间，澳门又陆续颁布实施了雇员赔偿法、工会安全保障法、社会保障激进制度、工伤事故赔偿法、劳工权益和就业政策纲要法等 20 多部劳工法律……我们也直接参与了澳门劳工法律的制定和修改，对推动澳门劳工法律体系的建立和完善做出了贡献。（B21—FHJ）

人类社会发展的民主化进程表明，通过社会力量制约行政权力是民主政治建设的根本要求。原子化的个人只有结成有机整体及社会团体，才能达到制约政府的目的。[①]

（四）利益表达

澳门社团政治功能的第四种表现是利益表达，即向政府表达利益诉求，其主要表达方式有个体形式的表达即通过社团代表（议员）向政府表达，还有集体形式的表达即社团直接向政府表达。

1. 个体形式的表达

一位澳门居民告诉我们：

> 现在澳门回归了，我们更希望向政府表达我们的意见和要求，也希望有一些机构能够代表我们向政府反映我们的意见和要求，而社团组织就是一个重要途径……（D5—ACT）

表 12 是作为上述三个社团代表的议员在有关年份向政府反映民意的次数统计情况。

[①]　吴东民、董西明等：《非营利组织管理》，中国人民大学出版社，2003。

表12　商总、工联、街联的议员在有关年份反映民意的累计次数

议员名称	1998 年	1999 年	2002 年	2003 年	2007 年	2008 年
唐志坚（工联）	6	9	6	7	—	—
刘焯华（工联）	4	7	5	4	6	4
关翠杏（工联）	26	42	31	34	51	87
梁玉华（工联）	—	—	13	15	26	51
李从正（工联）	—	—	—	—	22	57
梁庆庭（街联）	2	4	6	5	7	8
高开贤（商总）	3	3	3	2	5	4
崔世昌（商总）	2	3	4	3	4	5
所有议员累计次数	43	68	68	70	121	216

　　资料来源：1998 年和 1999 年的数据是根据工联 1998 年和 1999 年的会刊整理；2002 年、2003 年、2007 年、2008 年的数据是根据工联网站的"议员议事"栏的记载；"—"表示该议员在当年不是议员。

　　关翠杏议员仅在 2008 年提出意见或议案 87 次，这些意见内容大致涉及劳工利益、特殊群体利益、民生利益、公共物品、政府行政等多个方面（见表13）。

表13　2008 年关翠杏议员提出的意见或议案情况

涉及的方面	举例	累计次数
劳工利益	倡议政府严惩违规雇主；指出非全职工雇员无保障	27
特殊群体利益	切实援助低收入人士；推广平安钟，帮助孤长者	11
民生利益	关注食品流通；食品安全监督；减轻居民必需开支	14
公共物品	倡设房屋发展基金，修订房屋法例	15
政府行政	指出政府整治交通不力；质疑当局审批欠理据	13
其他	倡设政府同意发工作证等	7

　　资料来源：根据工联网站"议员议事"栏的记载整理。

　　街联的一位工作人员告诉我们：

　　议员办事处一般就设在社团内，或与社团合署办公。1988 年我们街坊总会理事长刘光普当选立法会议员后，于次年设立"刘光普议员

办事处",与我们(街坊总会)合署办公,4年期间共接待4000多人次和近千宗投诉与求助个案。其后,(街坊总会的)副理事长梁庆庭当选议员后,也在街坊总会内设办事处。议员梁庆庭涉及的事务非常广泛。(B31—LZR)

2. 集体形式的表达

从集体形式表达角度看,社团的利益表达又分被动表达与主动表达,被动表达是政府在政策制定的过程中向社团做出的咨询,是自上而下的过程;主动表达则是社团直接参与公共政策的制定,是自下而上的过程。[①] 调查中的三个社团不仅有被动表达,而且有主动表达。下面以街联为例(见表14)。

表14 2008年街联主动向政府反映民意情况

涉及的领域	举例	累计次数
公共交通	4月18日提交关于《公共交通优化整治方案》意见书	5
公共住房及城市规划	11月12日提交关于修订公共房屋相关法例咨询文本之意见书	5
经济事务	11月14日提交关于应对金融危机影响的建议	7
社会保障与青年发展	11月5日递交有关提升养老金诉求信	4
法律法规制定及修改	4月2日对《选民登记法》等三部法律的修改意见书	3
政府施政	2月1日对2008年特区政府施政报告提出意见书	6

资料来源:街联2008年各期的会刊及街联的网站。

街联在面对一些事关民众利益的重大事项时,都会事先进行一个深入的民意调查,然后将民意进行整合并及时反映民意,以供政府决策参考。街联的一位职员向我们介绍他们最近一次向政府提出的提案时说:

我们街坊总会就"修订公共房屋相关法例咨询文本"的内容举办过多场居民座谈会并进行了全澳的问卷调查。我们认为咨询文本基本上能体现"合理分配社会资源,优先照顾弱势群体和维护优良传统伦理观念"的三大原则,我们还进而提出了七条具体建议和要求。(C32—YJ)

---

① 娄胜华:《转型时期澳门社团研究》,广东人民出版社,2004。

澳门的一位居民告诉我们：

> 政府推出《澳门公共交通优化整治方案》一个多月来，街坊总会就此广泛咨询社会意见，我作为澳门民众，也积极表达了我的建议。后来，政府又推出《澳门轻轨系统优化方案2007》，为使这个计划更加完善，更好为澳门的公共交通服务，街坊总会先后召开了近10场兴建轻轨座谈会，直接听取民意。（D1—HJP）

三 澳门社团政治功能的特点

澳门社会结构的转型不是依靠工业化推动的，因此，在多数国家和地区发生的工业化引起的剧烈阶级分化并未在澳门出现。[①] 这样，基于阶级分化的利益性社团弱于基于社会分工的功能性社团，功能性社团因此成为澳门社团的主体形式。加上，之前受外族管治的政治现实导致民族意识远胜于阶级意识。

由于澳门社会没有政党组织，政治性社团又十分弱小，澳门身份证明局数据显示，至2008年底澳门的政治性社团仅有7个，仅占社团总数的0.3%，一般性社团因此具有较强的或明显的政治功能。也就是说，政治性党派和团体的缺失或弱化导致了一般性或功能性社团政治功能的明显或强化，这是澳门社团政治功能的总体特点。下面从静态和动态不同角度来考察和分析澳门一般性或功能性社团政治功能的具体特点。

（一）三大社团政治功能的静态特征

从静态角度看，澳门三大功能性社团的政治功能表现出两方面的特点：一是社团政治功能的强弱与社团规模大小相关，二是社团政治功能的表现与社团界别相关。

1. 社团政治功能的强弱与社团规模大小相关

如前所述，所谓功能性社团一般是分功能界别的，如商总为澳门工商

---

① 金国平、吴志良：《霍韬父子与澳门》，《学术研究》2003年第6期。

金融界的代表，工联为澳门劳工界的代表，街联为全澳居民的代表。而在功能界别内部，又有规模较大的联合型或界别性社团和规模较小的单个型或行业性社团之分。前者如商总、工联、街联等，后者如澳门地产商会、茶楼工会等。

根据我们的调查，社团规模的大小与社团政治功能的强弱成正比。澳门身份证明局的一位工作人员告诉我们：

> 在工商金融界别内，作为联合性社团的中华总商会就比行业性或区域性商会的组织能力要强，行业性商会比普通商会的组织能力要强。这种能力的差异当然也表现在参与政治活动和承担政治功能方面。（A4—DH）

商总的一位负责人告诉我们：

> 我们中华总商会是唯一一个全澳门性的工商金融界别社团……我们在表达利益时能获得政府的关注或采纳，这样我们的界内社团也不得不借助于我们中华总商会来表达他们的利益。（B12—BPD）

仅以澳门特区第三届立法会议员为例，在关翠杏（工联）、梁玉华（工联）、梁庆庭（街联）、容永恩（妇联）、吴国昌（新澳门学社）、吴在权（地产商会）、周锦辉（商总）、陈明金（商总）、冯志强、高天赐、梁安琪、区锦新这12位直选议员中，8位议员有社团背景，5位议员分别来自商总、工联、街联这三个规模较大的联合型社团；在贺定一（商总）、高开贤（商总）、刘焯华（工联）、李从正（工联）、崔世昌（商总）、欧安利、曹其真、郑志强、陈泽武、张立群这10位间选议员中，5位有社团背景且都来自商总、工联、街联这三个规模较大的联合型社团。

2. 社团政治功能的表现与社团界别相关

政治功能是政治事务满足政治主体需要的作用过程及表现形式，而社团的政治功能就是社团的政治事务或活动满足其社团主体需要的作用过程和表现形式。因此，社团主体及主体需要不同，那么满足其主体需要的作用过程和表现形式就不同。虽然商总、工联、街联三个社团都同样承担推

269

选议员、政治动员、参与决策及利益表达的功能，但因其社团性质及功能界别不同而在实现这些功能的方式上各有偏重，表现出明显差异。

（1）社团政治功能的某一表现与社团界别。下面以商总、工联和街联三个社团的议员在立法会的会议上对政府政策提出的质询辩论情况为例（见表15）。

表15　商总、工联、街联议员在立法会的辩论质询情况

单位：次

社团	2001 年	2002 年	2003 年	2004 年	2005 年	2006 年	2007 年
街联	14	9	7	10	12	24	21
商总	11	15	16	9	6	9	6
工联	9	17	31	42	82	87	81

资料来源：澳门第二届和第三届立法会每年的活动报告。

表15表明，从2001年到2007年的连续7年中，三个社团的议员辩论质询政府决策的次数有明显差别。

从横向比较角度看，工联最高，街联次之，商总最低。这说明，经济地位较低的社会群体或社会阶层有更多的利益诉求或意见表达。因为工联是澳门劳工界的社团，是澳门雇工阶层的代表；而商总是澳门工商界的社团，是澳门雇主阶层的代表。

从纵向比较角度看，工联大幅直线上升，街联小幅曲折上升，商总则有升有降。这也至少说明两点：一是经济地位较低的社会群体或社会阶层的利益诉求或意见表达越来越多，二是事关民生方面的利益诉求或意见表达也似乎越来越多。

（2）社团政治功能的集中表现与社团界别。根据我们的调查，商总、工联、街联三个社团政治功能的集中表现形式如表16所示。

表16　商总、工联、街联政治功能的集中表现形式

社团	推选议员	参与决策	利益表达	政治动员
商总	√	√		
工联	√	√	√	
街联			√	√

注："√"表明社团政治功能的主要表现形式。

由表 16 可见,其一,在社团政治功能的四种表现形式中,商总和工联的政治功能同样集中表现在"推选议员"与"参与决策"两个方面,这表明澳门的议员推选和政府决策既考虑到了经济地位较高的工商界或雇主阶层,又考虑到了经济地位较低的劳工界或雇工阶层。其二,与商总相比,工联的政治功能还集中表现在"利益表达"方面,这既说明经济地位较低的劳工界或雇工阶层有较强的利益诉求和意见表达需求,又说明工联在这方面做了许多工作。其三,街联的政治功能集中表现在"利益表达"和"政治动员"两个方面,这说明服务于社区居民的街联贴近生活、贴近民众,他们是政府与民众的纽带和桥梁,是社会稳定与和谐的基础。

(二) 三大社团政治功能的动态特征

从历史发展角度看,1976 年《澳门组织章程》的颁布,[①] 1987 年《中葡联合声明》的签订,[②] 1999 年澳门的回归,这三个重要历史事件给澳门社会带来前所未有的历史巨变。与这一历史巨变相适应,澳门上述三大功能性社团的政治功能经历了从无到有、从弱到强的变化和发展过程。

1. 1976～1999 年:三大社团政治功能从无到有

1976 年《澳门组织章程》颁布后,商总、工联和街联三大社团即澳门华人社团开始参与立法会的选举。从此,三大社团开始逐渐具备政治功能。下面仅以澳门第一、二、三、四届立法会选举情况为例进行分析 (见表 17)。

表 17 澳门第一届至第四届立法会当选议员及社团背景

立法会		当选议员的社团背景
第一届 (1976～1980 年)	直选	宋玉生 (公民协会)、费文安 (公民协会)、曹其真 (公民协会)、罗郎日 (公民协会)、黎祖智 (协进会)、顾德烈 (民主协会)
	间选	马万祺 (商总)、彭彼得 (厂商会)、李世荣 (出口商会)、罗方志、李碧露、崔德祺 (同善堂)

---

① 吴志良编《澳门政制》,中国友谊出版社,1996;吴志良:《澳门政治发展史》,上海社会科学院出版社,1999。

② 《澳门日报》编印《历史的见证》,1987,第 72 页。1987 年 4 月 13 日,葡萄牙政府总理席尔瓦佑应邀访华,在北京与中国政府签订了《中葡联合声明》并于 1988 年 1 月 15 日正式生效。

立法会		当选议员的社团背景
第二届 （1980～1984 年）	直选	宋玉生（公民协会）、欧若坚（公民协会）、林绮涛（公民协会）、华年达（民主协会）、李安奴（自由协会）
	间选	马万祺（商总）、彭彼得（厂商会）、李世荣（出口商会）、吴荣恪（出口商会）、马丁士、李德勖、崔德祺（同善堂）
第三届 （1984～1988 年）	直选	宋玉生（公民协会）、波治、刘焯华（工联）、欧安利、欧巴度、何思谦
	间选	马万祺（商总）、彭彼得（厂商会）、吴荣恪（出口商会）、曹其真、崔乐其（商总）
第四届 （1988～1992 年）	直选	宋玉生（公民协会）、欧安利、何思谦、梁金泉、汪长南、刘光普（街联）、梁庆庭（街联）、高开贤（商总）
	间选	马万祺（商总）、何厚铧（商总）、彭彼得（厂商会）、吴荣恪（出口商会）、曹其真、戴明扬、彭为锦（工联）

资料来源：澳门立法会，《澳门立法会第二十周年特刊》，1996。

由表 17 可见，其一，在 1976 年《澳门组织章程》颁布后的第一、二届立法会选举中，三大社团开始有一个社团（商总）的一位代表（马万祺）当选立法会间选议员，即商总开始有了议员。其二，在第三届立法会选举中，不仅有间选议员（商总的马万祺、崔乐其）当选，而且有直选议员（工联的刘焯华）当选，当选的社团及代表不再只是一个而是多个，即除商总外工联开始有了当选议员。其三，在 1987 年《中葡联合声明》签订后的第四届立法会选举中，三大社团都有代表当选议员，而且当选的直选议员和间选议员均增加到多位，即从一位（第一、二届）、三位（第三届）增加到六位（第四届）。推选议员是这样，参与决策、政治动员、利益表达等方面也是如此。

2. 1999～2009 年：三大社团政治功能从弱到强

上述探讨表明，从 1976 年特别是 1987 年以来，澳门社会的政治开放程度逐步提高，三大社团因此逐步具备政治方面的功能。1999 年澳门回归之后，随着"一国两制，澳人治澳，高度自治"制度的实行，澳门社会的政治开放程度明显提高，与此相适应，三大社团的政治功能明显增强。

下面先以三大社团"参与决策"为例进行分析（见表 18）。

表18　商总、工联、街联参与澳门12个政策咨询机构的情况

社团	回归之前参与情况	回归之后参与情况
商总	5	7
工联	7	11
街联	10	11

资料来源：由商总、工联、街联提供。

从表18可以看出，在澳门回归之后，商总、工联及街联参与政府决策咨询的数量分别从5个、7个、10个增加到7个、11个、11个。而且，根据我们的调查，不仅是参与决策数量的增加，而且还有质的改变，即参与者有了主人翁意识和主人翁态度。与此相适应，政府的民主和服务意识也明显增强。

下面再以工联议员的"利益表达"为例进行分析（见表19）。

表19　1998~2008年的有关年份工联议员每年反映民意的累计次数

时间	1998年	1999年	2002年	2003年	2007年	2008年
次数	36	58	55	60	105	219

资料来源：1998年和1999年的数据来源于工联1998年和1999年会刊的记载；2002年、2003年、2007年、2008年的数据来源于工联网站"议员议事"栏的记载。

由此可见，工联议员反映民意的次数逐年直线上升，这既说明人们越来越需要"利益表达"，又说明人们越来越愿意或越来越积极地进行"利益表达"。这是人们的政治参与热情和政治参与程度提高的表现。

综上所述，在推选议员、政治动员、参与决策、利益表达这四个方面，三大社团的政治功能在澳门回归之后显著增强。街联的一位工作人员告诉我们：

> 1999年澳门回归之后，随着"一国两制、澳人治澳、高度自治"制度的实行，我们街坊总会为了更好维护成员利益，维护澳门的稳定与发展，更加全面地参与到政治事务中来，无论是提名候选人参选立法会，还是向政府反映民意，都比过去做得要多很多。（B31—LZR）

四　小结与讨论

通过以上对澳门三大社团的考察，我们初步有了如下结论或讨论。

第一，从回归前至回归后，澳门社团政治功能逐步并明显增强，这种增强既与社会发展程度和社会开放程度的提高密切相关，也与政治民主化和决策科学化程度的提高密切相关，还可能与澳门政治性团体较弱或政治性团体功能较弱密切相关。

第二，从其内涵看，澳门社团的政治功能并不涉及政治制度的安排和政治体制的变更，只是或主要是表现为在既定的政治体制或制度安排下，其社团代表各自功能性或界别性团体参与政治事务或表达各自的政治或利益诉求，而这种政治功能的发挥显然有利于澳门的政治稳定、社会和谐乃至经济繁荣。

第三，根据我们的研究，虽然澳门社团政治功能较强或逐步增强可能与澳门社会的政治性团体较弱或政治性团体功能较弱有关，但我们不能因此反向推导认为，澳门功能性社团政治功能较强或逐步增强会影响或遏制澳门政治性团体的生长或政治性团体功能的增强，因为功能性社团政治功能的增强是否影响或遏制政治性团体的生长或政治性团体功能的增强，它们之间的关系究竟是正相关、负相关，还是不相关，仍是一个有待研究的问题。

状态测评

澳门社会和谐状况测评
及其对策探讨[*]

摘　要：基于对"社会和谐"的界定和澳门社会的特点，本文首先构建了澳门社会和谐测评指标体系，然后运用此指标体系对澳门社会进行历时态纵向测评和共时态横向比较，最后根据纵向测评和横向比较的结果提出促进澳门社会和谐的对策建议。

关键词：澳门；社会和谐；测评；指标体系

尽管 2014 年 5 月以来澳门经济开始下行，但回归以来澳门经济经历了一段前所未有的蓬勃发展，澳门社会也一直保持和谐与稳定。因此，对澳门社会和谐状况进行测评，对于解读澳门社会和谐现状，促进澳门社会的和谐与稳定，具有重要意义。本文将依次探讨测评指标体系的构建、历时态测评、共时态比较及有关对策建议。

一　测评指标体系的构建

作为一种社会存在和发展状态，社会和谐是千百年来人类的共同追

＊　本文曾在《中南民族大学学报》（人文社会科学版）2017 年第 2 期发表。

求。自党的十六大报告对社会和谐问题进行初步阐述①及党的十六届四中全会明确提出社会主义和谐社会概念之后，学术界关于社会和谐的研究越来越多。哲学研究认为，社会和谐包括人与自然的和谐、人与人的和谐及人自身的和谐，②并表现为"民主法治、公平正义、诚信友爱、充满活力、安定有序、人与自然和谐相处"③，中共十八大以来提出的创新、协调、绿色、开放、共享的新发展理念④强化和深化了上述认识。社会学研究则从社会运行、社会互构和社会冲突三个角度描述社会和谐状态，认为社会和谐是社会的"安全运行和健康发展"⑤，是"相对稳定持久的行动协同"⑥，是"一种没有大规模社会冲突事件的状态"⑦。笔者认为，社会和谐是社会构成要素及生存条件之间的一体化和有序化的相互联系状态，既包括人与人之间的和谐，又包括人与自然之间的和谐。⑧

根据笔者界定和澳门社会的特点，本文从"人与人和谐""人与自然和谐"两大方面构建澳门社会和谐测评指标体系。在"人与人和谐"方面，我们凝练出社会稳定、社会平等、社会保障、社会诚信、社会友爱、社会安全六大指标；在"人与自然和谐"方面，我们凝练出绿化程度、固体污染、液体污染、噪声污染、气体污染、能源消耗六大指标。详情见表1。

---

① 《江泽民总书记在中国共产党第十六次全国代表大会上的报告：全面建设小康社会，开创中国特色社会主义事业新局面》（2002 年 11 月 8 日），2016 年 4 月 18 日，http://www.gov.cn/test/2008 - 08/01/content_1061490. htm。

② 邵汉明、漆思：《"和而不同"：儒道释和谐思想分疏及其当代启示》，《天津师范大学学报》（社会科学版）2007 年第 5 期。

③ 胡锦涛：《在省部级主要领导干部提高构建社会主义和谐社会能力专题研讨班上的讲话》，《人民日报》2005 年 6 月 27 日。

④ 《中国共产党第十八届中央委员会第五次全体会议公报》，2016 年 4 月 19 日，http://www.gov.cn/xinwen/2015 - 10/29/content_2955802. htm。

⑤ 吴忠民：《"和谐社会"释义》，《前线》2005 年第 1 期。

⑥ 郑杭生、李路路：《社会结构与社会和谐》，《中国人民大学学报》2005 年第 2 期。

⑦ 王卓棋、彭华民：《社会政策视角的中西社会和谐理论比较研究》，《南开学报》（哲学社会科学版）2009 年第 1 期。

⑧ 刘祖云：《中国社会发展三论：转型、分化、和谐》，社会科学文献出版社，2007，第 187 页。

表 1　澳门社会和谐测评指标体系

一级指标	二级指标	三级指标	四级指标	序号
澳门社会和谐	人与人和谐	社会稳定	失业率（%）	A11
			通货膨胀率（%）	A12
			自杀死亡率（宗/十万人）	A13
			离婚率（‰）	A14
			社会运动次数（次）	A15
		社会平等	基尼系数	A21
			劳动参与率性别比	A22
		社会保障	社会保障费用支出占 GDP 比重（%）	A31
			公共医疗支出占 GDP 比重（%）	A32
			公共教育支出占 GDP 比重（%）	A33
		社会诚信	每万人伪造罪宗数（宗/万人）	A41
			金融机构不良贷款率（%）	A42
			消费者投诉个案数（宗）	A43
		社会友爱	人口献血率（‰）	A51
		社会安全	万人刑事案件立案数（件）	A61
			结核病患病率（宗/十万人）	A62
			交通事故死亡率（人/十万人）	A63
	人与自然和谐	绿化程度	人均绿地面积（平方米/人）	B11
		固体污染	人均城市生活废弃物量（千克/人·日）	B21
		液体污染	供水网大肠杆菌群总数检测合格率（%）	B31
		噪声污染	每千人噪声投诉个案数（宗）	B41
		气体污染	二氧化碳人均排放量（公吨/人）	B51
		能源消耗	万元 GDP 用水量（立方米/万澳门元）	B61
			人均耗电量（千瓦时/人）	B62

　　基于"澳门社会和谐测评指标体系"，下面将分别进行历时态测评和共时态比较。

二　历时态测评

　　基于上述指标体系，以世界银行、世界卫生组织、各地统计局网站发布的统计数据和公开发表的学术研究数据为依据，本文首先从历时态角度对澳门 1999 年以来的社会和谐状况进行纵向测评。

（一）人与人和谐状况测评

1. 社会稳定状况测评

社会稳定是社会和谐应有之义。这里仅用失业率、通货膨胀率、自杀死亡率、离婚率、社会运动次数等指标测评澳门的社会稳定状况（见表 2 中 A11 ~ A15 列）。

表 2　澳门人与人和谐各指标数值

年份	A11	A12	A13	A14	A15	A21	A22	A31	A32	A33	A41	A42	A43	A51	A61	A62	A63
1999	6.3	-3.2	—	0.7	—	0.43	1.38	—	—	—	10.61	—	—	—	216	132	3.03
2000	6.8	-1.6	11.6	0.9	—	—	1.36	—	—	—	15.02	—	—	—	207	125	3.71
2001	6.4	-2.0	13.1	0.8	—	—	1.33	—	—	—	14.44	—	—	—	204	115	3.44
2002	6.3	-2.6	10.4	0.9	—	—	1.30	—	—	—	13.17	—	—	14.10	206	106	4.99
2003	6.0	-1.6	13.2	1.0	—	0.44	1.30	2.12	2.89	2.18	11.42	—	—	14.27	222	101	3.81
2004	4.9	1.0	15.8	1.0	—	—	1.30	1.67	2.32	1.73	16.21	—	—	17.02	212	97	3.46
2005	4.1	4.4	12.0	1.2	—	—	1.25	1.45	2.35	1.80	17.92	—	—	20.24	218	93	3.72
2006	3.8	5.2	10.0	1.2	1	—	1.25	1.27	2.24	1.54	24.00	—	—	17.89	213	90	3.53
2007	3.2	5.6	9.2	1.3	—	—	1.20	1.42	2.09	1.36	25.08	—	3639	19.83	243	88	3.20
2008	3.0	8.6	12.7	1.3	4	0.38	1.20	2.89	2.23	1.31	14.68	—	5305	20.33	255	86	1.66
2009	3.5	1.2	11.3	1.5	2	—	1.17	3.40	2.57	1.67	11.01	—	1236	20.90	233	84	2.63
2010	2.8	2.8	9.2	1.7	2	—	1.17	4.16	2.55	1.37	10.91	0.4	2566	21.39	215	83	1.85
2011	2.6	5.8	13.5	1.8	1	—	1.17	3.39	2.71	1.34	10.78	0.3	1689	22.33	224	82	2.15
2012	2.0	6.1	8.2	1.9	3	—	1.18	3.14	3.31	1.23	11.00	0.2	1609	21.65	218	82	3.09
2013	1.8	5.5	2.3	2.0	1	0.35	1.18	2.02	1.96	1.08	14.81	0.1	1666	20.86	225	82	3.13
2014	1.7	6.0	7.4	2.1	2	—	1.18	3.26	1.94	1.20	12.95	0.1	—	18.48	220	82	2.20

注：数据来源于世界银行、澳门特别行政区政府统计暨普查局、卫生局、消费者委员会；"—"表示数据无法获得或不存在，以下各表同。

回归以来，澳门失业率从 2000 年的 6.8% 降至 2014 年的 1.7%。虽然从 1999 年到 2003 年物价水平一直保持下跌，但通货膨胀率在 2005 年以后的大部分年份都保持 5% 以上。离婚率一直在提高，这给有关家庭增加不稳定因素，但因其处于较低水平，不会给社会稳定带来明显影响。此外，自杀死亡率总体有所下降。从 2006 年至 2014 年，澳门平均每年至少会发生两次社会运动。社会运动就是为了特定诉求的群体抗争，在发达地区和现代社会，每年发生两次应该属于常态。

这些与回归以来澳门经济一直保持较快速度增长、居民收入得以大幅度提高、政府施政能力有所增强、社会矛盾不断得以化解具有很大的关系。

2. 社会平等状况测评

社会平等，既是社会和谐的表现，也是社会和谐的条件。社会平等包括经济、政治、文化、社会等多方面的内容。这里仅用基尼系数、劳动参与率性别比两个指标测评澳门的社会平等状况（见表 2 中 A21、A22 列）。

从澳门统计暨普查局公布的最近四次住户收支调查得到的基尼系数可见，澳门居民的收入分配差距越来越小。虽然 2002/2003 年的住户收入差距较 1998/1999 年的住户收入差距略大，但是 5 年后的 2007/2008 年的收入差距低于 0.4 的警戒线，而 2012/2013 年的收入差距降为 0.35。此外，从 2002 年到 2013 年，政府各项津贴占住户收入的比重在不断增加，在扣除政府津贴后，测得收入分配的基尼系数 2007/2008 年是 0.40，而 2012/2013 年是 0.38，比扣除政府津贴之前的基尼系数分别高了 0.2 和 0.3，表明政府津贴及福利转移对降低收入不均、缩小住户收入差距的效果比较明显。

澳门经济虽然比较发达，但文化则较为传统，特别是在性别角色方面，男女的社会地位具有明显差别。从劳动参与率性别比来看，澳门男性的劳动参与率一直高于女性的劳动参与率，但令人感到欣慰的是两性的参与率差距在不断地缩小，这是社会性别趋于平等的体现。

3. 社会保障状况测评

从社会保障费用支出占 GDP 比重（见表 2 中 A31 列）看，澳门社会保障水平在近 12 年以来总体上保持提高的状态，说明澳门特区政府在社会保障方面的投入不断增加，这为澳门和谐社会的构建提供了物质保障。近年来，随着特区政府双层式社会保障制度的推进，澳门社会保障在广度和深度上都有所改善。

医疗和教育是影响居民生存和发展的两件大事。这两方面问题的解决，即医疗水平的提高和教育条件的改善，有利于居民身心素质的提高，从而有利于社会的长远发展与和谐。作为广义社会保障政策的重要组成部分，澳门特区政府对教育和医疗的财政投入（见表 2 中 A32、A33 列）虽相对于 GDP 的增长没有保持同步的增加，但 12 年以来都在不断加大绝对量的投入，使澳门的教育和医疗状况得到很大改善。

4. 社会诚信状况测评

社会诚信是社会和谐的前提条件，也是社会和谐的重要表现。此项测评仅用每万人伪造罪宗数、金融机构不良贷款率和消费者投诉个案数三个指标测评澳门的社会诚信状况（见表 2 中 A41~A43 列）。

从伪造罪发生情况来看，2008 年以前每万人伪造罪宗数总体上在增加，2007 年达到最高值 25.08 宗以后开始下降，并在此后大部分年份保持在 11 宗左右，说明澳门社会诚信状况近年有所好转。

从金融机构不良贷款率看，澳门银行不良贷款率在不断降低，而且近几年一直保持在非常低的水平，说明澳门社会的诚信程度有所提高。

从消费者投诉个案数来看，从有统计数据的 2007 年以来，虽然在 2008 年到 2010 年案例有所增加，但消费者投诉个案总体趋势是在减少的，这说明澳门社会商业领域的诚信程度在逐步提高。

5. 社会友爱状况测评

社会友爱包括社会主体对他人的宽容、理解、关心和帮助等。在对等关系的主体之间，友爱表现为互相帮助；在不对等关系的主体之间，友爱表现为强者对弱者的帮扶。友爱毫无疑问是社会和谐的前提和标志。

囿于数据的获得困难，此项测评仅采用人口献血率（义务献血者占总人口千分比）指标来测评澳门社会友爱状况。从有统计数据的 2002 年以来，澳门社会义务献血者占总人口的比例（见表 2 中 A51 列）总体上保持增长的态势，说明澳门社会人与人之间的互帮互助行为有增无减，社会的友爱风尚越来越盛行。

6. 社会安全状况测评

社会安全也是社会和谐的条件和标志。此项测评分别采用每万人刑事案件立案数、结核病患病率和交通事故死亡率指标测评澳门的社会治安、公共卫生、交通安全状况（见表 2 中 A61~A63 列）。

从社会治安状况看，1999 年以来，刑事案件发生率大体上处于缓慢上升的趋势，尤其是在 2008 年达到 255 宗，其后虽然有所下降，但一直保持在 215 宗以上的水平。

从公共卫生状况看，结核病患病率从 1999 年的每十万人 132 宗逐渐下降到 2011 年的 82 宗，并在近 4 年保持在较低水平。这表明回归以来澳门政府在改善公共医疗环境方面的努力。

从交通安全状况看，交通事故死亡率先是呈上升势头，即从 1999 年的十万分之三的水平一直上升到 2002 年的接近十万分之五的水平；然后呈下降趋势，即从 2003 年到 2008 年一直保持下降趋势，尽管近几年因车辆增多有回升的趋势，但仍保持在十万分之三左右的水平。

7. 小结

从以上六项指标看，澳门社会尽管还存在一些不和谐因素或不和谐现象，但总体来说，澳门社会还是一个较为和谐的社会。

（二）人与自然和谐状况测评

此部分从绿化程度、固体污染、液体污染、噪声污染、气体污染、能源消耗六个维度采用七个指标对 1999 年以来澳门人与自然的和谐状况进行测评。具体数据参见表 3。

表 3　澳门人与自然和谐各指标数值

年份	B11	B21	B31	B41	B51	B61	B62
1999	12.7	1.43	—	2.51	3.6	9.75	3552
2000	13.2	1.44	99.30	4.47	3.8	9.50	3639
2001	13.0	1.45	99.73	6.69	3.9	9.24	3665
2002	13.1	1.51	99.50	4.96	3.4	8.72	3825
2003	13.5	1.50	99.37	5.79	3.4	8.12	3927
2004	13.2	1.50	100.00	5.83	3.8	6.49	4085
2005	—	1.57	99.77	5.60	3.9	5.91	4361
2006	11.1	1.53	99.93	6.42	3.4	5.18	4656
2007	11.3	1.50	99.63	7.93	3.1	4.54	5522
2008	12.5	1.48	99.37	7.74	2.6	4.06	6010
2009	14.2	1.64	99.73	8.50	2.8	4.00	6417
2010	15.8	1.64	99.53	10.47	2.2	2.96	6687
2011	15.3	1.64	99.50	9.67	2.1	2.40	6834

续表

年份	B11	B21	B31	B41	B51	B61	B62
2012	15.0	1.74	99.20	10.11	—	2.19	7125
2013	14.5	1.80	99.93	9.33	—	1.91	6966
2014	—	1.97	99.83	8.28	—	1.88	7025

注：数据来源于澳门特别行政区政府统计暨普查局、环境保护局、世界银行。

从人均绿化面积看，1999 年以来，除了 2005 年由于工程施工缺失数据，并且其后两年有所降低之外，此后各年大致保持不断增加的趋势，这说明澳门的人居环境在不断得到改善（见表 3 中 B11 列）。

从固体污染状况看，每人每日平均城市生活废弃物量从 1999 年的 1.43 千克上升到 2014 年的 1.97 千克，这说明澳门的固体废弃物处理形势日益严峻，急需处理（见表 3 中 B21 列）。

从液体污染状况看，供水网大肠杆菌群总数检测合格率①自有数据的 2000 年以来都保持在 99% 以上，这说明澳门供水的水质良好（见表 3 中 B31 列）。

从噪声污染状况看，从 1999 年开始，澳门每千人噪声投诉个案数呈现持续上升的态势，2010 年达到最大值，此后的几年开始下降，但仍超过每千人 8 宗。澳门居民受噪声污染的程度越来越严重（见表 3 中 B41 列）。

从气体污染状况看，1999 年以来，二氧化碳人均排放量经过 2001 年和 2005 年两次高峰即每人 3.9 公吨以后，便快速降至 2011 年的 2.1 公吨，并持续处于较低水平，这说明澳门节能减排工作取得明显成效（见表 3 中 B51 列）。

从万元 GDP 用水量指标看，1999 年以来，其数值一直在下降。从 1999 年的每生产 1 万澳门元 GDP 用水量为 9.75 立方米降为 2014 年的 1.88 立方米，不到 15 年前的 1/5，这反映在社会经济不断发展的同时，对水资源的相对消耗在不断减少，保持了稳定的用水量（见表 3 中 B61 列）。

从人均耗电量状况看，2014 年的用电量几乎是 1999 年的 2 倍。说明澳门社会对电的依赖越来越强（见表 3 中 B12 列）。

---

① 此处合格率为澳门半岛、氹仔、路环三个供水网的平均合格率。根据澳门第 46/96/M 号法令《澳门供排水规章》规定，从试验的样本中有 95% 达致检测合格率为满足饮用要求。

由此可见，澳门人与自然和谐状况是喜忧参半：喜的是绿化程度在提高，气体污染程度和液体污染程度在降低，水资源利用效率在提高；忧的是固体污染程度在持续提高，噪声污染及能源消耗程度也在提高。

三 共时态比较

根据澳门社会的特点，本研究首先凝练出 13 个代表性指标（见图 1），然后依据这些指标将澳门与香港、珠海进行比较。[①]

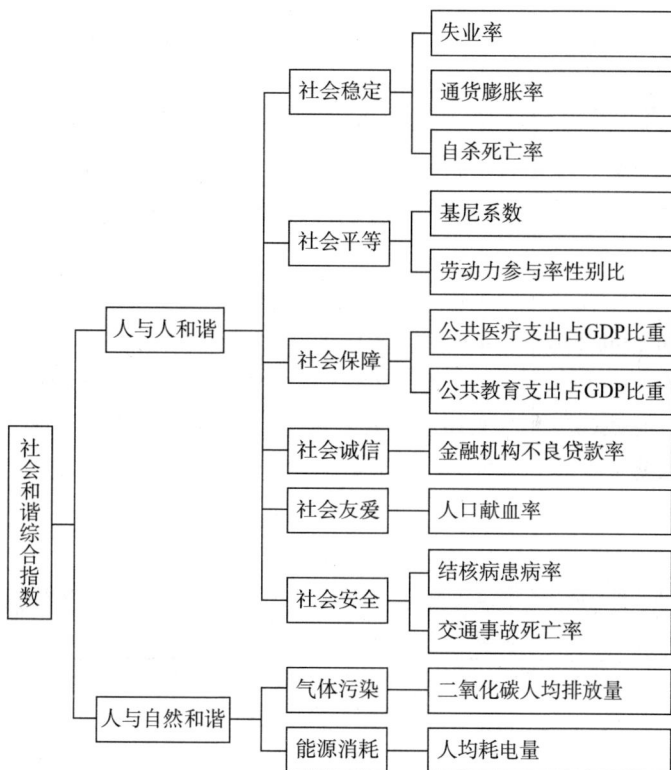

图 1 社会和谐综合指数指标构成

[①] 考虑到部分指标 2014 年的数据还没有发布，本研究以 2013 年的情况为例将澳门与香港和珠海进行社会和谐程度的比较。另外，由于个别指标缺乏 2013 年的数据，本研究以该指标 2012 年或 2011 年的数据进行替代。

（一）与香港比较

从表4在失业率、自杀死亡率、基尼系数、劳动力参与率性别比、金融机构不良贷款率、二氧化碳人均排放量指标所反映的状况看，澳门的社会和谐程度明显高于香港。

然而，从表4在公共医疗支出占GDP比重、公共教育支出占GDP比重、结核病患病率、交通事故死亡率、人口献血率、通货膨胀率、人均耗电量指标所反映的状况看，澳门的社会和谐程度又不如香港。

表4　2013年澳门、香港、珠海社会和谐综合指数各指标原始值及标准化值

	澳门	香港	珠海	澳门	香港	珠海
失业率	1.8	3.3	2.28	1	0	0.680
通货膨胀率	5.5	4.4	2.3	0	0.344	1
自杀死亡率	10.93	13.9	6.88	0.423	0	1
基尼系数	0.380	0.475	0.473	1	0	0.021
劳动力参与率性别比	1.182	1.333	1.219	1	0	0.755
公共医疗支出占GDP比重	1.08	3.16	3.01	0	1	0.928
公共教育支出占GDP比重	1.96	3.8	3.87	0	0.963	1
金融机构不良贷款率	0.1	0.5	1	1	0.556	0
人口献血率	20.86	24.05	15.50	0.627	1	0
结核病患病率	82	76	70	0	0.500	1
交通事故死亡率	3.13	1.95	6.73	0.753	1	0
二氧化碳人均排放量	2.1	5.7	6.7	1	0.217	0
人均耗电量	6966	6026	7655	0.423	1	0

注：表格中间部分数据是指标原始值，右边部分，即最后三列数据是标准化值；本研究采用极值化法得到标准化值。

（二）与珠海比较

从表4在失业率、基尼系数、劳动力参与率性别比、金融机构不良贷款率、人口献血率、交通事故死亡率、二氧化碳人均排放量、人均耗电量这8个指标所反映的状况看，澳门的社会和谐程度明显高于珠海。

但表4同时表明，澳门的通货膨胀率、自杀死亡率及结核病患病率高于珠海，公共医疗支出占 GDP 比重及公共教育支出占 GDP 比重指标反映的社会保障水平则低于珠海。

（三）三地总体得分

由表 5 可知，澳门、香港和珠海三地在社会和谐方面虽各有所长，但总体得分分别是澳门第一（7.226），香港第二（6.580），珠海第三（6.384）。

表 5　2013 年澳门、香港、珠海社会和谐一、二、三级指标得分

	澳门	香港	珠海
社会稳定	1.423	0.344	2.680
社会平等	2	0	0.776
社会保障	0	1.963	1.928
社会诚信	1	0.556	0
社会友爱	0.627	1	0
社会安全	0.753	1.500	1
气体污染	1	0.217	0
能源消耗	0.423	1	0
人与人和谐	5.803	5.363	6.384
人与自然和谐	1.423	1.217	0
社会和谐综合指数值	7.226	6.580	6.384

注：本研究使用等权重法对 13 个指标进行赋权，得到社会和谐一、二、三级指标得分。

四　促进澳门社会和谐的对策探讨

尽管澳门的社会和谐状况得分最高，但也存在不尽如人意的方面，下面从人与人和谐、人与自然和谐两个大的方面提出促进澳门社会和谐的建议。

（一）促进人与人和谐的对策探讨

1. 保持经济发展，维持社会稳定

经济发展是社会和谐的前提。澳门的社会和谐状况之所以得分较高，一个重要原因是回归以来经济的持续发展。然而，2014 年 5 月以来澳门经济开始出现下滑势头，因此，遏制经济下滑势头，使经济重回增长轨道，是保持澳门社会和谐的基本前提。此外，社会稳定是社会和谐的基础。因此，提高政府的治理能力，及时回应居民在民生、民主及法制等方面的需求或诉求，进而维护社会稳定，是保持澳门社会和谐的重要基础。

2. 加强社会保障，促进社会平等

社会平等是社会和谐的基本条件，也是社会和谐的重要表现。需要特别指出的是，社会保障特别是对弱势群体的社会支持，是实现社会平等的重要举措。然而，澳门的社会保障水平既低于香港的 1.963，也低于珠海的 1.928。因此，加强社会保障特别是加强对弱势群体的社会支持，是建设和谐澳门的当务之急。此外，加大对公共教育的投入，也应成为重点考虑的问题。

3. 加大医疗投入，完善医疗服务

无论是与其他发达地区比，还是与香港、珠海比，澳门的公共医疗投入均是较低的。与此同时，澳门的公共卫生状况也相对较差，如传染病发病率相对较高。因此，加大对医疗卫生的投入，完善医疗卫生的硬件建设，优化初级卫生保健网络，提升预防大型流行性、传染性疾病的应变能力，减少公共健康风险，提高公众健康水平，是澳门特区政府的重要使命。

4. 加强社会治理，提升公共安全

比较澳门、香港和珠海三个城市，澳门的交通事故死亡率虽低于珠海但高于香港，并且近年有回升的趋势。另外，刑事案件发生率居高不下。因此，加强交通管理以减少交通事故，加强社会治安以减少违法犯罪，对于维护澳门的社会和谐与社会稳定至关重要。

（二）促进人与自然和谐的对策探讨

虽然澳门人与自然和谐状况的总体得分高于香港和珠海，但仍存在固体废弃物量不断增加、噪声污染越来越严重、能耗逐年增加等问题。

针对固体废弃物量不断增加的问题，要继续推动"源头减废、资源回收"的措施，尤其要加强对惰性拆建物料和废旧车辆的再利用，并通过多种方式鼓励公众的积极参与。

针对噪声污染越来越严重的问题，要从立法、标准、规划、技术、管理以及宣传教育等多角度进行综合治理,特别需要前瞻性地从交通规划、城市规划和建筑规划及土地利用规划等方面进行综合考虑。

针对能耗逐年增加的问题,要遵循低碳发展的理念,配合澳门作为"世界旅游休闲中心"的区域发展定位,推进低碳城市和低碳区域建设,实现经济发展、社会发展与生态环境保护三赢。除了通过多种方式寻求更环保的能源之外,还要加强能源使用单位及公众的能源节约意识,合理减少能源消耗。

图书在版编目（CIP）数据

港澳社会：发展视角的解读/刘祖云著. -- 北京：
社会科学文献出版社，2017.12
ISBN 978 - 7 - 5201 - 1323 - 6

Ⅰ.①港… Ⅱ.①刘… Ⅲ.①社会发展 - 研究 - 香港
②社会发展 - 研究 - 澳门 Ⅳ.①F127.658②F127.659

中国版本图书馆 CIP 数据核字（2017）第 209552 号

港澳社会：发展视角的解读

著　　者／刘祖云

出 版 人／谢寿光
项目统筹／任晓霞
责任编辑／任晓霞

出　　版／社会科学文献出版社·社会学编辑部（010）59367159
　　　　　地址：北京市北三环中路甲 29 号院华龙大厦　邮编：100029
　　　　　网址：www. ssap. com. cn
发　　行／市场营销中心（010）59367081　59367018
印　　装／北京季蜂印刷有限公司

规　　格／开本：787mm × 1092mm　1/16
　　　　　印张：18.5　字数：300 千字
版　　次／2017 年 12 月第 1 版　2017 年 12 月第 1 次印刷
书　　号／ISBN 978 - 7 - 5201 - 1323 - 6
定　　价／79.00 元

本书如有印装质量问题，请与读者服务中心（010 - 59367028）联系